会展政策与法律法规

吴红霞　主　编

李爱华　孟庆吉　副主编

清华大学出版社

北京

内 容 简 介

本书主要内容包括会展政策和会展法律法规知识的介绍,全书共十二章,分为四个模块,分别从会展政策与法律制度概述、会展主体法律制度、会展市场行为法律制度和会展从业法律制度方面介绍会展行业有关会展主体市场准入制度、会展主体从事会展业务有关政策扶持和优惠政策、会展主体从事会展业务需要遵循的有关合同、安全、知识产权、反不正当竞争、消费者权利保护以及会展职业道德等方面的法律法规知识,结合理论知识和案例分析进行阐述。

本书可以供会展专业高等学校在校生作为教材使用,也可以供会展从业人员作为参考用书。

本书封面贴有清华大学出版社防伪标签,无标签者不得销售。
版权所有,侵权必究。举报:010-62782989,beiqinquan@tup.tsinghua.edu.cn。

图书在版编目(CIP)数据

会展政策与法律法规/吴红霞主编. --北京:清华大学出版社,2016(2024.9重印)
高职高专经管类专业核心课程教材
ISBN 978-7-302-44211-0

Ⅰ.①会… Ⅱ.①吴… Ⅲ.①展览会—管理—方针政策—中国—高等职业教育—教材 ②展览会—管理—法规—中国—高等职业教育—教材 Ⅳ.①G245 ②D922.16

中国版本图书馆 CIP 数据核字(2016)第 152467 号

责任编辑:刘士平
封面设计:杨　拓
责任校对:袁　芳
责任印制:刘海龙

出版发行:清华大学出版社
网　　址:https://www.tup.com.cn,https://www.wqxuetang.com
地　　址:北京清华大学学研大厦 A 座　　　　邮　编:100084
社 总 机:010-83470000　　　　　　　　　　　邮　购:010-62786544
投稿与读者服务:010-62776969,c-service@tup.tsinghua.edu.cn
质量反馈:010-62772015,zhiliang@tup.tsinghua.edu.cn
课件下载:https://www.tup.com.cn,010-62770175-4278
印 装 者:三河市龙大印装有限公司
经　　销:全国新华书店
开　　本:185mm×260mm　　　印　张:16.75　　　字　数:402 千字
版　　次:2016 年 9 月第 1 版　　　　　　　　　印　次:2024 年 9 月第 9 次印刷
定　　价:48.00 元

产品编号:068716-03

前　言

随着经济全球化的迅速发展,会展已成为现代服务业的朝阳产业,对于推动国家经济建设发展和促进国民经济效益增长发挥着非常重要的作用,因而得到世界各国的高度重视。2015年4月19日,国务院印发《国务院关于进一步促进展览业改革发展的若干意见》(国发〔2015〕15号),这是国家首次全面系统发布关于展览业改革发展的指导性文件。该意见明确提出积极推进展览业市场化进程,并指出要强化政策引导,加强人才体系建设。现代会展产业的持续、稳定、健康发展,必须以良好的法律制度环境作为依托和保障,建立相对完善的会展法律制度是会展产业得以发展的重要条件。

法制社会需要依法办事,会展企业经营管理需要遵守会展法律法规。会展法律法规在规范经营、处理交易纠纷、安全保障、消费者权益保护、促进产业健康发展等方面具有积极的功能作用。会展法律法规不仅为我国会展产业规模化发展保驾护航,而且也已成为我国会展企业挺进国际会展市场的重要保证。

本书作为职业教育会展策划与管理专业的特色教材,以学习者应用能力培养为主线,坚持以科学发展观为统领,依照国际国内会展经济活动的基本过程和规律,围绕各工作环节和具体业务流程所涉及的会展法律法规,主要介绍会展企业、会展合同、出入境管理法律制度、展品运输、包装法律制度、会展安全管理法律、消费者权益保护法律制度、职业道德等会展法律法规和管理制度,并通过实证案例分析讲解,培养提高读者的应用能力。

由于本书融入了会展法律法规的最新教学理念,力求严谨和注重与时俱进,具有知识系统、语言简练、案例丰富、逻辑严谨、贴近会展经济活动实际等特点,集理论知识性、实践创新性、操作应用性于一体。因此,本书不仅适用于职业院校各学历层次会展策划与管理、工商管理、会展经济管理等相关专业的教学,也可作为会展企业在职员工及管理人员的培训教材,对广大社会读者也是一本有益的普法读物。

全书共12章,由吴红霞主编并统稿,李爱华、孟庆吉为副主编,张利荣、韩冰参编。编者分工如下:吴红霞编写第一章、第三章、第四章,张利荣编写第二章、第十一章,韩冰编写第五章,孟庆吉编写第六～八章,李爱华编写第九章、第十章、第十二章。

在编写过程中,编者参阅了大量国内外最新会展法律法规的书刊资料和国家历年颁布实施的会展法律法规和相关管理规定,收录了具有实用价值的典型案例,并得到业界有关专家教授的具体指导,在此一并致谢。因编者水平有限,书中难免存在疏漏和不足,恳请各位专家和读者予以批评、指正。

编　者

2016年3月

目 录

导论 ·· 1

第一模块　会展政策与法律制度概述

第一章　会展政策与法律制度概述 ·· 5
　第一节　国际会展业法律制度概述 ·· 5
　　一、国际会展业立法概况 ·· 5
　　二、各国及地区会展行业立法概况 ·· 9
　第二节　我国会展业法律制度概述 ·· 13
　　一、我国会展业立法概况 ··· 13
　　二、会展立法势在必行 ·· 16
　第三节　会展民事法律的一般规定 ·· 16
　　一、民事法律关系的概念 ··· 16
　　二、民事法律关系的构成要素 ··· 16
　本章小结 ·· 18
　思考题 ··· 18

第二模块　会展主体法律制度

第二章　自然人法律制度 ·· 21
　第一节　自然人法律制度一般规定 ·· 21
　　一、自然人的概念 ·· 21
　　二、自然人的权利能力 ·· 21
　　三、自然人宣告失踪和宣告死亡制度 ·· 22
　　四、自然人的行为能力 ·· 24
　　五、监护制度 ·· 25
　　六、自然人的住所 ·· 26
　　七、自然人的人格权 ··· 26
　　八、自然人从事经营活动的法律资格 ·· 27
　第二节　自然人从事会展活动的有关规定 ·· 27
　　一、自然人参与会展活动的主要形式 ·· 27
　　二、自然人从事会展活动的有关规定 ·· 28

本章小结 ································· 28
　　思考题 ·································· 28

第三章　企业法律制度 ························ 29
　第一节　个人独资企业法 ······················ 29
　　一、个人独资企业的设立 ···················· 29
　　二、个人独资企业的投资人及事务管理 ············ 30
　　三、个人独资企业的解散和清算 ················ 31
　第二节　合伙企业法 ························· 32
　　一、合伙企业与合伙企业法 ··················· 32
　　二、普通合伙企业的设立 ···················· 33
　　三、合伙企业财产 ························ 34
　　四、合伙企业的事务执行 ···················· 35
　　五、合伙企业债务的清偿 ···················· 37
　　六、入伙与退伙 ························· 37
　　七、合伙企业解散与清算 ···················· 38
　第三节　公司法 ··························· 39
　　一、公司法概述 ························· 39
　　二、有限责任公司 ························ 41
　　三、股份有限公司 ························ 48
　　四、公司债券 ·························· 55
　　五、公司的财务会计 ······················ 56
　　六、公司的合并、分立、增资、减资、解散和清算 ······ 57
　第四节　外商投资企业法 ······················ 58
　　一、中外合资经营企业法 ···················· 59
　　二、中外合作经营企业法 ···················· 60
　　三、外资企业法 ························· 61
　　四、外商和港、澳设立展览会议企业的特别规定 ········ 62
　本章小结 ································· 63
　思考题 ·································· 63

第四章　会展申办管理法律制度 ···················· 64
　第一节　会展组织者的审批 ···················· 64
　　一、会展组办单位的资格 ···················· 64
　　二、会展举办的申报 ······················ 65
　　三、会展举办的审批程序 ···················· 66
　第二节　会展组织者的职责 ···················· 70
　　一、会展举办单位的主要职责 ················· 70
　　二、会展业务的检查监督 ···················· 71

第三节　会展组织者违反会展法规的法律责任 …………………………… 72
　　一、出国举办经济贸易展览会违反法规行为的处理 …………………… 72
　　二、在境内举办对外经济展览会违反法规行为的处理 ………………… 73
本章小结 ……………………………………………………………………………… 73
思考题 ………………………………………………………………………………… 73

第三模块　会展市场行为法律制度

第五章　合同法律制度 ……………………………………………………………… 77
　第一节　合同概述 ……………………………………………………………… 77
　　一、合同的概念和分类 …………………………………………………… 77
　　二、合同的基本原则 ……………………………………………………… 78
　第二节　合同的订立 …………………………………………………………… 79
　　一、合同的形式 …………………………………………………………… 79
　　二、合同的内容 …………………………………………………………… 80
　　三、合同订立的方式 ……………………………………………………… 82
　　四、合同成立的时间和地点 ……………………………………………… 86
　　五、缔约过失责任 ………………………………………………………… 87
　第三节　合同的效力 …………………………………………………………… 87
　　一、有效合同 ……………………………………………………………… 87
　　二、无效合同 ……………………………………………………………… 88
　第四节　合同的履行和担保 …………………………………………………… 89
　　一、合同的履行 …………………………………………………………… 89
　　二、合同的担保 …………………………………………………………… 90
　第五节　合同的变更、转让和终止 …………………………………………… 92
　　一、合同的变更 …………………………………………………………… 92
　　二、合同的转让 …………………………………………………………… 92
　　三、合同的终止 …………………………………………………………… 93
　第六节　违反合同的法律责任 ………………………………………………… 95
　　一、违约形式 ……………………………………………………………… 96
　　二、违约责任 ……………………………………………………………… 96
　　三、承担违约责任的方式 ………………………………………………… 96
　　四、违约责任的免除 ……………………………………………………… 99
　第七节　会展活动中常见的合同 ……………………………………………… 100
　　一、会展合同及其性质 …………………………………………………… 100
　　二、会展合同的内容 ……………………………………………………… 100
　　三、会展租赁合同 ………………………………………………………… 101
　　四、会展买卖合同 ………………………………………………………… 109
　　五、会展运输合同 ………………………………………………………… 111

　　　　六、会展承揽合同 …………………………………………………………… 114
　　　　七、会展仓储合同 …………………………………………………………… 117
　　　　八、会展供用电、水、热力合同 …………………………………………… 118
　　　　九、参展合同 ………………………………………………………………… 118
　　　　十、代理合同 ………………………………………………………………… 122
　　本章小结 ………………………………………………………………………… 129
　　思考题 …………………………………………………………………………… 129

第六章　会展出入境管理法律制度 ………………………………………………… 131
　　第一节　中国公民出入境管理法律制度 …………………………………… 131
　　　　一、中国公民出境管理概述 ………………………………………………… 131
　　　　二、中国公民出入境证件及申请的办理 …………………………………… 131
　　　　三、中国公民出入境的权利义务 …………………………………………… 139
　　第二节　外国人出入境管理法律制度 ………………………………………… 140
　　　　一、出入境管理机关及其职责 ……………………………………………… 140
　　　　二、在中国境内外国人的权利和义务 ……………………………………… 140
　　　　三、外国人出入境有效证件 ………………………………………………… 141
　　　　四、外国人在中国居留与住宿所需证件 …………………………………… 143
　　　　五、关于外国人来华旅行 …………………………………………………… 144
　　　　六、关于外国人出境 ………………………………………………………… 144
　　第三节　外国人出入境的检查制度 …………………………………………… 145
　　　　一、海关检查 ………………………………………………………………… 145
　　　　二、边防检查 ………………………………………………………………… 146
　　　　三、安全检查 ………………………………………………………………… 147
　　　　四、卫生检疫 ………………………………………………………………… 147
　　　　五、动植物检疫 ……………………………………………………………… 147
　　第四节　中国公民出国旅游管理法规制度 …………………………………… 148
　　　　一、中国公民自费出境旅游概述 …………………………………………… 148
　　　　二、出境旅游管理制度 ……………………………………………………… 153
　　　　三、团队、组团社、公安机关的职责及法律责任 ………………………… 155
　　本章小结 ………………………………………………………………………… 156
　　思考题 …………………………………………………………………………… 156

第七章　文物保护法律制度 ………………………………………………………… 157
　　第一节　文物及文物保护法概述 ……………………………………………… 157
　　　　一、文物保护法概述 ………………………………………………………… 157
　　　　二、文物及其所有权 ………………………………………………………… 158
　　　　三、对文物保护单位的法律保护 …………………………………………… 162
　　　　四、考古发掘制度 …………………………………………………………… 162

五、对文物的管理 ………………………………………………………… 163
第二节　文物展品出境展览法律制度 ………………………………………… 165
　　一、文物展品出境展览的基本规定 ……………………………………… 165
　　二、文物展品出国(境)展览的管理部门及职责 ………………………… 166
　　三、文物出国(境)展览组织者的资格 …………………………………… 166
　　四、文物出国(境)展览项目的审批 ……………………………………… 166
　　五、文物出境展览的展品安全 …………………………………………… 168
　　六、文物出境展览的人员派出及其相关规定 …………………………… 168
　　七、法律责任 ……………………………………………………………… 169
第三节　出境文物展品包装、运输法律规定 ………………………………… 169
　　一、出境文物展品包装法律规定 ………………………………………… 169
　　二、出境文物展览展品运输法律规定 …………………………………… 170
本章小结 …………………………………………………………………………… 171
思考题 ……………………………………………………………………………… 171

第八章　展品进出口管理制度 ……………………………………………………… 172
　第一节　海关概述 ……………………………………………………………… 172
　　一、我国海关的性质和任务 ……………………………………………… 172
　　二、海关机构的设置和权力 ……………………………………………… 174
　第二节　报关 …………………………………………………………………… 175
　　一、报关管理制度 ………………………………………………………… 175
　　二、报关单位与报关员的注册登记程序 ………………………………… 175
　　三、异地报关备案制度 …………………………………………………… 176
　　四、报关的分类管理 ……………………………………………………… 176
　　五、与海关相关的其他海关监管制度 …………………………………… 177
　　六、关税法律制度 ………………………………………………………… 178
　　七、我国关税法律法规 …………………………………………………… 179
　　八、关税征收管理 ………………………………………………………… 179
　第三节　对外贸易管理制度 …………………………………………………… 180
　　一、进出口许可证制度 …………………………………………………… 180
　　二、外汇管理制度 ………………………………………………………… 180
　　三、进出口商品检验制度 ………………………………………………… 181
　第四节　我国展品进出境的海关监管规定 …………………………………… 182
　　一、我国展品进出境海关监管概述 ……………………………………… 182
　　二、展品进出境的手续 …………………………………………………… 183
　　三、展品进出境的税费 …………………………………………………… 184
　第五节　中小企业国际市场开拓资金的应用 ………………………………… 185
　　一、申请条件 ……………………………………………………………… 186
　　二、支持内容 ……………………………………………………………… 186

三、展会补贴的申报流程 ……………………………………………………… 187
本章小结 ………………………………………………………………………… 188
思考题 …………………………………………………………………………… 188

第九章　会展知识产权法律制度 ………………………………………………… 189
　第一节　知识产权法律制度概述 …………………………………………… 189
　　一、知识产权的概念和特征 ……………………………………………… 189
　　二、知识产权的主体与客体 ……………………………………………… 190
　　三、我国会展知识产权法律体系 ………………………………………… 190
　第二节　著作权法律制度 …………………………………………………… 191
　　一、著作权法律制度概述 ………………………………………………… 191
　　二、著作权主体 …………………………………………………………… 192
　　三、著作权客体 …………………………………………………………… 192
　　四、著作权内容 …………………………………………………………… 195
　　五、邻接权 ………………………………………………………………… 196
　　六、著作权的保护 ………………………………………………………… 197
　第三节　商标权法律制度 …………………………………………………… 198
　　一、商标法律制度概述 …………………………………………………… 198
　　二、商标权的保护 ………………………………………………………… 200
　第四节　专利权法律制度 …………………………………………………… 200
　　一、专利权法律制度概述 ………………………………………………… 200
　　二、专利权的客体 ………………………………………………………… 201
　　三、专利权的主体 ………………………………………………………… 201
　　四、专利权授权条件 ……………………………………………………… 202
　　五、专利权的期限、无效和终止 ………………………………………… 203
　　六、专利权的内容 ………………………………………………………… 204
　　七、专利权的法律保护 …………………………………………………… 204
　第五节　展会知识产权法律制度 …………………………………………… 205
　　一、展会知识产权保护存在的问题 ……………………………………… 205
　　二、与展会知识产权保护相关的法律规定 ……………………………… 206
　　三、展会知识产权保护法律规定 ………………………………………… 208
　本章小结 ……………………………………………………………………… 212
　思考题 ………………………………………………………………………… 212

第十章　会展市场管理法律制度 ………………………………………………… 213
　第一节　反不正当竞争法律制度 …………………………………………… 213
　　一、反不正当竞争法律制度概述 ………………………………………… 213
　　二、不正当竞争行为及其法律责任 ……………………………………… 214
　　三、反不正当竞争行为的监督检查 ……………………………………… 218

第二节　消费者权益保护法 …………………………………………………… 219
　　　　一、消费者权益保护法概述 ……………………………………………… 219
　　　　二、消费者的权利 ………………………………………………………… 219
　　　　三、经营者的义务 ………………………………………………………… 221
　　　　四、争议的解决和法律责任的确定 ……………………………………… 222
　　本章小结 ……………………………………………………………………… 225
　　思考题 ………………………………………………………………………… 226

第十一章　会展安全管理法律制度 ……………………………………………… 227
　　第一节　会展安全管理法律制度概述 ………………………………………… 227
　　第二节　大型群众性活动安全管理法律制度 ………………………………… 228
　　　　一、大型群众性活动的概念和条件 ……………………………………… 228
　　　　二、大型群众性活动举办过程中的责任划分 …………………………… 229
　　　　三、大型群众性活动安全许可法律制度 ………………………………… 233
　　　　四、违反大型群众性活动安全管理规定应承担的法律责任 …………… 235
　　本章小结 ……………………………………………………………………… 235
　　思考题 ………………………………………………………………………… 236

第四模块　会展从业法律制度

第十二章　会展职业道德 ………………………………………………………… 239
　　第一节　道德与职业道德 ……………………………………………………… 239
　　　　一、道德 …………………………………………………………………… 239
　　　　二、职业道德 ……………………………………………………………… 244
　　第二节　会展职业道德与道德规范 …………………………………………… 246
　　　　一、会展职业概况 ………………………………………………………… 246
　　　　二、会展职业道德概述 …………………………………………………… 249
　　　　三、会展职业道德规范 …………………………………………………… 251
　　本章小结 ……………………………………………………………………… 253
　　思考题 ………………………………………………………………………… 254

参考文献 …………………………………………………………………………… 255

导 论

在"互联网+"的背景下,未来10年,中国会展业将迅速发展,因此,中国会展业要正视"再出发"这一契机,在未来的市场竞争中把握新的发展机遇。

任何产业和市场,都不同程度地受到国家有关法律法规的影响和约束。如果在收集产业信息和市场信息时,对有关的法律法规不加以了解,收集到的产业信息和市场信息就很有可能是不完整的信息;而不完整的信息对会展策划和营销决策是不利的。国家进出口政策的变化,对海外企业参加展览会就会产生较大影响;国家对某一行业产品在销售方面的特殊规定和要求,对企业参加展览会就会有一定的限制作用。

根据WTO的行业分类,展览属于国际贸易中的服务贸易,2004年7月1日施行的《中华人民共和国对外贸易法》(简称《对外贸易法》)中的第四章专门规范了国际服务贸易;另外,鉴于参展商的异地或跨境参展,展览主办方的异地或跨境举办展览,为建立符合WTO规则的统一规范的全国性市场,会展法规定位于《对外贸易法》的特别法,或者是国务院根据《对外贸易法》和其他相关法律制定的行政法规。会展法规的完善是会展权利保护的前提。完善会展法规必须弄清会展主体、会展客体、会展行为与会展责任之间的关系,并根据以上关系确立会展立法的层级、会展的主管部门、会展的备案监控程序、会展纠纷处理机制。一般来说,在策划举办一个会展行为时,参与者需要了解的有关法律法规大体包括如下几个方面。

1. 市场准入规定

市场准入制度是国家对市场主体资格的确立、审核和确认的法律制度,包括市场主体资格的实体条件和取得主体资格的程序条件。国家通过立法,规定市场主体资格的条件及取得程序,并通过审批和登记程序执行。就会展领域而言,该规定包括两个方面:①对举办展览会的企业或机构的资格的审定;②国家对外资进入该产业的政策规定。前者对企业能否举办展览会产生直接的影响,后者不仅影响到海外企业的参展意愿和参展行为,也同样影响到国内企业。

2. 知识产权的保护

很多参展企业会在会展上或在会展前发布新产品、推出新设计,如何保护这些新产品和新设计的知识产权,是会展主办者必须要考虑的问题。如果会展上出现大量侵犯知识产权的展品,不仅会引起参展企业之间的纠纷,也会影响会展的声誉,对会展的发展较为不利。

3. 产业政策

这里所说的产业政策,是指政府对产业产品的销售、产品的使用和生产等方面的规定,如国家对香烟、酒等销售方面的"专卖"的规定，对药品在生产和使用方面的规定等。这些规定对展会的举办、企业的参展意愿和参展行为等都会产生直接或间接的影响。

4．产业发展规划

产业发展规划是指国家和地方政府对某一产业的发展所做的长远、宏观的规划。这种规划在某种程度上决定该产业在今后较长时期内的发展状况和发展趋势。一般来说，在新兴产业和政府规划为重点发展的产业举办展览会，其发展前景则相对较好。另外，产业发展规划和政府的产业政策密切相关，它不仅从宏观上影响展览会，也从会展的具体操作方式上影响展览会。

5．海关有关规定

海关有关规定主要是针对某一产业的货物进出口政策、货物报关规定和关税等，这些规定对海外企业参加展览会影响重大。货物进出口政策直接影响海外企业的参展意愿，如果一国禁止或限制某类产品的进出口，海外企业不管是参加展览会还是参观展览会的意愿都将非常低；货物报关规定直接对展览会的具体操作产生影响，如果报关手续复杂，那么展览会的筹备期势必要提前；关税水平的高低对海外企业参展的影响也较大，较高的关税会阻碍企业参展，较低的关税则对吸引海外企业参展较为有利。另外，海关针对参展商品的专门规定也是举办国际性展览会必须要了解的内容。

6．其他规定

由于举办会展将涉及多种产业，因此，政府对交通、消防、安全等其他有关行业的规定，也会对展览会产生影响。会展企业在策划举办展览会之前，对这些规定也要有所了解。

本书致力于梳理截至目前有效的法律法规，以达到应用于会展实务操作、服务会展经济发展的目的。由于编者水平有限，书中难免有疏漏和不足之处，还请广大读者批评指正。

第一模块

会展政策与法律制度概述

第一章

会展政策与法律制度概述

【学习目标】
1. 了解国际、国内会展业的立法概况。
2. 掌握民事法律关系的主体、客体、构成要素和内容等基础知识。

【重点难点】
1. 了解国际会展业立法对我国会展立法的借鉴作用。
2. 将有关基础知识内容与会展相关的法律知识内容结合起来应用。

第一节 国际会展业法律制度概述

一、国际会展业立法概况

会展是会议、展览、大型活动等集体性活动的简称,是指围绕特定主题在特定时空的交流活动。会展的概念内涵是指在一定地域空间,许多人聚集在一起形成的、定期或不定期、制度或非制度的传递和交流信息的群众性社会活动。其概念的外延包括各种类型的博览会、展览展销活动、大型会议、体育竞技运动、文化活动、节庆活动等。狭义的会展仅指展览会和会议;广义的会展是会议、展览会和节事活动的统称。会议、展览会、博览会、交易会、展销会、展示会等是会展活动的基本形式,世界博览会是最典型的会展活动。会展活动属于民事活动的范畴,也具有很强的国际性,世界各国也极为重视会展法律制度的建设,以期用以规制会展活动,并促进会展业的发展。

从历史的角度看,会展立法最早出现在会展业发展比较成熟的国家和地区。最早以成文立法形式出现的法规是《国际博览会联盟章程》和《德国会展协会章程》,以及我国在1993年4月加入的《国际会展公约》等。根据会展业的分类,会展业的国际条约可分为展览类国际条约、会议类国际条约、奖励旅游类条约以及与会展服务相关的条约,对不同类别的展会分别进行规制。除了有国家加入之外,还有许多行业协会、展览公司以及会展经理等加入,全方位地对国际会展业进行系统规制。这些条约吸纳各国会展业的先进经验,总结展会的运营模式,展望会展业发展的前景,明确自身的使命,为国际性展会的壮大做出了重大的贡献。同时,会展业作为一项服务贸易,也受到《世贸组织贸易服务总协定》的规制,会展活动也应当遵守其有关规定。此外,会展业作为一个关联性极高的产业,也受到其相关方面国际条约的规定,如会展业的知识产权保护也受到《巴黎公约》《马德里协定》《伯尔尼公约》等条约的保护。

目前,关于展览类的国际条约主要有1925年国际博览会联盟(UFI)制定的《国际博览会联盟章程》、1928年国际展览局(BIE)制定的《国际展览公约》及其下属16项规章、1928年国际展览管理协会(IAEM)制定的《国际展览管理规定》、1955年贸易博览会国家参加组织者展会协会制定的《贸易博览会国家参加组织者公约》等。关于会议类的国际条约主要有1951年国际协会联盟(UIA)制定的《国际协会联盟章程》、1963年国际会议协会(ICCA)制定的《国际会议协会公约》、1968年国际专业会议组织者协会(IAPCO)制定的《国际专业会议组织者协会行为守则》、1972年会议专业工作者国际联盟(MPI)制定的《会议专业工作者协议》等。关于奖励旅游类的国际公约主要有1955年奖励旅游管理协会(SITE)制定的《奖励旅游管理公约》等。关于会展服务类的国际公约主要有1924年国际场馆经理协会(ISMC)制定的《国际场馆经理协议》、1984年国际展览服务联合会(IFES)制定的《国际展览服务协议》、1996年国际展览运输协会(IETA)制定的《国际展览运输公约》、1997年世界场馆管理委员会(WCVM)制定的《世界场馆管理公约》、2007年国际信用评估与监督协会(ICASA)制定的《ICE 8000国际信用监督体系会展名称注册与保护规则》等。

(一)《国际展览公约》及其下属16项规章

历史上第一个世界性博览会是1851年5月1日的伦敦万国工业博览会,这是现代意义上的第一次世界博览会。英国因开展此次博览会而获得巨大的经济效益,此后各国纷纷仿效,掀起了举办展览会的热潮。但是良莠不齐、重复率极高的展会并未给各国带来经济上的增长,而是造成了参展商的困扰。为解决这一问题,1928年11月22日,在法国政府牵头下,40个国家的代表齐聚巴黎,共同签订了《国际展览公约》,对世界博览会予以规制。此后该公约又经过1948年5月10日、1966年11月16日、1972年11月30日三个议定书以及1982年6月24日、1988年5月31日两个修正案修改,最终形成了今天的《国际展览公约》。此外,在现行《国际展览公约》框架下,另有16项由国际展览局制定的规章,这16项规章包括《关于国际展览会一般分类的规章》《国际展览局规章》《国际展览局注册展览会的程序和期限的有关规章》《国际展览局认可展览会的程序和期限的有关规章》《国际展览局注册或认可国际展览会之前的考察》《国际展览会的注册费用》《注册类国际展览会一般规章范本》《认可类国际展览会一般规章范本》《国际展览会组织中编写特殊规章的指南》《注册类展览会参展合同范本》《认可类展览会参展合同范本》《关于国际展览会参展者进口货物的海关规章》《政府总代表联席会议指导委员会示范规章》《关于奖励与奖品的特殊规章》《关于使用国际展览局局旗的规章》《有关公众获取国际展览局文件的规章》等,它们共同构成了国际展览公约体系,用以规范世界博览会各方面的问题。

1928年《国际展览公约》规定设立一个对世博会有关事宜进行管理与指导的机构,该机构即为国际展览局,其在世博会的举办中居于核心地位。根据法国著名法学家茹福尔·德·拉·普拉岱尔的观点,国际展览局的职权主要包括制规权、裁判权、行政权这三项。制规权是指国际展览局对于公约进行补充和修正的权力。裁判权的行使相当广泛,只要是在《国际展览公约》框架下的争议均可交由国际展览局进行裁判,且此裁判为终局裁判。国际展览局对于行政权的行使意在保证《国际展览公约》的贯彻执行,促使各成员国遵守《国际展览公约》的规定。而国际展览局的行政权主要表现为是否批准成员国对于世博会的举办。国际展览局下设全体大会、主席、执行委员会、专业委员会和秘书长等机构和职务。

《国际展览公约》对于世博会的申请与筹办作了比较详尽的规制。该公约规定只有缔约国才能申请举办世博会,而非缔约国只有在承诺遵守该公约的相关规定的情况下才能申请。此外,两个国家亦可联合申办世博会,譬如1992年,美国与西班牙联合申办以"发现的时代"为主题的世博会。虽然国际展览局认可了多国联办世博会的批准,但是由于联合办展引起的协调困难、观展不便、耗资巨大等原因,导致这次联合申办虽然得以批准,但并未成功举办。在世博会历史上尚未有多国联合办展成功的案例。

对于参展者,《国际展览公约》及其相关规章也作了明确规定,世博会参展方主要包括官方参展者与非官方参展者。官方参展者主要是指国家、国际组织。2010年上海世博会确认参展的国家和地区193个,国际组织49个。而参加世博会的国际组织只能是政府间国际组织,非官方国际组织则不被允许。非官方参展者包括个人、公司或组织,这些参展者必须经由世博会政府总代表的授权才能参展,且只能在非官方参展区进行展示或者是从事其他非展示性活动。

(二)《国际博览会联盟章程》

1925年4月15日,20个世界主要博览会的组织者、展览场所拥有方、各主要国际性及国家展览业协会联盟等在意大利米兰签订了《国际博览会联盟章程》,成立国际博览会联盟(The Union of International Fairs,UFI),至2003年通过新决议改名为全球展览业协会(The Global Association of the Exhibition Industry,仍然简称UFI)。截至2016年2月,国际展览联盟共拥有684个正式会员,分别来自世界83个国家,获得国际展览联盟认可的国际性展览会或贸易博览会共有939个。此外,国际展览联盟还拥有40个协作会员,以各国的全国性会展行业协会为主,如德国的AUMA和FKM、美国的IAEM、中国的展览馆协会和深圳市会展业协会等。《国际博览会联盟章程》主要对本联盟的法律形式、宗旨、任务、成员组成、议事程序以及认证等作了规定。

作为一个特殊交流平台,国际博览业协会的主要目标是采取一切措施帮助成员达成目标,以适应国际组织的身份代表成员维护各成员的利益,且应当服从有益于本目标实现的各国有关当局的命令和措施,采取有益行动,保障成员不受歧视,自由参加交易会和展销会,进行与展览业有关的调查、研究和营销,并通过一切途径包括商业途径传播这些为成员或非成员的利益组织大会、研讨会或其他一切形式的培训项目提供技术援助。可根据展会主办方的请求提供援助,尤其是发展中国家和新兴经济城市,支持任何有益目标实现的行动,获得适宜目标实现的财产和不动产,未达到该目标可购买或租赁必要的不动产。

国际博览会联盟成员分为两类:正式成员和非正式成员。成为UFI的成员必须经过UFI成员认证,因为UFI成员是展览业中质量与专业化的标志。成为UFI成员有严苛的要求,需经过UFI成员委员会审核,之后交由执行委员会认可,且必须由来自两个不同国家的两个正式成员的引荐信,如有必要执行委员会可派员考察。

此外,UFI有一套成熟的展览评估体系,即UFI认证(UFI Event Approval),UFI对其成员组织的展览会和交易会的参展商、专业观众、规模、水平、成交额等进行严格评估,用严格的标准挑选一定数量的展览会和交易会给予认证。由于UFI在国际展览业中的权威性,若某展会经过UFI的认证,那么其在吸引参展商与专业观众方面会有较大的优势。通过UFI认证应符合以下几个基本条件:作为国际性展会至少已连续举办3次以上,至少要有

2万平方米的展出面积,20%的国外参展商,4%的海外观众。为此,UFI颁布了《UFI认证规则》《UFI计算标准与定义》等文件详细规定了成为UFI认证展会的程序。UFI认证程序应当为系统评估、展览会视察数据库回顾和回访授予证书。

经UFI认证的展会是高品质贸易展览会的标志。据了解,UFI在审核认证会员的准入资格时,分别用软、硬指标衡量考察对象。这些数据必须由绝对中立的专业中介机构提供,UFI也会对这些中介机构提供的数据进行再审核以确保其真实性,并且UFI还要审核申请认证展会近3年来的相关数据,考察该展会的持续经营成果。

除以上硬性标准外,UFI还更加重视展览服务、管理等方面的软性指标,通过认证的展览会应该在行业内处于领先地位并且具有一定的影响力。UFI在考察中会与国际其他展会对比,展会的合作对象、主办单位等都是考察其影响力的软性指标。

另外,UFI在审核过程中在不通知申请人的情况下,他们会派专人在展会现场进行实地考察,亲身感受展会的服务和管理。他们非常注重细节,比如观众数据是如何登记的,采用什么办法找来观众,甚至连广告的投放占收入的比例也会进行监测。在现场,他们会看观众指示牌是否正确到位,其他的现场配套设施是否完善等,非常注重主办方对展会的流程操作。

(三)《国际展览管理规定》

国际展览管理协会(The International Association for Exhibition Management,IAEM)成立于1928年,总部设立于美国德克萨斯州达拉斯市。2006年1月,为适应全球会展业的发展趋势,更名为IAEE(即International Association for Exhibition and Events)。IAEE和UFI是当今国际展览组织中最重要且最具权威性的、管理和服务于全球展览市场的国际展览组织。《国际展览管理规定》对于IAEE的目标、使命、成员、会费、成员大会、董事会、行业工会等作了规定。IAEE的使命在于为主办方和参展商提供展会或者其他项目的有关信息,包括路演、包含于展览会的会议、私有企业展览等。IAEE为这些展会的创设、产生与服务提供相关帮助。

IAEE提供展览管理的注册培训认证项目,即CEM(Certified in Exhibition Management,注册会展经理),CEM是针对会展管理所提出的培训项目。该项目培训主要包括项目管理、选址、平面布置与设计、组织观展、服务承包商、活动经营、招展、展示会开发、计划书制定、会议策划、住宿与交通、标书的制定与招标、经营自己的业务策划与预算、经营展会的法律问题、安全与风险的防止、登记注册等。

(四)《国际会议协会公约》

国际会议协会(International Congress and Convention Association,ICCA)是世界会展业的重要国际组织之一,也是唯一涵盖国际会务活动操作、执行、运输及住宿等相关各方面的专业组织。ICCA始建于1963年,其总部设在荷兰阿姆斯特丹,截至2016年1月,ICCA在全球93个国家拥有1027个机构和企业会员。协会根据成员业务范围的不同分为八类,即会议旅游及目的地公司(旅行社)、航空公司、专业会议展览组织者、会议观光局、会议设备、饭店、会展中心和名誉会员等。

根据国际会议协会(ICCA)的评定,只有符合下列几个标准的会议才能称为"国际会议":与会人士来自4个以上国家;与会人数在300人以上;国外人士占与会人数的40%以上;会期3天以上。国际会议协会的区域分会有非洲分会、法语分会、北美分会、亚太分会、拉美分会、斯堪的那维亚分会、中欧分会、地中海分会、英国爱尔兰分会、中东分会,并在多个国家和地区设立了委员会,即澳大利亚委员会、以色列委员会、瑞士委员会、奥地利委员会、日本委员会、泰国委员会、巴西委员会、马来西亚委员会、慕尼黑委员会、中国台北委员会、荷兰委员会、维也纳委员会、德国委员会、葡萄牙委员会、国际会议协会欧洲理事会、印度委员会、斯里兰卡委员会。

作为世界主要的会议专业组织,国际会议协会包含了所有当前以及未来的会议领域专业部门。协会主要职责包括:①提高协会成员举办会议的技巧及对会议行业的理解;②为协会成员间的信息交流提供便利;③最大限度地为协会成员提供发展机会;④根据客户的期望值逐步提高专业水准。各种会议公司或机构必须缴纳入会费和年费才能成为国际会议协会的成员,并享受该协会提供的产品与服务。国际会议协会提供的产品和服务有协会数据库说明、协会数据库报告书、协会数据库提供的按客户要求特制的表格名录、公司数据库说明、公司数据库提供的按客户要求特制的表格名录以及国际会议协会数据专题讨论会资料等。ICCA采取的是一种区域性的组织结构,在促进成员突破产业部门类型限制、促进不同地域成员之间合作方面作用巨大。

目前ICCA的章程和附则是2010年10月24日在印度海德拉巴第49届全体会议上通过的。最新的章程规定申请者应向ICCA董事会提交一份过去5年在会展方面活动情况的综合性回顾的申请表,新成立的组织和机构则应当递交未来已确定的各种国际会议展览的一览表,以及其他董事会要求的文件。在收到申请书之后,ICCA首席执行官将向董事会征求是否同意其加入的意见,如在14天内无反对意见,则通过;反之,则该申请被延迟至下一次董事会,大会上投票表决,多数同意即通过。

二、各国及地区会展行业立法概况

一个产业部门的形成需要多种因素的结合,法律因素作为基础要素,是产业形成与发展的基石。正是在法律的规范和保护下,一国的会展业才得以有序发展,会展活动各方的权利才得以保护。因此,会展业发展较为成熟的国家都通过立法对会展业进行规制。会展行业立法主要有以下三个层面。

第一层面是建立完善的会展业法律体系,为会展业发展建立一个良好的"软环境"。就这一层面内容来说,主要是对会展业行业准入制度、展会参与各方的资质审核、展馆的使用、展会的举办频率、展会的举办程序、展会事后评估及总结等事项进行规制。通过对会展业每一道程序的详细规定使得展会从立项、招展、举办、事后评估等每一步骤、每一道程序都有法可依,有章可循。如加拿大制定的《展会巡回展览保障法》、美国制定的《内华达州修订法案第55章:关于博览会与展览》、韩国制定的《会议促销法》等。会展业需要在法制完善的环境里良性发展,继而带动周边经济的增长。

第二层面的法律规制是建立专业性且具有权威性的管理机构,对会展业进行统筹管理与规划。这一层面的法律法规为会展业提供基本的框架,在此框架下,国家构建一个能够对会展业实务进行管理和协调的机构,代表政府对会展业进行宏观管理,掌控会展业整体的运行,对会展业态势进行实时监测,同时在此基础上制定会展业的具体管理制度,规划会展业的发展前景,负责展会经费的预算与支配等。会展业发展较为成熟的国家还建立了专门的行业协会,一些国家是建立了独立的会展业协会,如德国展览委员会(AUMA)、法国海外展览委员会技术、工业和经济合作署(CFME-ACTIM),另外一些国家是将会展业管理机构设于一国的贸易促进机构中,如意大利对外贸易促进协会(ICE)、西班牙外贸协会(ICEX)、日本贸易振兴会(JETERO)。这些机构可以接受政府的授权,代表政府对会展业进行宏观管理,发挥其协调功能。

第三层面是通过为行业内部的管理机构制定行业规范、公示展会及展馆信息、化解行业内部矛盾等措施来加强行业自律性和行业内部协调性。政府授予行业协会或者机构宏观管理的职能,并为此制定更为详细的会展业行业规范,对会展业的每一道程序与步骤都进行详尽的规定,以此来确保本国会展业有章可循。会展行业协会主要是对展会的主题、展馆场次等问题进行协调,以避免类似重复办展等问题的出现,并且协调展会各参与方出现的争议,调节行业内部矛盾,促进产业和谐发展。美国的行业协会系统比较完善,有许多专门性的行业协会、专业会议管理协会、参展商协会等,美国会展业依靠这些专业性的协会对会展事务进行管理,以此来保障会展行业内部的协调与发展。

(一)德国会展业立法概况

德国的展会遍布在全国各个城市。从1851年举办第一个世界博览会至今,世界会展业已走过100多年的历史。100多年来,德国一直是会展业最为发达的国家,无论是会展业发展水平,还是会展场馆的建设规模等都在欧洲乃至世界首屈一指。目前,德国大约有70座城市建有会展场馆,其中大型会展中心24个,有10个会展中心的面积超过10万平方米。德国最主要的会展中心城市有柏林、汉诺威、法兰克福、科隆、慕尼黑、杜塞尔多夫、斯图加特、莱比锡等。德国会展业发展的法律环境给予德国会展业很大的促进作用。

德国在第一层面的会展业法律规制上与世界各国相同,都是以通用性法律为会展业建造首要的保护层。例如对于展会知识产权保护,民法上的主要形式有警告信附带保证书、临时禁令,行政法上的主要形式是海关查扣,刑法上则是对侵权人的刑事调查程序。会展业同其他服务业一样,也是立足于提供商业服务,以此来获取利润,因此,也适用于一般性的立法。政府通过颁布一些基本性的法律为会展业法律规制的细化确立了框架。政府授权德国展览委员会(AUMA)为会展业的权威管理机构,对会展行业内部事宜进行协调与规制。

第二层面是以AUMA为依托的法律规制。AUMA主要由参展商、购买者和展览会组织者三方共同组成,作为全国会展行业协会的有机体,其在德国会展业界极具权威性,政府将会展业的许多管理职能授权给AUMA,使其在某种程度上成为政府的延伸机构,同时德国也制定有关商会法律来明确AUMA作为公立公益法人的性质。根据德国《工商会法》,AUMA获得了公法法人的地位,其不仅履行法律规定的职责,还根据行政机关的授权行使行政管理权。德国将很多管理职能赋予AUMA,包括行业标准的制定和实施、资质认证、纠纷裁决等,试图通过以上措施来提高会展行业自律水平。AUMA要求每一个会展企业必须加入,其目的在于确保能够协调整个行业的运作以及保证从业人员的利益。为确保德国会展市场的透明度,AUMA亦制定了很多的规章制度与措施,对会展名称给予保护,以确保名牌展会不受侵害。根据AUMA的有关规定,所有的符号尤其是文字、插图或者演示,可作为一个品牌受到保护。根据章程,AUMA有权对展会的类别、地点、日期、频率等加以公告,从中协调,保护参展各方的权益。同时,AUMA也注重对会展业理论的研究,每年聘请专家对会展业进行调查研究,除每年发布年度参展计划之外,还定期向公众公布会展业的专项问题研究报告。这些研究成果和报告为德国政府的会展业管理提供了参考依据。

另外,德国政府通过立法来明确政府的功能,支持会展业的发展。会展业的发达以硬件尤其是会展场馆条件的良好发展为基础,而会展场馆的建设由于具有耗资大、资金回流慢等原因,造成一般的资本不愿进入。因此德国通过立法明确规定政府有投资建设大型展馆的义务,但是政府不得直接干预展馆的日常运营。在展馆建成以后,由大型的展会管理公司采用租赁或者是接受政府委托的形式获得展馆的经营权,厘清展馆的所有权和使用权,使得政府抽身会展业的具体运作,只负责会展业的宏观管理。会展公司在接受委托获得展馆的经营管理权之后,既从事展馆的日常运营,也主动组织展会。而德国政府在展馆完工将经营管理权授予会展公司之后,作为展馆的所有者,不再干涉展馆的具体运营。

(二) 美国会展业立法概况

美国是市场经济非常发达的国家,市场运作的水平是其他任何国家和地区无法比拟的。美国一方面崇尚市场运作,不随便干预企业的经营和管理;另一方面政府也为会展业提供间接的指导与帮助,反映在法律法规方面则为政府指导与市场运作相结合的模式,这一点值得我们借鉴与学习。

(1) 美国政府不对展会举办实行审批制。美国主要依靠市场经济这只无形的手来对资源进行优化配置,政府对于市场通常不予干涉。一方面是因为美国崇尚自由民主的社会环境;另一方面是由于美国形成了体制较为健全的市场经济。在会展业管理方面,美国政府也秉承其一贯作法,对于会展业市场不进行过多干预,对市场准入并未设立严苛的条件,任何商业组织和机构无须特别审批程序即可进入会展业。会展业的一般协调与管理均由行业协会进行,政府不参与其中。美国政府主要是对会展业的发展进行前景规划,联邦政府与州政府制定配套的政策法规、提供相应的服务,如《内华达州修订法案第551章:关于博览会和展览》(以下称《内华达州修订法案第551章》)中规定:政府部门有责任在全国和内华达州境内利用一切方法搜集并传播一切有关矿业、农业、工业和石油业展览会的消息。与此同时,政府亦通过"贸易展认证"计划和"国际购买商项目"等措施,实现对展会质量和展会组织水平的监控。

(2) 独特的办展模式和完善的行业协会系统。美国有着独特的展会举办模式,展览场馆为公共所有、展会举办由行业协会协助、展会公司负责管理与经营并紧跟市场变化的运作模式。美国展馆的管理方式主要有三种:①政府主管,由各州政府设立会议观光局(CVB)负责管理本州的展馆;②州政府成立独立的非营利性质的管理委员会管理展馆;③将展馆委托给展览公司管理。在举办展会的过程中,由会展行业协会协调展会的日期,由专业的展览公司承办。与德国相似,美国也成立权威的行业协会,但是美国的行业协会比较注重类别,根据会展内容的不同设立不同的协会,专业会议的管理主要是由专业会议管理协会(PCMA)与会议从业者国际联盟(MPI)进行管理与协调,而贸易参展商协会(TSES)主要负责的是展会参展方的利益保护以及协调其与其他各方之间的关系的组织。这些不同的协会和会展业各方最后都受国际展览协会(IAEM)和独立组展商协会(SISO)的指导与管理。

（3）不同的展馆运营模式。在美国,大多数展馆是国家所有的,展馆管理模式主要有三种:①政府直接管理运营模式。地方政府直接负责展馆运营的目的包括两方面:一方面,可以通过支持某些行业展会实现发展特定产业的目的;另一方面,也可以将其作为调控市场的宏观管理手段。地方政府设立 CVB 管理展馆,CVB 内部同样设立运营机构,通过运营盈利。如乔治亚州则设立由 15 人组成的董事会,通过盈利为自身运营所产生的费用"买单"。但是由于与政府角色重合,这些展馆通常入不敷出,需要政府的资助,同时也不利于市场公平竞争。因此,也有一些城市弃用这种模式,如芝加哥和拉斯维加斯。②委员会运营模式。由政府设立一个非营利性的委员会负责展馆的运营,该委员会只对政府负责。如《内华达州修订法案第 551 章》就确立在其州内设立一个由十人组成的州咨询理事会负责管理和运营某些展馆。拉斯维加斯根据此法令成立拉斯维加斯会议和旅游局（Las Vegas Convention and Visitors Authority,LVCVA）。委员会式的运营模式较之政府模式具有一定的独立性,较少受到政府采购和城市服务等的影响,因此,其自由性略强,有利于发挥积极性。但是,此种模式依然没有摆脱政府的"阴影",有时亦受制于政府,不利于展馆的运营。③私人运营模式。将展馆外包给私人的会展公司或企业,由其负责展馆的经营。由于此种模式具有自主经营、自负盈亏、竞争意识强烈等优点,使得政府越来越多地将展馆的运营与管理权外包给会展公司。

（三）英国会展业立法概况

英国会展业发展的主要特征在于展会的高度国际化,国内展会中外国参展商众多,而展览组织者则在全球范围内举办展会,展会服务也是全球范围内的合作与交流。在会展业法律规制方面的特点主要包括以下几点。

（1）宽松的市场准入政策。英国会展业市场准入政策十分宽松,任何商业机构与贸易组织不需要经过特殊审批程序即可进入,对于会展公司的注册也与普通公司无异,只需遵照本国公司法的有关规定即可,无任何额外要求。展会的举办纯属商业行为,只要其内容不违法均可自由确定,不需要审批程序。而对于重复办展,英国会展业内则以优胜劣汰为指导原则,究其原因,在于举办展会在英国具有较高的商业风险,因此一般会展公司在选择新的会展项目时都十分谨慎,要经过严密的市场调研才做出决定。

（2）明确的政府职能定位。英国并无专门的会展业政府管理部门,主要是通过财政手段鼓励英国公司参加海外展会,往往给予其有针对性的补贴。而受政府补贴的展会项目也更具吸引力,因此各展会公司力争取得英国贸工部资助名额,申请需在贸工部预算制定前 12 个月提出。

（3）统一的行为规范。英国各类会展服务公司包括展会组织、场馆以及会展服务公司均有统一的行为规范,由行业协会制定,对会员起约束作用。如英国展览服务协会（ESCA）规定,任何会员不得因与客户的纠纷而中止服务,影响客户的正常展会事务。同时也规定成员需提供真实、准确的服务信息,且不得误导与迷惑大众。

（4）完善的行业协会体系。由于英国政府未设立专门的部门管理会展业,因此行业协会的作用举足轻重,而完善的行业协会规范对于企业自律与客户监督则更为有利。

（四）我国香港地区会展业立法概况

我国香港地区的会展业法律规制模式为完全的市场主导模式。会展立法有如下特点。

（1）健全的法律保护措施。香港政府对于会展业的市场准入并未严格要求，条件较为宽松，只需符合一般公司设立的条件即可。在香港贸发局的指导和香港会展业协会的配合下，香港会展业有序发展。香港建立了十分完善的会展业知识产权保护体系，根据《香港贸发局展览会保护知识产权措施：参展商须知》规定，香港贸发局在展会上聘请法律专家，当场对侵权与否进行确认。除了会展当场投诉外，还可以向香港海关或法院提出告诉。若一方认为展会上有侵犯自身知识产权的行为存在，即可向主办机构或者香港贸发局的负责人员投诉。若是被投诉侵犯知识产权的，则由主办机构办事处收齐所需材料后，会同展会现场法律顾问共同做出其知识产权是否有效的判定。若是被判定知识产权侵权，则侵权方应立即将展品撤除，并不得在场内进行与侵权展品相关的经营行为，与此同时侵权方应签订承诺书交由贸发局保留。同时贸发局工作人员亦定期到被法律顾问认定侵权的展位进行巡视，若是发现参展商违反承诺，最终有可能被取消参展资格，并且不得参加此后贸发局举办的任何展会。并且，这项惩罚不仅针对具体被认定侵权的公司，还包括其母公司、有联系人士、相关联公司或附属公司。可见，香港对于屡次违反展会知识产权保护的公司处罚相当重，以期通过这些措施保护香港会展业生机勃发。

（2）政府不介入会展业的运作。香港地区将会展活动视为纯粹的商业活动，政府可以提供必要的财政支持以改善外围环境，创造有利于会展业发展的运行条件，但绝不过多介入和插手会展行业管理。根据《香港贸易发展局条例》的有关规定，香港贸发局是香港会展中心的所有权人，但是贸发局将经营管理权授予会展公司，而不介入会展中心的具体运作，就算其举办展会也一视同仁地缴纳场地费。

（3）与德国、美国相类似，我国香港地区也通过统一的行业协会实施行业自律管理。在香港，对会展业的管理主要通过香港展览会议业协会（HKECIA）实现。该协会制定了一套会员必须严谨遵从的行业规范和自律规则，维护行业的公平竞争秩序，实施行业自律管理。

第二节　我国会展业法律制度概述

一、我国会展业立法概况

在会展活动过程中，参加会展活动的各个主体必须遵守一定的规范，调整它们之间的权利与义务关系。这些规范性文件是国家制定或认可、并由国家强制力保证实施的法律。会展活动是民事活动的一种，我国没有单独制定会展专门法，会展法律体系是由我国许多部门法律法规和国际条约、国际习惯所构成的集合体。在会展运行和管理过程中，如公司法律制度、合同法律制度、出入境管理制度、进出口管理制度、市场管理制度、交通运输管理制度、知识产权制度、WTO有关规则和国际惯例等，所有这些与会展相关的法规都涵盖在会展法律体系之内。既有行政法律法规，也有民事、商事法律法规，同时还有其他经济法律法规，甚至还有刑法，以及国际公约和条约等，形式多种多样。故我国对会展业的规制有三个层面，第一层面是我国加入的各项国际条约；第二层面为国家制定或认可的关于会展活动应遵循的通用性法律规范,第三层面是国家各部委或各省、市为规范会展活动发布的行政规范或地方性规范。因此,规范会展活动的法律首先要遵守调整一般民事法律关系的《民法通则》和调整合同法律关系的《合同法》。此外,国家各部委、各省市、自治区、直辖市也单独制定了本地区实施的有关会展行业的规章制度,这些法律法规和规章制度一起组成了现阶段我国会展业法律体系。

我国会展立法工作尚处在初期阶段。20世纪80年代,会展业仅被当作中介服务机构,没有被当作行业,直到20世纪90年代,才出现相关法规。

从立法内容上看,展览业立法主要在于明确展览业的管理部门、管理办法、展览活动的主体以及各方面的权利义务,增强展览活动的透明度,为经营者创造一个法治的市场环境。

从立法机构和立法效力来看,目前我国会展业的立法基本上是由国务院制定和颁布的行政法规、国务院各部委局所颁布的行政规章以及地方性法规或规章,并且大都以办法、通知形式出现,法律效力较低。

具体来说,我国会展业的法律体系有以下两大类。

(1) 通用型的法律法规,即各领域通用的调整一些基础社会关系的法律法规。会展业涉及的主要有《合同法》《公司法》《保险法》《知识产权法》《文物保护法》《广告法》《产品质量法》《反不正当竞争法》《消费者权益保护法》《海关法》等。

(2) 专门性的法律法规,即专门针对会展业制定的法律法规。

从法律法规的效力级别看,主要有以下四个效力等级的法律法规。

(1) 全国人民代表大会及其常务委员会制定的会展法。只有全国人民代表大会及其常务委员会有权制定法律。目前我国还未制定专门的会展法。

(2) 国务院针对会展业制定的行政法规。

国务院发布的决定和命令属于规范性文件的,具有行政法规的效力。如1997年7月31日国务院办公厅以国办发〔1997〕25号文件下发《国务院办公厅关于在我国境内举办的对外经济技术展览会加强管理的通知》。另外,还有2007年国务院签署的《大型群众性活动安全管理条例》、2012年中共中央办公厅、国务院办公厅制定的《节庆活动管理办法(试行)》等。

(3) 国务院各部委就会展的专门问题制定的部门规章。

我国关于会展方面的法律规范主要包括国务院各部委颁布的行政法规和其他一些规范性文件,主要有1988年对外贸易经济合作部制定的《关于举办来华经济技术会展审批规定》、1990年国家科委发布的《技术交易会管理暂行办法》、1993年对外贸易经济合作部下发的《关于印发〈赴港澳地区举办经济活动的审批管理办法〉的通知》、1995年国务院办公厅下发的《关于出国(境)举办招商活动加强管理的通知》以及同年对外贸易经济合作部下发的《关于出国(境)举办招商和办展等经贸活动的管理办法》、1996年对外贸易经济合作部国内贸易局制定的《各类商品和技术交流活动的管理试行办法》、1997年国务院办公厅下发的《关于对在我国境内举办对外经济技术会展加强管理的通知》、海关总署制定的《中华人民共和国海关进出口会展品监管办法》以及国家科委下发的《关于加强技术交易会管理的通知》、1998年对外贸易经济合作部下发和实行的《关于审核境内举办对外经济技术会展主办单位资格的通知》《对外贸易经济合作部关于在境内举办对外经济会展管理暂行办法》《在祖国大陆举办对台湾经济技术会展暂行管理办法》以及国家工商行政管理局制定的《商品展销会管理办法》、2000年信息产业部制定的《信息产业部会展管理暂行规定》、2001年国务院办公厅下发的《关于出国举办经济贸易会展审批管理工作有关问题的函》以及同年国家贸促会和外贸部制定的《出国举办经济贸易会展审批管理办法》、2001年对外贸易经济合作部下发的《关于审核出国(境)举办经济贸易会展组办单位资格的通知》、2002年国务院办公厅下发的《关于在我国境内举办对外经济技术会展审批程序有关事项的复函》、2003年各部门联合下发的《关于进一步加强出国举办经济贸易会展管理工作有关问题的通知》、2004年商务部制定的《设立外商投资会议会展公司暂行规定》、2004年海关总署及商务部下发的《关于在我国境内举办对外技术会展有关管理事宜的通知》、2006年商务部会同国家知识产权局与商标局和国家版权局共同制定的《展会知识产权保护办法》、2007年海关总署发布的《中华人民共和国海关暂时进出境货物管理办法》(该办法于2013年经过修改)、2010年财政部与原外经贸部发布的《中小企业国际市场开拓资金管理办法》、2010年中国展览馆协会发布的《展台等临建设施搭建安全标准(试行)》、2010年商务部发布的《商贸服务典型企业统计报表制度》、2013年财政部会同国家机关事务管理局和中共中央直属机关事务管理局制定的《中央和国家机关会议费管理办法》、2014年农业部发布的《农业部展会工作管理办法》、2014年中国国际商会委员会发布的《中国国际商会出国办展资质评定办法(试行)》等。这些法规有的已经失效,有的仍然在规制会展活动中起到了重要作用。2015年4月,国务院发布了国发〔2015〕《关于进一步促进展览业改革发展的若干意见》之后,展览业的发展进入新的阶段,商务部于2016年3月1日发布了《关于切实做好取消部分展览项目行政审批事项后续衔接工作和试运行展览业管理信息系统的通知》,法规和政策的制定为展览业的发展提供更好的环境,对展览业的发展具有重要意义。

这些法律法规可分为关于会展审批的管理规定、关于会展举办者主体资格的管理规定、关于展品进出关、运输等管理的规定、其他有关会展管理的规定。

(4) 地方人大和地方政府制定的地方法规或规章。

这一级别的法律法规比较多,常见于各省市、自治区、直辖市发布的地方法规或规章,只适用于本地区。

各地根据当地具体情况和促进会展业发展的规划,纷纷出台各项政策促进本地会展业的发展,并管理和规范会展业。近几年各省市发布的有关会展业发展管理和扶持政策办法主要有:2014年河南省发布的《河南省促进会展业发展暂行办法》、2014年广东省发布的《广州市大型群众性活动安全管理规定》、2014年广州市发布的《市政府系统全市性会议(活动)若干规定》、2014年深圳市发布的《深圳市会展业财政资助专项资金管理办法》、2014年珠海市政府发布的《珠海市会展业扶持资金使用管理暂行办法》《珠海市重点展会和成长型展会认定办法》《珠海会展业统计报表方案》、2014年湖南省商务厅发布的《湖南省节庆论坛展会运动会管理办法》《湖南省展会审批管理办法(试行)》、2014年湖南省商务厅贸促会统计局发布的《湖南省会展业统计制度》、2014年浙江省商务厅发布的《浙江省国际性展会管理办法(试行)》、2014年广西壮族自治区商务局发布的《柳北区商务局会展业备案管理实施细则》、2014年郑州市发布的《郑州市市级会议费管理办法》、2014年武汉市发布的《武汉市会展业发展专项资金管理暂行办法》、2014年南京市发布的《南京市国际服务贸易(服务外包)专项资金管理办法》、2014年临沂市发布的《临沂市会展业发展专项资金使用管理办法》、2014年宁波市发布的《宁波市会展企业退免进口展品展会场租费操作细则》《宁波市会展业发展专项资金管理办法》、2015年南京市政府发布的《南京市会展业管理办法》、2015年青岛市发布的《青岛市扶持会展业发展专项资金管理办法》、2015年海南省政府办公厅发布的《海南省会展业发展专项资金管理暂行办法》、2015年深圳市发布的《深圳市会展业财政资助专项资金管理办法》、2015年达州市发布的《达州市会展业管理办法》、2015年昆明市人大常委会发布的《昆明市会展业促进条例》等。

二、会展立法势在必行

我国现在是世界上每年举办会展最多的国家。有资料统计,2000年以来,我国平均每年举办各类展会4000余个,其中带"国际"和"中国"字头的展会近2000个。统计数据让会展从业者喜忧参半。值得欢喜的是我国会展经济的发展速度已超过欧美,名列世界之最。令人担忧的是有近一半的会展尚存在诸多不规范的地方,有的已危害到消费者的切身利益。专家呼吁,国家应尽快立法,否则,一些"畸形"会展的蔓延将会殃及整个行业经济的正常发展。经常出现的窘境是某个展会因无人光顾导致参展商聚众到当地政府机关讨要说法,强烈要求组展商赔偿其经济损失。一些消费者协会也时常收到参观者在展会上购买到假冒伪劣商品和参展商盗用其他品牌商品名义非法牟利的投诉等。总之,国家对会展活动必须立法治理。

会展日益成为我国重要的贸易方式,尤其是商业类展会、科技类展会和艺术类展会,这些展会将会展作为其集中展示、批量促销、买家集中、薄利多销的营销手段,因此受到不法分子的伤害比较大,案发率、投诉率亦较高。国家应尽快立法予以强制性保护,立法有利于保护参展、办展、参观等各方的合法权益,有利于维护国家经济秩序,有利于依法打击各种利用会展进行违法犯罪的行为,同时也有利于以国家的权威性统一规范和管理会展秩序。会展立法势在必行。

第三节 会展民事法律的一般规定

一、民事法律关系的概念

民事法律关系是基于民事法律事实,由民法规范调整而形成的民事权利与民事义务关系,是基于民事法律事实而形成的社会关系。只有抽象的民事法律规范不可以单独形成民事法律关系,还要有民事主体的行为或其他法律事实,才能形成民事法律关系。同时民事法律关系是以权利与义务为内容的社会关系。

📖 小案例

甲将一块名牌手表赠与乙,甲与乙之间有了赠与的事实,根据我国《合同法》对赠与行为的规范性规定,才能形成双方之间的赠与合同关系,否则只有《合同法》也不能自然而然地形成赠与合同关系。

二、民事法律关系的构成要素

根据民事法律关系的概念,构成民事法律关系需满足主体、内容和客体三个要素。

（一）民事法律关系的主体

民事法律关系的主体是指参加民事法律关系、享受民事权利、承担民事义务的人，也称为民事权利义务主体、民事主体或当事人。

民事法律关系是人与人之间的关系，所以必须要有人的参加。民法上的"人"是指民事主体，包括自然人、法人以及其他某些可以参加民事法律关系的组织。国家在特殊场合也可以参加民事活动，如发行国库券，国家在民事活动领域被视为"公法人"。

在具体的民事法律关系中，根据主体享受权利、承担义务的情况，可将主体分为权利主体和义务主体，享受权利的人称为权利主体，承担义务的人称为义务主体。由于民法所调整的财产关系大都具有财产交换的性质，所以，大多数民事法律关系中，双方当事人既是权利主体，又是义务主体。如买卖合同法律关系中，就交付货物而言，买受人是权利主体，出卖人是义务主体；但就支付价款而言，出卖人是权利主体，买受人是义务主体。

（二）民事法律关系的内容

民事法律关系的内容是指民事主体在民事法律关系中所享有的权利及承担的义务。例如，买卖合同法律关系的内容即双方当事人就相互交付货物和价款所享有的权利和承担的义务。

1. 民事权利

民事权利是个人意思所支配的范围，是法律所保护的利益，可以从以下三个方面来理解。

（1）利益是行使权利想要达到的目的及行使权利所产生的结果，任何权利都与一定的利益相联系，不存在无任何利益的权利，所以，利益，包括财产利益和人身利益，是民事权利的核心。

（2）任何利益都要同特定的人相联系，而任何利益的取得或者利益的处分，依民法的基本原则，都应当遵从利益享有人的个人意志。所以，民事主体的意志使特定的利益得以与个人发生联系。

（3）法律强制力是当事人实现一定利益的意志所获得的保障。离开法律的强制力，任何权利都无从产生。

因此，对于民事权利的概念，可以作如下表述：民事主体实现其利益的意志获得法律上的效力，即为民事权利。

2. 民事义务

民事义务是指民事法律关系的义务主体为满足权利主体法律上的利益，依法应当为一定行为或不为一定行为的约束。民事义务具有以下特征。

（1）限定性。民事义务是义务主体应当为一定行为或不为一定行为的范围限度，民事义务可依法律直接规定而产生，如损害赔偿义务，也可因当事人之间的约定而产生，如合同义务。但任何义务均有其特定的范围，义务主体仅在其义务范围之内承担履行责任。

（2）强制性。民事义务对义务主体具有法律的约束力。义务主体不履行义务，必须依法承担相应的法律责任。义务只能由权利人加以免除，但不能基于义务人的意思而发生变更、免除或抛弃。

（三）民事法律关系的客体

民事法律关系的客体是指民事主体享有的民事权利和承担的民事义务所共同指向的事物。

民事法律关系的客体决定了民事主体活动的目的性。如果没有客体，主体的权利义务就无法体现、无法落实。

民事法律关系的客体主要有以下几类。

1. 物

作为民事法律关系客体的物可以是天然物，也可以是劳动创造物，但它不仅具有物理属性，而且具有法律属性，即民法上的物一般应当具有财产的性质。

由于民法的调整对象的重要部分是平等主体之间的财产关系，所以大多数民事法律关系的都是以物即财产为客体，如买卖、租赁、借贷等法律关系的客体均为物。在民法上，客体也可称"标的"，如果客体为物，则习惯上可称为"标的物"。

2. 行为

作为民事法律关系客体的行为是专指为满足他人利益而进行的活动，主要是提供劳务、提供服务一类行为（如运送货物、完成工作等）。保管、运输、加工承揽、演出等合同关系的客体是行为。展览组织者提供的也包括服务行为。

3. 智力成果

智力成果是脑力劳动创造的精神财富，如发明创造、文学作品等。智力成果是一种无形财产，是知识产权法律关系的客体。

4. 人身利益

人身利益包括生命健康、姓名、名誉、荣誉等。人身利益是人身权法律关系的客体。

除此而外，有的民事法律关系的客体还可以是某种民事权利，如权利质押关系的客体是权利，或者民事义务，如债务移转合同的客体即是被移转的债务。

本 章 小 结

本章介绍国际会展业立法概况，阐述我国会展业的法律体系和会展业法律法规体系的构成，从国际国内两个方面说明会展业法律法规制度的基本立法情况，同时介绍民事法律关系的概念、特点、构成要素和种类、内容等问题。

思 考 题

1. 简述会展法律体系构成。
2. 简述民事法律关系构成要素。

第二模块

会展主体法律制度

第二章

自然人法律制度

【学习目标】
1. 了解自然人法律制度的一般规定。
2. 掌握自然人在会展活动中的法律规定。

【重点难点】
1. 重点掌握自然人法律地位和行为能力的法律规定。
2. 了解自然人在会展活动中的法律地位以及承担法律责任的规定。

第一节 自然人法律制度一般规定

一、自然人的概念

（一）自然人的定义

民法上的自然人是指基于自然规律出生并具有民事主体资格的人。从自然法、伦理学意义来理解，自然人是基于自然规律产生并依靠自然环境生存的理性人。从法律意义理解，自然人是法律上具有主体资格的人。

（二）自然人与公民的区别

公民是指具有一国国籍，并根据该国宪法和法律的规定，享有权利和承担义务的自然人。自然人与公民的区别为：自然人是私法上主体的概念，范围较广，包括本国公民与非本国公民，具有开放性；公民是公法上主体的概念，与国籍和政治有关，范围较窄，仅指一国公民，具有封闭性。但是要注意的是，我国《民法通则》中的"公民"一章，适用本国公民、外国人和无国籍人。

二、自然人的权利能力

（一）权利能力的概念

权利能力是指能够成为法律关系的主体，并享有权利和承担义务的资格。权利能力也称为"人格"，是法律上具有主体资格的标志，也是享有具体权利和承担具体义务的前提。

（二）自然人权利能力的开始

自然人权利能力自出生之时开始。出生时间以实际出生时间为准。实际出生时间以户籍证明为准；没有户籍证明的，以医院开具的出生证明为准；没有医院证明的，参照其他有关证明认定。确定出生时间，表示自然人权利能力的开始，开始享有主体资格，享有接受遗产、接受遗赠、提出损害赔偿请求权的可能性。未出生的胎儿无权利能力，但各国立法均规定，胎儿出生后享受的利益，法律均得以保护。

（三）自然人权利能力的终止

自然人的权利能力因死亡而终止。民法上死亡分为自然死亡与宣告死亡。

1. 自然死亡

自然死亡也叫生理死亡。生理死亡以事实死亡为判断标准，如心脏、呼吸停止，时间以医院开具的死亡证明为准；非正常性死亡，以有关机关出具的死亡证明书的时间为准。相互有继承关系的人同时死亡时，不能确定死亡先后时间的，推定无继承人的先死亡；如果各个死亡人都有继承人，如果辈分不同，推定长辈先死亡；如果各死亡人辈分相同，推定同时死亡，彼此不发生继承，由他们各自的继承人分别继承。自然死亡的法律效力包括权利能力终止、继承开始、遗嘱生效、婚姻关系终止、死者人身保险请求权效力发生，死者家属发生抚恤金请求权等。

2. 宣告死亡

宣告死亡也叫推定死亡，是法院通过一定方式推定失踪人死亡的一种制度。

三、自然人宣告失踪和宣告死亡制度

民法规定宣告失踪与宣告死亡，是为了保护相关利害关系人的合法利益，有利于社会秩序的稳定。

（一）宣告失踪制度

1. 宣告失踪制度的概念

宣告失踪制度是指自然人离开自己的住所或居所，下落不明满法定期限，经其利害关系人申请，由人民法院依法宣告该自然人为失踪人，并为其设立财产代管人的法律制度。

2. 宣告失踪的要件

《民法通则》规定，宣告失踪必须满足以下要件：①须有公民离开其住所下落不明的事实；②下落不明须满2年，下落不明的时间从失踪次日起算，战争期间下落不明的，从战争结束之日起计算；③须由其利害关系人向人民法院申请；④须经人民法院依法宣告。

3. 宣告失踪的法律效力

宣告失踪后，可以产生一定的法律效力，如为失踪人设置财产代管人保护失踪人或者其他利益主体的相关利益。

4. 撤销宣告

失踪人重新出现或确知其下落，经本人或利害关系人申请，人民法院撤销失踪宣告。撤销后,财产代管人取消,财产管理权复归本人。

(二)宣告死亡制度

1. 宣告死亡制度的概念

宣告死亡也称拟制死亡、推定死亡,是指自然人失踪达到法定期限,经利害关系人申请,由法院审判推定其死亡,宣告结束以其生前住所地为中心的民事法律关系的制度。

2. 宣告死亡的要件

《民法通则》规定,宣告失踪必须满足以下要件:①被宣告死亡的人须是失踪人。②下落不明满法定期间。下落不明时间从失踪次日起计算,一般失踪,满4年;意外事故失踪,从事故发生之日起满2年;战争期间失踪,战争结束之日起满4年。③须有利害关系人的申请。依最高人民法院的司法解释,申请人顺序依次为配偶、父母、子女、兄弟姐妹、祖父母、外祖父母、孙子女、外孙子女,其他有民事权利义务关系的人。④须由人民法院依法定程序判决宣告。

3. 宣告死亡的法律效力

法院判决宣告之日为死亡之日。推定失踪人死亡,以被宣告死亡人原来住所地、居所地为中心产生自然死亡的效力。仅限于其原来住所地为中心的区域。如果是有民事行为能力的人,在被宣告死亡期间实施的民事法律行为有效。同时要注意的是消灭的是民事法律关系,非公法关系。

4. 死亡宣告的撤销

被宣告人重新出现或确知其下落,本人或利害关系人申请,人民法院依法撤销死亡宣告。申请人为本人或利害关系人不受顺序限制。

撤销死亡宣告后,产生以下法律效力。

(1)被撤销死亡宣告的人有权请求返还财产。依照继承法取得他的财产的公民或者组织,应当返还原物;原物不存在的,给予适当补偿。

(2)被宣告死亡的人与配偶的婚姻关系,自死亡宣告之日起消灭。死亡宣告被人民法院撤销,如果其配偶尚未再婚的,夫妻关系从撤销死亡宣告之日起自行恢复;如果其配偶再婚后又离婚或者再婚后配偶又死亡的,则不得认定夫妻关系自行恢复。

(3)被宣告死亡的人在被宣告死亡期间,其子女被他人依法收养,被宣告死亡的人在死亡宣告被撤销后,仅以未经本人同意而主张收养关系无效的,一般不应准许,但收养人和被收养人同意的除外。

(4)利害关系人隐瞒真实情况使他人被宣告死亡而取得其财产的,除应返还原物及利息外,还应对造成的损失予以赔偿。

(5)被撤销死亡宣告的人请求返还财产,其原物已被第三人合法取得的,第三人可不予返还。但依继承法取得原物的公民或者组织,应当返还原物或者给予适当补偿。

5. 宣告死亡与自然死亡的效力关系

宣告死亡和自然死亡的时间不一致,以自然死亡时间为准。宣告死亡和自然死亡的时间不一致的,被宣告死亡所引起的法律后果仍然有效,但自然死亡前实施的民事法律行为与被宣告死亡引起的法律后果相抵触的,则以其实施的民事法律行为为准。

四、自然人的行为能力

（一）自然人的行为能力的概念

自然人的行为能力是自然人通过自己的行为取得权利、履行义务的能力，即行为资格，设立行为能力制度是对人的权利能力的保护、维护交易秩序的需要。判断行为能力要以意思能力为基础，包括对事物的认识力、判断力和行为后果的预见力。

（二）自然人行为能力的分类

自然人的民事行为能力是指自然人能以自己的行为取得民事权利、承担民事义务的资格。自然人是否具有民事行为能力依赖于人的认识能力和判断能力。认识能力是指一个人能意识到自己行为的后果，能够辨认自己的行为。判断能力是指能够独立处理自己的事务，能够控制自己的行为。自然人行业能力可分为完全民事行为能力、限制民事行为能力和无民事行为能力三类。

（1）完全民事行为能力是指自然人通过自己的独立行为取得民事权利和承担民事义务的资格。只要年满18周岁的自然人，即使没有经济来源，只要智力正常，就是一个完全民事行为能力人。16周岁以上不满18周岁的公民，以自己的劳动收入为主要生活来源的，视为完全民事行为能力人。如果这个年龄段的人已经参加社会劳动，有稳定或比较稳定的收入，并以其收入为主要生活来源的，可以认为他们是具备了独立处理自己事务的能力，因此，也被认为是具有完全民事行为能力人。

（2）限制民事行为能力人是指自然人只具有部分民事行为能力，其享有民事权利和承担民事义务的资格受到一定的限制。10周岁以上的未成年人，已经具备一定的智力水平，对事物有一定的认识和判断能力，但他们的认识能力有限，法律对他们实施民事行为进行了一定的限制，一些重要的或复杂的事情需要由法定代理人代理，或者征得他的法定代理人的同意。

不能完全辨认自己行为的精神病人，虽有精神障碍，但并未完全丧失思维能力，能够实施与其心智相适应的行为，可以进行接受奖励、赠与等纯获利益的行为，但一些重要的或复杂的事情需要由法定代理人代理，或者征得他的法定代理人的同意。

（3）无民事行为能力是指自然人不具备以自己的行为参与民事法律关系取得民事权利和承担民事义务的资格。我国《民法通则》规定，不满10周岁的未成年人是无民事行为能力人，由他的法定代理人代理民事活动。不能辨认自己行为的精神病人是无民事行为能力人，由他的法定代理人代理民事活动。因为，此类人年龄小或者精神上存在严重障碍，对事物缺乏认识和判断力，不能独立参与民事活动。为维护其合法权益，他们的民事活动应当由法定代理人代为行使。

法律规定，限制行为能力人和无行为能力人可以实施纯获利益的行为。如最高法院《民通意见》第六条规定，无民事行为能力人、限制民事行为能力人接受奖励、赠与、报酬，他人不得以行为人无民事行为能力、限制民事行为能力为由，主张以上行为无效。《合同法》第四十七条规定，限制民事行为能力人订立的合同，经法定代理人追认后，该合同有效，但纯获利益的合同或者与其年龄、智力、精神健康状况相适应而订立的合同，不必经法定代理人追认。

如果自然人为精神病人,须经利害关系人的申请,并由人民法院依法宣告,可宣告其为限制行为能力人。

(三)自然人的民事责任能力

自然人的民事责任能力是指自然人对不构成犯罪的违法行为负责任的能力。

《民法通则》第一百三十三条规定,无民事行为能力人、限制民事行为能力人造成他人损害的,由监护人承担民事责任。监护人尽了监护责任的,可以适当减轻他的民事责任。有财产的无民事行为能力人、限制民事行为能力人造成他人损害的,从本人财产中支付赔偿费用。不足部分,由监护人适当赔偿,但单位担任监护人的除外。

同时在最高法院《民通意见》第一百六十一条规定,侵权行为发生时行为人不满十八周岁,在诉讼时已满十八周岁,并有经济能力的,应当承担民事责任;行为人没有经济能力的,应当由原监护人承担民事责任。行为人致人损害时年满十八周岁的,应当由本人承担民事责任;没有经济收入的,由抚养人垫付,垫付有困难的,也可以判决或者调解延期给付。

此外,《侵权责任法》第三十三条规定,完全民事行为能力人对自己的行为暂时没有意识或者失去控制造成他人损害有过错的,应当承担侵权责任;没有过错的,根据行为人的经济状况对受害人适当补偿。完全民事行为能力人因醉酒、滥用麻醉药品或者精神药品对自己的行为暂时没有意识或者失去控制造成他人损害的,应当承担侵权责任。

小案例

王同学年满20岁,在校期间,由其学校老师带领参观某艺术收藏品展会,不听老师指挥劝告、不在老师组织的参观区域参观,私自到贵重瓷器展台前观看,并与同学打闹,失手将某参展公司一只价值1万元的青花瓷花瓶打碎。

应由( )承担赔偿责任。

A. 王同学　　　　B. 老师　　　　C. 王同学的家长　　　　D. 学校

五、监护制度

(一)监护制度的概念

监护制度是为不能得到亲权保护的未成年人和精神病人设定专人以保护其财产和人身权益的法律制度,是对自然人行为能力欠缺者的救济制度。

(二)监护的类型

1. 法定监护

法定监护是由法律直接规定监护人范围和顺序的监护。法定监护人可以由一人或多人担任。《民法通则》第十六条第一款规定,未成年人的父母是未成年人的监护人。父母对子女享有亲权,是当然的第一顺位监护人。未成年人的父母死亡,依次由祖父母和外祖父母、兄、姐、关系密切的亲属或朋友、父母单位和未成年人住所地的居委会或村委会、民政部门担任监护人。成年精神病人的法定监护人的顺序是:配偶、父母、成年子女、其他近亲属、关系密切的亲属或朋友、精神病人所在单位或住所地的居委会、村委会、民政部门。

法定监护人有顺序在前者优先于在后者担任监护人的效力。但法定顺序可以依监护人的协议而改变,前一顺序监护人无监护能力或对监护人明显不利的,人民法院有权从后一顺序中择优确定监护人。

2. 指定监护

指定监护是指有法定监护资格的人之间对监护人有争议时,由监护权力机关指定的监护。从《民法通则》的规定看,指定监护实际上是法定监护的延伸,仍属法定监护范畴。指定监护只是在法定监护人有争议时才产生。所谓争议,对于未成年人是其父母以外的监护人范围内的人争抢担任监护人或互相推诿都不愿意担任监护人;对于成年精神病人则监护范围内的人对担任监护争议,争议项如同前述。《民法通则》规定的指定监护的权力机关,是被监护人住所地的居委会委员或村委会委员。指定监护可以是口头方式,也可以是书面方式,只要指定监护的通知送达被指定人,指定即成立。被指定人不服指定的,可以在接到指定通知次日起30天内向人民法院起诉,由人民法院裁决。指定监护未被指定人提起诉讼时,自收到通知后满30天后生效;在提起诉讼时,自法院裁决之日起生效。

3. 委托监护

委托监护是由合同设立的监护人,委托监护属意定监护。委托监护可以是全权委托,也可以是限权委托。前者如父母将子女委托祖父母照料或配偶将精神病人委托精神病院照料;后者如将子女委托给寄宿制学校、幼稚园等。依我国最高人民法院《民通意见》的解释,委托监护不论是全权委托或限权委托,委托人仍要对被监护人的侵权行为承担民事责任,但另有约定的除外;被委托人只有在确有过错时,才负担连带赔偿责任。即法定或指定监护人对被监护人应承担的民事责任,不因委托发生移转,被委托监护人只承担过错连带赔偿责任,其在尽到监护之责而无过错时,被监护人的行为如依法律仍须由监护人负责时,则由法定监护人承担。

六、自然人的住所

住所是法律确认的自然人生活和进行民事活动的中心场所。《民法通则》第十五条规定,公民以他的户籍所在地的居住地为住所,经常居住地与住所不一致的,经常居住地视为住所。最高人民法院《民通意见》第九条规定,公民离开住所地最后连续居住一年以上的地方,为经常居住地。但住医院治病的除外。公民由其户籍所在地迁出后至迁入另一地之前,无经常居住地的,仍以其原户籍所在地为住所。

住所是以生活居住为目的的中心场所,具有固定性、唯一性、公示性。对失踪的空间标准、司法管辖、准据法的适用、法律文书的送达地、债务履行地、继承开始地等方面具有法律意义。

七、自然人的人格权

自然人的人格权是指以权利人的人格利益为内容的民事权利,具有专属性、绝对性、开放性、非财产性等特征,分为一般人格权与特别人格权,表明自然人人格的权利有生命权、身体权、健康权、姓名权、肖像权、隐私权、自由权、名誉权、荣誉权等。

八、自然人从事经营活动的法律资格

自然人从事经营活动时主要有个体工商户、农村承包经营户、个人合伙等三种形式。

(1) 个体工商户是指经工商行政机关核准登记,从事工商业经营的个体劳动者,其法律特征是自己出资、自己经营,财产自己所有,责任自负。个体工商户的申请人的资格要按照法律要求,并依法登记,从事法律允许的工商业经营,须业主经营。

(2) 农村承包经营户是指以承包合同承包经营农村集体经济组织的土地或者其他资源的村民及家庭,是农村集体经营的一个经营方式。农村承包经营户须为农村村民,并依法签订承包合同,以农村土地经营权为基础从事农业经营,须履行相应的承包义务。

《民法通则》第二十九条规定,个体工商户、农村承包经营户的债务,个人经营的,以个人财产承担;家庭经营的,以家庭财产承担。二者的责任皆为无限责任,即责任承担不以出资额为限,须以其全部财产承担责任。

(3) 个人合伙是指两个以上的自然人按照协议,共同出资,共同劳动,经营共同事业的联合形态。个人合伙依合伙合同形成,不具有权利能力,合伙财产为共有财产。合伙可以有名称、字号、场所;各合伙人对合伙债务承担无限责任和连带责任。

第二节 自然人从事会展活动的有关规定

一、自然人参与会展活动的主要形式

自然人可以通过各种形式、各种身份参与会展活动,在整个会展活动中扮演各种各样的角色,构成不同的法律关系,同时也享有不同的权利,履行不同的义务。

1. 观众

自然人作为个体社会成员,在会展活动中体现较多的是参观展销会、博览会、画展、展览会、会议、活动等,是某些会展活动的主要组成部分,在这些会展活动中,被称为观众。一旦自然人进入这些展销会、博览会、画展、展览会、活动或者会议现场,他们就可能购买某种商品或者服务,就会与会展活动的其他主体如参展商、会展活动的主办方产生各种各样的法律关系。如在展销会上个人需要购买服装,在服务贸易洽谈会上享受展商提供的美容服务等,这时,这些观众可以被称为消费者。

2. 参展商

某些展览会、交易会等,个人可以作为参展商参加会展活动,与购买者或者其他会展参与者产生法律关系。例如 Designer of Designers 中国设计师作品展示交易会(简称 DOD 设计展)是中国国际家具展览会在 2012 年新推出的以设计师、设计院校、设计公司参加的展会,旨在为设计师与家具企业搭建最为有效的对接平台,其中参展商就有作为自然人的设计师。

3. 赞助商

很多会展活动,由自然人提供赞助而开展。对于赞助人来说,为展会、活动提供赞助是其义务,也享有获得一定回报的权利。

4. 组织者

目前我国既没有专门的会展法,也没有专业会展组织的认定标准,关于会展组织者资格、条件的限制性规范,常见于国家各部委规章、地方性法规,甚至是某部委的一些函件中。根据现行法规的零散规定,首要的条件是:会展组织者必须能够独立承担法律责任。对于这一条,一般都认为会展的组织者必须是独立的法人,但实际上,自然人也是合法的会展主体。因为尽管自然人举办会展比较少见,也很难得到批准,但自然人能够独立承担责任是显而易见的。

5. 展览设计者

展览设计者将展出者明确的目的和意图与环境要素相配合,创造一个有效空间造型,从而将展品信息有效地传递给观众,并影响其心理、思想与行为的活动。展览设计是为增加美感提供手段,组织和划分平面与空间,表达展示的特色。展示艺术形式是由建筑展品道具空间色彩光线材质等要素构成的一个整体,设计原则包括观众至上、突出展品特征、适合主题。展览设计师拥有对其设计作品的著作权。

6. 其他

会展活动中的其他自然人主体包括展会服务人员等。

二、自然人从事会展活动的有关规定

虽然从法律上来说,自然人享有组织展会的权利,但是法律法规对其从事会展活动有一些特殊规定。

根据中国国际贸易促进委员会、商务部于2006年5月14日修订的《出国举办经济贸易展览会审批管理办法》第二十六条的规定,境内个人不得从事出国办展活动,企业和其他组织未经批准不得从事出国办展活动。境外个人、企业和其他组织不得在中国从事出国办展活动。

本 章 小 结

本章主要从自然人法律制度的一般规定入手,介绍自然人的权利能力和行为能力等法律制度,同时简要阐述自然人的宣告失踪和死亡及其法律后果以及居所、监护等制度,并从自然人参与会展活动承担的不同角色以及不同的权利和义务介绍会展活动中自然人的有关法律规定。

思 考 题

1. 简述公民与自然人的区别。
2. 简述权利能力与权利的区别。
3. 简述权利能力、行为能力、责任能力、财产能力的区别。
4. 简述宣告失踪与宣告死亡的区别。

第三章 企业法律制度

【学习目标】
1. 了解个人独资企业和合伙企业的有关法律规定。
2. 掌握有限责任公司和股份有限公司的相关法律规定。
3. 了解外商投资企业法律相关规定。

【重点难点】
1. 重点掌握有限责任公司成立、合并、解散、清算等法律相关规定。
2. 重点掌握股份有限公司成立、股份发行等法律相关规定。

第一节 个人独资企业法

一、个人独资企业的设立

个人独资企业是指依法在中国境内设立,由一个自然人投资,财产为投资人个人所有,投资人以其个人财产对企业债务承担无限责任的经营实体。

(一)个人独资企业的设立条件

《个人独资企业法》规定设立个人独资企业应当具备下列条件。

(1) 投资人为一个自然人,且只能是中国公民。投资人应当具有完全的民事行为能力。

(2) 有合法的企业名称。个人独资企业的名称应当与其责任形式及从事的营业相符合,其中不得使用"有限""有限责任"或者"公司"字样。

(3) 有投资人申报的出资。设立个人独资企业可以用货币、实物、土地使用权、知识产权或者其他财产权利出资。投资人可以个人财产出资,也可以家庭共有财产作为个人出资。

(4) 有固定的生产经营场所和必要的生产经营条件。

(5) 有必要的从业人员。

(二)个人独资企业的设立程序

1. 提出申请

申请设立个人独资企业,应当由投资人或者其委托的代理人向个人独资企业所在地的登记机关提出设立申请。投资人申请设立登记,应当向登记机关提交申请文件。从事法律、行政法规规定必须报经有关部门审批的业务,应当在申请设立登记时提交有关部门的批准文件。

2. 工商登记

登记机关应当在收到设立申请文件之日起15日内,对符合《个人独资企业法》规定条件的予以登记,发给营业执照。对不符合《个人独资企业法》规定条件的,不予登记。个人独资企业的营业执照签发日期,为个人独资企业成立日期。

个人独资企业存续期间登记事项发生变更的,应当在做出变更决定之日起的15日内依法向登记机关申请办理变更登记。

(三)违反《个人独资企业法》应承担的法律责任

违反《个人独资企业法》关于企业设立和登记的有关规定,应承担以下法律责任。

(1) 提交虚假文件或采取其他欺骗手段,取得企业登记的,责令改正,处以5000元以下的罚款;情节严重的,并处吊销营业执照。

(2) 个人独资企业使用的名称与其在登记机关登记的名称不相符合的,责令限期改正,处以2000元以下的罚款。

(3) 涂改、出租、转让营业执照的,责令改正,没收违法所得,处以3000元以下的罚款;情节严重的,吊销营业执照。

(4) 伪造营业执照的,责令停业;没收违法所得,处以5000元以下的罚款。构成犯罪的,依法追究刑事责任。个人独资企业成立后无正当理由超过6个月未开业的或者开业后自行停业连续6个月以上的,吊销营业执照。

(5) 违反个人独资企业法的规定,未领取营业执照,以个人独资企业的名义从事经营活动的,责令停止经营活动,处以3000元以下的罚款。

(6) 个人独资企业登记事项发生变更时,未按照规定办理变更登记的,责令限期办理变更登记;逾期不办理的,处以2000元以下的罚款。

二、个人独资企业的投资人及事务管理

(一)个人独资企业的投资人

个人独资企业的投资人为一个具有中国国籍的自然人,但法律、行政法规规定禁止从事营利性活动的人,不得作为投资人申请设立个人独资企业。

知识链接

有关法律对禁止从事营利性活动的规定

《法官法》规定,法官不得从事经营性的营利性活动。《检察官法》规定,检察官不得从事经营性的营利性活动。

个人独资企业投资人对本企业的财产依法享有所有权,其有关权利可以依法转让或继承。个人独资企业投资人在申请企业设立登记时明确以家庭共有财产作为个人出资的,应当以家庭共有财产对企业债务承担无限责任。

> **知识链接**
>
> **财产所有权**
>
> 财产所有权是指所有人依法对自己的财产享有占有、使用、收益和处分的权利。

(二) 个人独资企业的事务管理

个人独资企业的事务管理权归属于个人独资企业的投资人。投资人行使企业事务管理权可以有两种方式：①投资人自行管理企业事务；②委托或者聘用其他具有民事行为能力的人负责企业的事务管理。

投资人委托或者聘用他人管理个人独资企业事务，应当与受托人或者被聘用人签订书面合同，合同应订明委托的具体内容、授予的权利范围等。投资人对受托人或者被聘用人的职权的限制，不得对抗善意第三人。

受托人或者被聘用人应当履行诚信、勤勉义务，按照与投资人签订的合同，负责个人独资企业的事务管理。投资人委托或者聘用的人员违反规定，侵犯个人独资企业财产权益的，应当退还侵占的财产；给企业造成损失的，依法承担赔偿责任；有违法所得的，没收违法所得；构成犯罪的，依法承担刑事责任。

三、个人独资企业的解散和清算

(一) 个人独资企业的解散

个人独资企业有下列情形之一时，应当解散：①投资人决定解散；②投资人死亡或者被宣告死亡，无继承人或者继承人放弃继承；③被依法吊销营业执照；④法律、行政法规规定的其他情形。

(二) 个人独资企业的清算

个人独资企业解散时，应当进行清算。

1. 通知和公告债权人

清算方式有两种：①由投资人自行清算；②由债权人申请人民法院指定清算人进行清算。投资人自行清算的，应当在清算前15日内书面通知债权人，无法通知的，应当予以公告。债权人应当在接到通知之日起30日内，未接到通知的应当在公告之日起60日内向投资人申报其债权。

2. 财产清偿顺序

个人独资企业解散的，财产应当按照下列顺序清偿：①所欠职工工资和社会保险费用；②所欠税款；③其他债务。

个人独资企业财产不足以清偿债务的，投资人应当以其个人的其他财产予以清偿。

3. 清算期间对投资人的要求

清算期间，个人独资企业不得开展与清算目的无关的经营活动。在按规定清偿债务前，投资人不得转移、隐匿财产。在清算前或清算期间隐匿或转移财产，逃避债务的，依法追回其财产,并按照有关规定予以处罚;构成犯罪的,依法追究刑事责任。

4. 投资人的持续偿债责任

个人独资企业解散后,原投资人对个人独资企业存续期间的债务仍应承担偿还责任,但债权人在5年内未向债务人提出偿债请求的,该责任消灭。

5. 注销登记

个人独资企业清算结束后,投资人或者人民法院指定的清算人应当编制清算报告,并于清算结束之日起15日内向原登记机关申请注销登记。经登记机关注销登记,个人独资企业终止,应当缴回营业执照。

第二节 合伙企业法

一、合伙企业与合伙企业法

(一)合伙企业的概念

合伙企业是指自然人、法人和其他组织依照本法在中国境内设立的普通合伙企业和有限合伙企业。

普通合伙企业由普通合伙人组成,合伙人对合伙企业债务承担无限连带责任。

有限合伙企业由普通合伙人和有限合伙人组成,普通合伙人对合伙企业债务承担无限连带责任,有限合伙人以其认缴的出资额为限对合伙企业债务承担责任。

小案例

被告王某、于某、张某、赵某共同出资成立一合伙企业。在经营过程中,该合伙企业向原告某纸箱厂赊购纸箱,共计欠款6000元。由于经营不善,该合伙企业解散。合伙人王某、于某、张某、赵某对合伙期间的债权、债务进行了清算,合伙企业拖欠纸箱厂的6000元,四人约定由王某偿还,于某、张某、赵某不负责偿还。王某、于某、张某、赵某均在清算协议上签字予以认可。原告纸箱厂因索款未果将四被告诉至法院,于某、张某和赵某三人均以清算协议为由,主张该笔欠款应当由王某一人偿还。

资料来源:胶东在线网 http://www.jiaodong.net

评析:根据《合伙企业法》的规定,合伙人共负盈亏,共担风险,对外承担无限连带责任。当合伙财产不足以清偿合伙债务时,合伙人还需以其个人财产来清偿,即承担无限责任,而且任何一个合伙人都有义务清偿全部合伙债务,即承担连带责任。王某、于某、张某、赵某关于分担债务的协议,仅是其合伙人内部协议,并不能对抗善意第三人的主张,法院依法判决四被告共同偿还原告纸箱款6000元,并承担连带责任。

(二)合伙企业法的概念

合伙企业法是调整合伙企业设立、经营、解散、清算以及对内对外关系的法律规范的总称。

《合伙企业法》于1997年2月23日由第八届全国人民代表代表大会常务委员会通过，2006年8月27日由第十届全国人民代表大会常务委员会修订通过，修订后的《合伙企业法》自2007年6月1日起施行。

二、普通合伙企业的设立

（一）普通合伙企业的设立条件

《合伙企业法》规定设立合伙企业应当具备以下条件。

1. 有两个以上合伙人

合伙人为自然人的，应当具有完全民事行为能力，无民事行为能力人和限制民事行为能力人不得成为合伙企业设立时的合伙人。法律、行政法规规定禁止从事营利性活动的人，也不得作为合伙人。

> **知识链接**
>
> **有限合伙企业的合伙人**
>
> 有限合伙企业由2个以上50个以下合伙人设立，法律另有规定的除外。有限合伙企业至少应当有一个普通合伙人。

2. 有书面合伙协议

合伙协议是由各合伙人通过协商，规定合伙人权利和义务的协议。合伙人的权利、义务、合伙企业的经营范围、利润分配、亏损的承担、合伙事务的执行等事项都应在合伙企业协议中规定。

合伙协议应当以书面形式订立，经全体合伙人签名、盖章后方能生效。修改或者补充合伙协议，应当经全体合伙人一致同意。

合伙协议应当载明下列事项：①合伙企业的名称和主要经营场所的地点；②合伙目的和合伙经营范围；③合伙人的姓名或者名称、住所；④合伙人的出资方式、数额和缴付期限；⑤利润分配、亏损分担方式；⑥合伙事务的执行；⑦入伙与退伙；⑧争议解决办法；⑨合伙企业的解散与清算；⑩违约责任。

> **知识链接**
>
> **有限合伙企业的合伙协议**
>
> 有限合伙企业的合伙协议除符合上述的规定外，还应当载明下列事项：①普通合伙人和有限合伙人的姓名或者名称、住所；②执行事务合伙人应具备的条件和选择程序；③执行事务合伙人权限与违约处理办法；④执行事务合伙人的除名条件和更换程序；⑤有限合伙人入伙、退伙的条件、程序以及相关责任；⑥有限合伙人和普通合伙人相互转变的程序。
>
> 依法订立的合伙协议，具有法律约束力。合伙人违反合伙协议的，应当依法承担违约责任。

3. 有合伙人认缴或者实际缴付的出资

合伙人必须出资。合伙人的出资方式可以是货币、实物、土地使用权、知识产权或者其他财产权利,经全体合伙人协商一致,合伙人也可以用劳务出资。

合伙人应当按照合伙协议约定的出资方式、数额和缴付期限,履行出资义务。

> **知识链接**
>
> **有限合伙人的出资**
>
> 有限合伙人可以货币出资,也可以实物、土地使用权、知识产权或者其他财产权利等作价出资,但是不得以劳务出资。

4. 有合伙企业的名称和生产经营场所

合伙企业在其名称中应当标明"普通合伙"或者"特殊普通合伙"的字样。有限合伙企业的应当标明"有限合伙"的字样。

合伙企业违反法律规定,未在其名称中标明"普通合伙""特殊普通合伙"或者"有限合伙"字样的,由企业登记机关责令限期改正,并处以2000元以上1万元以下的罚款。

(二)普通合伙企业的设立登记

合伙企业的设立登记,应按照如下程序进行:①向企业登记机关提出申请,并提交全体合伙人签署的登记申请书、全体合伙人的身份证明、合伙协议书等文件;②企业登记机关审核做出是否登记的决定。

申请人提交的登记申请材料齐全、符合法定形式,并且企业登记机关能够当场登记的,应予当场登记,发给营业执照。除此以外的登记申请,企业登记机关应当自受理申请之日起20日内,做出是否登记的决定。予以登记的,发给营业执照;不予登记的,应当给予书面答复,并说明理由。

合伙企业的营业执照签发日期,为合伙企业的成立日期。合伙企业领取营业执照前,合伙人不得以合伙企业的名义从事经营活动。否则有关机关将责令停止经营活动,可以处以5000元以上5万元以下的罚款。

三、合伙企业财产

(一)合伙企业财产的范围

合伙企业的财产包括:合伙人的出资;合伙企业存续期间,所有以合伙企业名义取得的收益和依法取得的其他财产。

(二)合伙企业财产的性质

合伙企业的财产由全体合伙人共同管理和使用。在合伙企业存续期间,除非有合伙人退伙等法定事由,合伙人不得请求分割合伙企业的财产。合伙企业的财产具有共有财产的性质,即由全体合伙人共同拥有。

(三)合伙企业财产的转让

合伙企业财产的转让是指合伙人将自己在合伙企业中的财产份额转让于他人。由于合伙企业及其财产性质的特殊性,其财产的转让,将会影响合伙企业以及各合伙人的切身利益,因此,《合伙企业法》对合伙企业财产的转让作了以下限制性规定。

(1) 合伙人之间转让在合伙企业中的全部或者部分财产份额时,应当通知其他合伙人。

(2) 合伙企业存续期间,合伙人向合伙人以外的人转让其在合伙企业中的全部或者部分财产份额时,须经其他合伙人一致同意。

(3) 合伙人依法转让其财产份额时,在同等条件下,其他合伙人有优先受让的权利。

(4) 合伙人以其在合伙企业中的财产份额出质的,须经其他合伙人一致同意,否则其出质行为无效,由此给其他合伙人造成损失的,依法承担赔偿责任。

四、合伙企业的事务执行

(一) 合伙事务执行的方式

各合伙人对执行合伙企业事务享有同等的权利,可以采取下列方式执行合伙企业事务:①全体合伙人共同执行。②委托一名或数名合伙人执行合伙企业事务。

受托执行合伙企业事务的合伙人,对外代表合伙企业。但合伙企业的下列事务除合伙协议另有约定外,应当经全体合伙人一致同意:①改变合伙企业的名称;②改变合伙企业的经营范围、主要经营场所的地点;③处分合伙企业的不动产;④转让或者处分合伙企业的知识产权和其他财产权利;⑤以合伙企业名义为他人提供担保;⑥聘任合伙人以外的人担任合伙企业的经营管理人员。

合伙人对合伙企业法规定或者合伙协议约定必须经全体合伙人同意才能执行的事务,擅自处理,或者不具有合伙事务执行权的合伙人,擅自执行合伙企业的事务的,给合伙企业或者其他合伙人造成损失的,依法承担赔偿责任。

> **知识链接**
>
> **委托合伙人执行合伙企业事务**
>
> 合伙人可以按照合伙协议的约定或者经全体合伙人决定,委托一个或者数个合伙人对外代表合伙企业,执行合伙事务,其他的合伙人不再执行合伙事务。但是,不执行合伙事务的合伙人对执行事务合伙人执行合伙事务的情况有权进行监督。
>
> 有限合伙企业由普通合伙人执行合伙事务。有限合伙人不执行合伙事务,不得对外代表有限合伙企业。

(二) 合伙人在执行合伙事务中的权利和义务

合伙人分为普通合伙人和有限合伙人。普通合伙人对合伙企业的债务承担无限连带责任,有限合伙人以其认缴的出资额为限对合伙企业债务承担责任。

1. 合伙人在执行合伙事务中的权利

合伙人在执行合伙事务中有以下权利:①合伙人平等享有合伙事务执行权;②执行合伙事务的合伙人对外代表合伙企业;③不参加执行事务的合伙人有权监督执行事务的合伙人,检查其执行合伙企业事务的情况;④合伙人有权查阅合伙企业的账簿和其他有关文件;

⑤合伙人有提出异议权和撤销委托执行事务权。

2. 合伙人在执行合伙事务中的义务

合伙人在执行合伙事务中的义务主要有：①合伙事务执行人向不参加执行事务的合伙人报告事务执行情况以及企业经营状况和财务状况；②合伙人不得自营或者同他人合作经营与本合伙企业相竞争的业务；③合伙人不得同本合伙企业进行交易，合伙协议另有约定或者经全体合伙人同意的除外；④合伙人不得从事损害本合伙企业利益的活动。

合伙人违反规定义务，给合伙企业或者其他合伙人造成损失的，依法承担赔偿责任。合伙人违反法律规定或者合伙协议的约定，从事与本合伙企业相竞争的业务或者与本合伙企业进行交易的，该收益归合伙企业所有；给合伙企业或者其他合伙人造成损失的，依法承担赔偿责任。

知识链接

有限合伙企业的相关不同规则

有限合伙企业的合伙协议如果另有规定的，有限合伙企业可以将全部利润分配给部分合伙人；有限合伙人可以同本有限合伙企业进行交易，可以自营或者同他人合作经营与本有限合伙企业相竞争的业务；有限合伙人也可以将其在有限合伙企业中的财产份额出质。

（三）合伙企业的损益分配

合伙损益由合伙人依照合伙协议约定的比例分配和分担。合伙协议未约定合伙损益分配比例或者约定不明确的，由合伙人协商决定；协商不成的，由合伙人按照实缴出资比例分配、分担；仍然无法确定出资比例的，由合伙人平均分配、分担。

需要指出的是，合伙协议不得约定将全部利润分配给部分合伙人或者由部分合伙人承担全部责任。

小案例

假设2008年3月，甲、乙、丙、丁按照《中华人民共和国合伙企业法》的规定，共同投资设立一从事商品流通的有限合伙企业。合伙协议约定了以下事项：①甲以现金5万元出资，乙以房屋作价8万元出资，丙以劳务作价4万元出资，另外以商标权作价5万元出资，丁以现金10万元出资；②丁为普通合伙人，甲、乙、丙均为有限合伙人；③各合伙人按相同比例分配盈利、分担亏损；④合伙企业的事务由丙和丁执行，甲和乙不执行合伙企业事务，也不对外代表合伙企业；⑤普通合伙人向合伙人以外的人转让财产份额的，不需要经过其他合伙人同意；⑥合伙企业名称为"稳信会展合伙企业"。

资料来源：法易网 http://ask.148365.com/ShanXi/806687.html

问题：

(1) 合伙人丙以劳务作价出资的做法是否符合规定？

(2) 合伙企业事务执行方式是否符合规定？

(3) 关于合伙人转让出资的约定是否符合法律规定？

(4) 合伙企业名称是否符合规定？

(5) 各合伙人按照相同比例分配盈利、分担亏损的约定是否符合规定？

评析：

(1) 不符合规定。根据规定，丙为该合伙企业的有限合伙人，不得以劳务出资。

(2) 不符合规定。丙为该合伙企业的有限合伙人，不得执行合伙企业事务。

(3) 符合法律规定。根据法律规定，只要合伙协议中约定了转让的方式，那么就可以按照合伙协议的约定来处理。

(4) 不符合规定。有限合伙企业名称中应当标明"有限合伙"字样。

(5) 符合规定。根据规定，合伙企业的利润分配、亏损分担，按照合伙协议的约定办理。

五、合伙企业债务的清偿

合伙企业对其债务，应先以其全部财产进行清偿。合伙企业财产不足清偿到期债务的，各合伙人应当承担无限连带清偿责任。

对于合伙企业亏损分担比例，合伙协议约定的，按照合伙协议约定的比例分担；合伙协议未约定或者约定不明确的，由合伙人协商决定；协商不成的，由合伙人按照实缴出资比例分配、分担；无法确定出资比例的，由合伙人平均分配、分担。

六、入伙与退伙

（一）入伙

1. 入伙的程序

入伙是指在合伙企业存续期间，合伙人以外的第三人加入合伙，从而取得合伙人资格。新合伙人入伙时，应当经全体合伙人同意，并依法订立书面入伙协议。订立入伙协议时，原合伙人应当向新合伙人如实告知原合伙企业经营状况和财务状况。

2. 新合伙人的权利与责任

入伙的新合伙人与原合伙人享有同等的权利，承担同等的责任。但入伙协议另有约定的，从其约定。

入伙的新合伙人对入伙前合伙企业的债务承担无限连带责任。

（二）退伙

退伙是指合伙人退出合伙企业，从而丧失合伙人资格。

1. 退伙原因

退伙一般有两种原因：①自愿退伙；②法定退伙。

自愿退伙是指合伙人基于自愿的意思表示而退伙。自愿退伙可以分为协议退伙和通知退伙两种。

合伙协议约定合伙企业的经营期限的，有下列情形之一时，合伙人可以退伙：①合伙协议约定的退伙事由出现；②经全体合伙人同意退伙；③发生合伙人难以继续参加合伙企业的事由；④其他合伙人严重违反合伙协议约定的义务。

合伙协议未约定合伙企业的经营期限的，合伙人在不给合伙企业事务执行造成不利影响的情况下可以退伙,但应当提前30日通知其他合伙人。合伙人违反上述规定擅自退伙的,应当赔偿由此给其他合伙人造成的损失。

法定退伙是指合伙人因出现法律规定的事由而退伙。法定退伙分为当然退伙和除名两类。

合伙人有下列情形之一的,当然退伙:①作为合伙人的自然人死亡或者被依法宣告死亡;②个人丧失偿债能力;③作为合伙人的法人或者其他组织依法被吊销营业执照、责令关闭、撤销,或者被宣告破产;④法律规定或者合伙协议约定合伙人必须具有相关资格而丧失该资格;⑤合伙人在合伙企业中的全部财产份额被人民法院强制执行。

当然退伙以法定事由实际发生之日为退伙生效日。

除名是指当合伙人有下列情形之一的,经其他合伙人一致同意,可以决议将其除名:①未履行出资义务;②因故意或者重大过失给合伙企业造成损失;③执行合伙企业事务时有不正当行为;④发生合伙协议约定的事由。

对合伙人的除名决议应当书面通知被除名人。被除名人自接到除名通知之日起,除名生效,被除名人退伙。

2. 退伙后的财产处理

合伙人退伙的,其他合伙人应当与该退伙人按照退伙时的合伙企业的财产状况进行结算,退还退伙人的财产份额。

合伙人退伙以后,并不能解除对于合伙企业既往债务的连带责任。退伙人对其退伙前已发生的合伙企业债务,与其他合伙人承担连带责任。

知识链接

合伙企业向合伙人的继承人退还被继承合伙人的财产份额

在以下情形下,合伙企业应当向合伙人的继承人退还被继承合伙人的财产份额:①继承人不愿意成为合伙人;②法律规定或者合伙协议约定合伙人必须具有相关资格,而该继承人未取得该资格;③合伙协议约定不能成为合伙人的其他情形。

七、合伙企业解散与清算

(一)合伙企业解散

合伙企业有如下情形之一的,应当解散:①合伙期限届满,合伙人决定不再经营;②合伙协议约定的解散事由出现;③全体合伙人决定解散;④合伙人已不具备法定人数满30日;⑤合伙协议约定的合伙目的已经实现或者无法实现;⑥依法被吊销营业执照、责令关闭或者被撤销;⑦出现法律、行政法规规定的合伙企业解散的其他原因。

此外,有限合伙企业只剩下有限合伙人的,合伙企业应当解散。

(二)合伙企业清算

1. 通知和公告债权人

合伙企业解散后应当进行清算,并通知和公告债权人。

2. 确定清算人

合伙企业解散,清算人由全体合伙人担任;经过全体合伙人过半数同意,也可以自合伙企业解散后15日内指定一名或者数名合伙人,或者委托第三人担任清算人。自合伙企业解散事由出现之日起15日内未确定清算人的,合伙人或者其他利害关系人可以申请人民法院指定清算人。

3. 清算人的职责

清算人在清算期间执行下列事务:①清理合伙企业财产,分别编制资产负债表和财产清单;②处理与清算有关的合伙企业未了结的事务;③清缴所欠税款;④清理债权、债务;⑤处理合伙企业清偿债务后的剩余财产;⑥代表合伙企业参与诉讼或者仲裁活动。

4. 财产清偿顺序

合伙企业财产在支付清算费用后,按下列顺序清偿:①合伙企业所欠的职工工资、社会保险费用、法定补偿金;②合伙企业所欠税款;③合伙企业的债务。

合伙企业财产按上述顺序清偿后仍有剩余的,按照合伙协议的约定办理;合伙协议未约定或者约定不明确的,由合伙人协商决定;协商不成的,由合伙人按照实缴出资比例分配、分担;无法确定出资比例的,由合伙人平均分配、分担。

合伙协议不得约定将全部利润分配给部分合伙人或者由部分合伙人承担全部亏损。

5. 合伙企业注销登记

清算结束后,清算人应当编制清算报告,经全体合伙人签名、盖章后,在15日内向企业登记机关报送清算报告,办理合伙企业注销登记。

合伙企业注销后,原普通合伙人对于合伙企业存续期间的债务仍然应当继续承担无限连带清偿责任。

第三节 公 司 法

一、公司法概述

(一)公司的概念

公司是企业的一种组织形式。一般认为,公司是按照《公司法》设立的,并以营利为目的的企业法人。公司具有以下特征。

1. 公司是企业法人

我国《公司法》明确规定,公司是企业法人,有独立的财产,享有法人财产权,公司以其全部财产对公司的债务承担责任。

2. 公司必须依法设立

法人是由法律赋予法律人格的社会组织,必须依法设立。在我国设立公司所依据的法律主要是《公司法》,此外,还要符合其他相关法律法规的规定。公司的设立条件、目的必须符合国家法律的规定,设立公司还必须按照法律规定的程序办理。

3. 公司以营利为目的

公司必须从事经营活动,公司的设立、运行是为了通过各种生产经营活动,满足社会各种需求,获取利润,并将其分配给公司的股东。公司的营利性经营活动应当具有连续性和固定性。

(二) 公司的分类

依据不同的标准,可以对公司进行不同的分类。

1. 按照股东所负责任状况不同划分

按照股东所负责任状况的不同,公司可以分为:无限责任公司、有限责任公司、股份有限公司、两合公司、股份两合公司。

(1) 无限责任公司是指股东对公司的债务承担无限连带责任的公司。

(2) 有限责任公司是指由一定数额的股东组成的,股东以其出资额为限对公司承担责任,公司以其全部资产对公司债务承担责任的公司。

(3) 股份有限公司是指公司的全部资本分为等额股份,股东以其持有股份为限对公司承担责任,公司以其全部资产对公司债务承担责任的公司。

(4) 两合公司是指由一个以上有限责任股东和一个以上无限责任股东所组成的,有限责任股东仅就其出资额为限对公司债务承担有限责任,无限责任股东对公司债务承担无限责任的公司。

(5) 股份两合公司属于股份公司与两合公司的结合。

我国《公司法》对有限责任公司和股份有限公司作了规定。

2. 按照公司的组织结构关系划分

按照公司的组织结构关系,公司可以分为总公司和分公司。

总公司也称本公司,是指在组织上可以管辖其全部机构的公司,对所属机构的经营、资金调度等进行统一指挥;分公司是指由总公司设置,属于总公司管辖,并且不具有独立的法人资格的公司。

我国《公司法》规定,公司可以设立分公司。设立分公司,应当向公司登记机关申请登记,领取营业执照。分公司不具有法人资格,其民事责任由公司承担。

3. 按照公司之间的控制和依附关系划分

按照公司之间的控制和依附关系,公司可以分为母公司与子公司。

母公司也称控股公司,是指通过掌握其他公司一定比例以上的股份或者通过协议的方式,能够实际上控制其他公司经营活动的公司。

子公司又称为被控股公司,是指受母公司控制,但是自己具有独立的法人资格,能独立承担民事责任的公司。我国《公司法》规定,公司可以设立子公司,子公司具有法人资格,依法独立承担民事责任。

4. 按照公司国籍不同划分

按照公司国籍不同,公司可以分为本国公司和外国公司。

依据我国对公司国籍的确定标准,凡依据我国《公司法》在我国境内登记成立的公司,为本国公司；凡依据外国法律在中国境外设立的公司，为外国公司。

外国公司可以在中国境内设立分支机构，该分支机构不具有中国法人资格，外国公司对其分支机构在中国境内进行经营活动承担民事责任。

5. 按照公司的信用基础划分

按照公司的信用基础不同，公司可以分为人合公司、资合公司以及人合兼资合公司。人合公司是以股东个人的信用为基础而建立的公司，无限责任公司是典型的人合公司。资合公司是以资本的结合为信用基础的公司，股份有限公司是典型的资合公司。人合兼资合公司则是一种既具有人合性质又具有资合性质的公司，如两合公司，有限责任公司也具有人合兼资合的性质。

二、有限责任公司

（一）有限责任公司的概念和特征

1. 有限责任公司的概念

有限责任公司是指由一定数额的股东共同出资，股东以其出资额为限对公司承担责任，公司以其全部资产对公司债务承担责任的企业法人。

2. 有限责任公司的特征

有限责任公司的特征如下。

(1) 有限责任公司的股东以其出资额为限对公司承担责任。

(2) 有限责任公司的股东有最高人数的限制，我国公司法规定是50人。

(3) 有限责任公司的资本不分为等额股份。

(4) 有限责任公司具有封闭性，不能公开募股集资，经营状况不公开。

(5) 有限责任公司的设立程序比较简单，组织机构灵活。

(6) 有限责任公司股东的转让出资受到严格限制。

（二）有限责任公司的设立

1. 有限责任公司的设立条件

(1) 股东符合法定人数。有限责任公司由50个以下股东出资设立。有限责任公司也可以只有1个股东。《公司法》规定了一人有限责任公司和国有独资公司。

> **知识链接**
>
> **一人有限责任公司和国有独资公司**
>
> 一人有限责任公司是指只有一个自然人股东或者一个法人股东的有限责任公司。
>
> 国有独资公司是指国家单独出资、由国务院或者地方人民政府委托本级人民政府国有资产监督管理机关履行出资人职责的有限责任公司。

(2) 有符合公司章程规定的全体股东认缴的出资额。有限责任公司的法定资本又称注册资本，是在公司登记机关登记的、全体股东认缴的出资额之和。2013年12月28日第十二届全国人民代表大会常务委员会第六次会议通过了《全国人民代表大会常务委员会关于修改〈中华人民共和国海洋环境保护法〉等七部法律的决定》。这其中也包括对现行公司法做出的12点修改。修改后的新《中华人民共和国公司法》于2014年3月1日起施行。其中关于最低注册资本的规定已经删除，只规定法律、行政法规以及国务院决定对有限责任公司注册资本实缴、注册资本最低限额另有规定的，从其规定。

（3）股东共同制定公司章程。设立公司必须依法制定公司章程。公司章程规定公司组织以及经营的最基本的事项，是公司最基本的规范性文件。

有限责任公司的章程由股东共同制定，所有股东应当在公司章程上签名、盖章。

公司章程对公司、股东、董事、监事、高级管理人员具有约束力。

（4）有公司名称，建立符合有限责任公司要求的组织机构。有限责任公司的名称必须符合法律、法规的要求，必须在公司名称中标明"有限责任公司"字样。公司主要是通过组织机构行使权利、履行义务的，必须依据公司法的规定设立组织机构。

（5）有公司住所。公司以其主要办事机构所在地为住所。

2. 有限责任公司的设立程序

（1）订立章程。有限责任公司章程应当载明下列事项：①公司名称和住所；②公司经营范围；③公司注册资本；④股东的姓名或者名称；⑤股东的出资方式、出资额和出资时间；⑥公司的机构及其产生办法、职权、议事规则；⑦公司法定代表人；⑧股东会会议认为需要规定的其他事项。

（2）缴纳出资。股东必须向公司缴纳出资。股东可以用货币出资，也可以用实物、知识产权、土地使用权等可以用货币估价并可以依法转让的非货币财产作价出资。

股东应当按期足额缴纳公司章程中规定的各自所认缴的出资额。股东以货币出资的，应当将货币出资足额存入有限责任公司在银行开设的账户；以非货币财产出资的，应当依法办理其财产权的转移手续。股东不按照规定缴纳出资的，除应当向公司足额缴纳外，还应当向已按期足额缴纳出资的股东承担违约责任。

📖 小案例

某科研单位A，国有企业B和集体企业C签订合同决定共同投资设立某生产性的科技发展有限责任公司D。其中A以技术成果出资，作价15万元，B以厂房出资，作价20万元，C以现金17万元出资。后C因资金不足实际出资14万元。

资料来源：华律网 http://www.66law.cn/question/about/1489882/

问题：

（1）D公司能否有效成立？为什么？

（2）C承诺出资17万元，实际出资14万元，应承担什么责任？

（3）全体股东的出资是否符合公司法的规定？

评析：

（1）如果其他条件没问题，D公司有效成立。就出资方面而言，D公司的注册资本达法定最低资本限额；D注册资本的现金出资比例为17万元，达到总注册资本额52万元的30%，特别强调：是否达到30%，是按认缴出资额来计算，而非实缴出资额；三个股东首次的实际出资为49万元，也达到了总注册资本额的20%。因此，D公司的成立为有效，从最基本角度来考虑，一个公司也不可能因为其中某一个股东少交3万元，而被根本性地否定其设立效力。且退一步讲,如果公司设立效力被否定,股东的出资责任又从何谈起,最多不过是违约责任的承担。

(2) C应当承担出资责任。《公司法》第二十八条规定:"股东应当按期足额缴纳公司章程中规定的各自所认缴的出资额。股东以货币出资的,应当将货币出资足额存入有限责任公司在银行开设的账户;以非货币财产出资的,应当依法办理其财产权的转移手续。股东不按照前款规定缴纳出资的,除应当向公司足额缴纳外,还应当向已按期足额缴纳出资的股东承担违约责任。"

(3) 符合规定:第一,出资方式符合法律规定;第二,总出资额达法定资本最低限额,且同时达总注册资本的20%;第三,现金出资比例超过总注册资本额的30%。

股东缴纳出资后,必须经依法设立的验资机构验资并出具证明。公司成立后,股东不得抽逃出资。

(3) 申请设立登记。股东首次出资经依法设立的验资机构验资后,由全体股东指定的代表或者共同委托的代理人向公司登记机关报送公司登记申请书、公司章程、验资证明等文件,申请设立登记。符合《公司法》规定的设立条件的,由公司登记机关发给营业执照,公司营业执照签发日期为公司成立日期。有限责任公司成立后,应当向股东签发出资证明书。

法律、行政法规规定设立公司必须报经有关部门批准的,还应当在公司登记前依法办理批准手续。

(三) 有限责任公司的股东

1. 有限责任公司股东的概念

有限责任公司的股东是公司的出资人。股东可以是中国公民、法人、国家以及外国投资者。《公司法》规定,股东的合法权益应当保护。

2. 有限责任公司股东的权利

《公司法》规定,公司股东依法享有资产收益、参与重大决策和选择管理者等权利。具体来讲,有限责任公司的股东享有如下权利。

(1) 参加股东会,并按出资份额享有表决权。

(2) 选举或被选举为董事会成员、监事会成员。

(3) 有权查阅、复制公司章程、股东会会议记录、董事会会议决议、监事会会议决议和财务会计报告。

(4) 股东可以要求查阅公司会计账簿。公司拒绝提供查阅的,股东可以请求人民法院要求公司提供查阅。

(5) 有权依法转让股权或者受让股权;股东之间可以相互转让其全部出资或部分股权,股东应就其股权转让事项书面通知其他股东征求同意,其他股东自接到书面通知之日起满30日未答复的,视为同意转让。股东向股东以外的人转让股权时,必须经其他股东过半数同意,不同意的股东应当购买该转让的股权;不购买的,视为同意转让。

(6) 按照实缴的出资比例分取红利。

(7) 公司新增资本时,股东有权优先按照实缴的出资比例认缴出资。

(8) 公司终止时,有权依法分得剩余财产。

(9) 公司章程规定的其他权利。

3. 有限责任公司股东的义务

(1) 依法按期足额缴纳出资的义务。

(2) 股东在公司登记后,不得抽回出资。

(3) 依法补缴出资差额。

(4) 依法行使股东权,不得滥用股东权利损害公司或者其他股东的利益。

(5) 依其出资额对公司承担责任。

(6) 公司章程规定的其他义务。

(四) 有限责任公司的组织机构

1. 有限责任公司的股东会

有限责任公司股东会由全体股东组成,是公司的权力机构、公司最高的决策机关。它有权对公司的重大事项做出决议。

股东会依法行使以下职权:①决定公司的经营方针和投资计划;②选举和更换非由职工代表担任的董事、监事,决定有关董事、监事的报酬事项;③审议批准董事会的报告;④审议批准监事会或者监事的报告;⑤审议批准公司的年度财务预算方案、决算方案;⑥审议批准公司的利润分配方案和弥补亏损方案;⑦对公司增加或者减少注册资本作出决议;⑧对发行公司债券作出决议;⑨对公司合并、分立、变更公司形式、解散和清算等事项作出决议;⑩修改公司章程;⑪公司章程规定的其他职权。

股东会会议分为定期会议和临时会议。定期会议应当按照公司章程的规定按时召开。需要召开临时会议的,应当由代表 1/10 以上表决权的股东、1/3 以上的董事、监事会或者不设监事会的公司的监事提议。

召开股东会会议,应当于会议召开 15 日以前通知全体股东。股东会应当对所议事项的决定做成会议记录,出席会议的股东应当在会议记录上签名。

股东会会议由股东按照出资比例行使表决权。

股东会会议做出修改公司章程、增加或者减少注册资本的决议,以及公司合并、分立、解散或者变更公司形式的决议,必须经代表 2/3 以上表决权的股东通过。

2. 有限责任公司的董事会

(1) 董事会的性质和职权

董事会是公司股东会的常设执行机构,由股东选举产生,负责经营决策和管理工作。

有限责任公司应当设立董事会,其成员为 3~13 人。两个以上的国有企业或者其他两个以上的国有投资主体投资设立的有限责任公司,其董事会成员中应当有公司职工代表;其他有限责任公司董事会成员中也可以有公司职工代表。董事会中的职工代表由公司职工通过职工代表大会、职工大会或者其他形式民主选举产生。

股东人数较少或者规模较小的有限责任公司,可以设一名执行董事,不设立董事会。董事任期由公司章程规定,但每届任期不得超过 3 年。董事任期届满,连选可以连任。

《公司法》规定,董事会对股东会负责,依法行使以下职权:①召集股东会会议,并向股东会报告工作;②执行股东会的决议;③决定公司的经营计划和投资方案;④制订公司的年度财务预算方案、决算方案;⑤制订公司的利润分配方案和弥补亏损方案;⑥制订公司增加或者减少注册资本以及发行公司债券的方案;⑦制订公司合并、分立、变更公司形式、解散的方案;⑧决定公司内部管理机构的设置;⑨决定聘任或者解聘公司经理及其报酬事项,并根据经理的提名决定聘任或者解聘公司副经理、财务负责人及其报酬事项;⑩制定公司的基本管理制度;⑪公司章程规定的其他职权。

(2)董事会会议

董事会会议由董事长召集和主持。董事长不能履行职务或者不履行职务的,由副董事长主持;副董事长不能履行职务或者不履行职务的,由半数以上的董事共同推举一名董事召集和主持。

3. 有限责任公司的经理

(1)经理的设立

有限责任公司可以设经理,负责公司日常经营管理的活动,经理由董事会决定聘任或者解聘。经理对董事会负责。有限责任公司依法不设立董事会而设执行董事的,执行董事可以兼任公司经理。

(2)经理的职权

经理的职权包括:①主持公司的生产经营管理工作,组织实施董事会决议;②组织实施公司年度经营计划和投资方案;③拟定公司内部管理机构设置方案;④拟定公司的基本管理制度;⑤制定公司的具体规章;⑥提请聘任或解聘公司的副经理、财务负责人;⑦决定聘任或解聘除应由董事会决定聘任或解聘以外的负责管理人员;⑧董事会授予的其他职权。

4. 有限责任公司的监事会

(1)监事会的性质和组成

监事会是公司内部常设的监督机构。监事会的成员不得少于3人。股东人数较少或者规模较小的有限责任公司,可以设1~2名监事,而不设立监事会。

监事会应当包括股东代表和适当比例的公司职工代表,其中职工代表的比例不得低于1/3。监事的任期每届为3年。监事任期届满,连选可以连任。

董事、高级管理人员不得兼任监事。

> **知识链接**
>
> **高级管理人员**
>
> 高级管理人员是指公司的经理、副经理、财务负责人,上市公司董事会秘书和公司章程规定的其他人员。

(2)监事会的职权

监事会、不设监事会的公司的监事行使下列职权:①检查公司财务;②对董事、高级管理人员执行公司职务的行为进行监督,对违反法律、行政法规、公司章程或者股东会决议的董事、高级管理人员提出罢免的建议;③当董事、高级管理人员的行为损害公司的利益时,要求董事、高级管理人员予以纠正;④提议召开临时股东会会议,在董事会不履行本法规定的召集和主持股东会会议职责时召集和主持股东会会议;⑤向股东会会议提出提案;⑥依照《公司法》第一百五十二条的规定,对董事、高级管理人员提起诉讼;⑦公司章程规定的其他职权。

监事可以列席董事会会议,并对董事会决议事项提出质询或者建议。在发现公司经营情况异常时,可以进行调查。

(3) 监事的任期

监事的任期每届3年。监事任期届满,连选可以连任。

(五) 国有独资公司

1. 国有独资公司的概念

国有独资公司是指国家单独出资、由国务院或者地方人民政府委托本级人民政府国有资产监督管理机构履行出资人职责的有限责任公司。

2. 国有独资公司的组织机构

(1) 国有独资公司不设股东会

国有独资公司由国有资产监督管理机构行使股东会职权。国有资产监督管理机构可以授权公司董事会行使股东会的部分职权,决定公司的重大事项,但公司的合并、分立、解散、增减注册资本和发行公司债券等事项,必须由国有资产监督管理机构决定。其中,重要的国有独资公司合并、分立、解散、申请破产的,应当由国有资产监督管理机构审核后,报本级人民政府批准。国有独资公司章程由国有资产监督管理机构制定,或者由董事会制定,报国有资产监督管理机构批准。

(2) 国有独资公司设立董事会及经理

国有独资公司设立董事会。经授权,国有独资公司董事会行使股东会的部分职权,决定公司重大事项。董事每届任期不得超过3年。董事会成员中应当有公司职工代表。董事会成员由国有资产监督管理机构委派;董事会成员中的职工代表由公司职工代表大会选举产生。董事会设董事长1人,可以设副董事长。董事长、副董事长由国有资产监督管理机构从董事会成员中指定。

国有独资公司设经理,由董事会聘任或者解聘。

国有独资公司的董事长、副董事长、董事、高级管理人员,未经国有资产监督管理机构同意,不得在其他有限责任公司、股份有限公司或者其他经济组织兼职。

(3) 国有独资公司设立监事会

监事会成员不得少于5人,由国有资产监督管理机构委派。其中职工代表的比例不得低于1/3,由公司职工代表大会选举产生。

(六) 一人有限责任公司

1. 一人有限责任公司的概念

一人有限责任公司是指只有一个自然人股东或者一个法人股东的有限责任公司。

一人有限责任公司应当在公司登记中注明自然人独资或者法人独资,并在公司营业执照中载明。

2. 一人有限责任公司的特别规定

一人有限责任公司的特别规定:①一人有限责任公司的股东应当一次足额缴纳公司章

程规定的出资额;②一个自然人只能投资设立一个一人有限责任公司,该一人有限责任公司不能投资设立新的一人有限责任公司;③一人有限责任公司不设股东会,公司章程由股东制定;④一人有限责任公司的股东不能证明公司财产独立于股东自己财产的,应当对公司债务承担连带责任。

(七)有限责任公司设立登记提交材料规范

依据国家工商总局企业注册局的相关规定,设立有限责任公司需要提交如下文件。

(1)《公司登记(备案)申请书》。

(2)《指定代表或者共同委托代理人授权委托书》及指定代表或委托代理人的身份证件复印件。

(3)全体股东签署的公司章程。

(4)股东的主体资格证明或者自然人身份证件复印件。

股东为企业的,提交营业执照复印件。

股东为事业法人的,提交事业法人登记证书复印件。

股东为社团法人的,提交社团法人登记证复印件。

股东为民办非企业单位的,提交民办非企业单位证书复印件。

股东为自然人的,提交身份证件复印件。

其他股东提交有关法律法规规定的资格证明。

(5)董事、监事和经理的任职文件(股东会决议由股东签署,董事会决议由公司董事签字)及身份证件复印件。

(6)法定代表人任职文件(股东会决议由股东签署,董事会决议由公司董事签字)及身份证件复印件。

(7)住所使用证明。

(8)《企业名称预先核准通知书》。

(9)法律、行政法规和国务院决定规定设立有限责任公司必须报经批准的,提交有关的批准文件或者许可证件复印件。

(10)公司申请登记的经营范围中有法律、行政法规和国务院决定规定必须在登记前报经批准的项目,提交有关批准文件或者许可证件的复印件。

此外,依照《公司法》《公司登记管理条例》设立的有限责任公司适用本规范。一人有限责任公司和国有独资公司参照本规范提供有关材料。

知识链接

国务院部署公司注册资本登记制度改革 降低创业成本

中新社北京10月27日电 中国国务院总理李克强10月25日主持召开国务院常务会议,部署推进公司注册资本登记制度改革,降低创业成本,激发社会投资活力。

会议指出,改革注册资本登记制度,放宽市场主体准入,创新政府监管方式,建立高效透明公正的现代公司登记制度,是新一届政府转变职能总体部署和改革方案中的又一项重要举措,目的是为了进一步简政放权,构建公平竞争的市场环境,调动社会资本力量,促进小微企业特别是创新型企业成长,带动就业,推动新兴生产力发展。将这一改革举措全面推开,十分必要。

会议强调,推行注册资本登记制度改革,就是要按照便捷高效、规范统一、宽进严管的原则,创新公司登记制度,降低准入门槛,强化市场主体责任,促进形成诚信、公平、有序的市场秩序。

会议明确了改革的主要内容。

一是放宽注册资本登记条件。除法律、法规另有规定外,取消有限责任公司最低注册资本3万元人民币、一人有限责任公司最低注册资本10万元、股份有限公司最低注册资本500万元的限制;不再限制公司设立时股东(发起人)的首次出资比例和缴足出资的期限。公司实收资本不再作为工商登记事项。

二是将企业年检制度改为年度报告制度,任何单位和个人均可查询,使企业相关信息透明化。建立公平规范的抽查制度,克服检查的随意性,提高政府管理的公平性和效能。

三是按照方便注册和规范有序的原则,放宽市场主体住所(经营场所)登记条件,由地方政府具体规定。

四是大力推进企业诚信制度建设。注重运用信息公示和共享等手段,将企业登记备案、年度报告、资质资格等通过市场主体信用信息系统予以公示。推行电子营业执照和全程电子化登记管理,与纸质营业执照具有同等法律效力。完善信用约束机制,将有违规行为的市场主体列入经营异常的"黑名录",向社会公布,使其"一处违规、处处受限",提高企业"失信成本"。

五是推进注册资本由实缴登记制改为认缴登记制,降低开办公司成本。在抓紧完善相关法律法规的基础上,实行由公司股东(发起人)自主约定认缴出资额、出资方式、出资期限等,并对缴纳出资情况真实性、合法性负责的制度。

资料来源:中国新闻网 http://www.chinanews.com/gn/2013/10-27/5429010.shtml

三、股份有限公司

(一)股份有限公司的概念和特征

1. 股份有限公司的概念

股份有限公司是指依法设立的,其全部资本分为等额股份,股东以其所认购的股份为限对公司承担责任,公司以其全部资产对公司的债务承担责任的企业法人。

2. 股份有限公司的特征

(1)股份有限公司的股东以其认购的股份为限对公司承担责任。

(2)股份有限公司的股东有最低人数的限制,而没有最高人数的限制。

(3)股份有限公司的全部资本分为等额股份,股份采取股票形式。

(4)股份有限公司可以通过发行股票公开募股集资,经营状况公开。

(5)股份有限公司的设立程序比较严格。

(6)股份可以自由转让。

(二)股份有限公司的设立

1. 股份有限公司的设立方式

依《公司法》的规定,股份有限公司的设立,可以采取发起设立或者募集设立的方式。

发起设立是指由发起人认购公司应发行的全部股份而设立公司。股份有限公司采取发起设立方式设立的,注册资本为在公司登记机关登记的全体发起人认购的股本总额。在发起人认购的股份缴足前,不得向他人募集股份。

募集设立是指由发起人认购公司应发行股份的一部分,其余股份向社会公开募集或者向特定对象募集而设立公司。以募集设立方式设立股份有限公司的,发起人认购的股份不得少于公司股份总数的35%。

2. 股份有限公司的设立条件

(1) 发起人符合法定人数。股份有限公司发起人可以是自然人也可以是法人。设立股份有限公司,应当有2人以上200人以下为发起人,其中须有半数以上的发起人在中国境内有住所。

(2) 有符合公司章程规定的全体发起人认购的股本总额或者募集的实收股本总额。法律、行政法规以及国务院决定对股份有限公司注册资本实缴、注册资本最低限额另有规定的,从其规定。

(3) 股份发行、筹办事项符合法律规定。

(4) 发起人制定公司章程,采用募集方式设立的经创立大会通过。

(5) 有公司名称,建立符合股份有限公司要求的组织机构。

(6) 有公司住所。

3. 股份有限公司的设立程序

(1) 发起设立与募集设立

股份有限公司章程由发起人制定。股份有限公司章程应当载明下列事项:①公司名称和住所;②公司经营范围;③公司设立方式;④公司股份总数、每股金额和注册资本;⑤发起人的姓名或者名称、认购的股份数、出资方式和出资时间;⑥董事会的组成、职权、任期和议事规则;⑦公司法定代表人;⑧监事会的组成、职权、任期和议事规则;⑨公司利润分配办法;⑩公司的解散事由与清算办法;⑪公司的通知和公告办法;⑫股东大会会议认为需要规定的其他事项。

以发起设立方式设立股份有限公司的,发起人应当书面认足公司章程规定其认购的股份,并按照公司章程规定缴纳出资。以非货币财产出资的,应当依法办理其财产权的转移手续。

发起人不按照规定缴纳出资的,应当按照发起人协议的约定承担违约责任。

股份有限公司成立后,发起人未按照公司章程的规定缴足出资的,应当补缴;其他发起人承担连带责任。

(2) 创立大会的举行

采用募集设立方式设立股份有限公司的,发起人应当在发行股份的股款缴足之日起30日内主持召开公司创立大会。创立大会由认股人组成。创立大会应有代表股份总数过半数的认股人出席,方可举行。

创立大会行使下列职权:①审议发起人关于公司筹办情况的报告;②通过公司章程;③选举董事会成员;④选举监事会成员;⑤对公司的设立费用进行审核;⑥对发起人用于抵作股款的财产的作价进行审核;⑦发生不可抗力或者经营条件发生重大变化直接影响公

司设立的,可以做出不设立公司的决议。

创立大会对以上事项作出决议,必须经出席会议的认股人所持表决权过半数通过。董事会应于创立大会结束后30日内,向公司登记机关报送法律要求的文件,申请设立登记。

小案例

某市经济协作开发公司与长征汽车集团公司(私营)等3家公司订立了以募集方式设立某汽车配件股份有限公司的发起人协议,公司注册资本5000万元,募集设立。同年5月6日,省有关部门批准同意组建该公司。三家发起人公司按协议制定章程,认购部分股份,起草招股说明书,签订股票承销协议、代收股款协议,经国务院证券监督管理机构批准,向社会公开募股。由于该汽车配件公司发展前景光明,所以股份募集顺利,发行股份股款缴足后经约定的验资机构验资证明后,发起人认为已完成任务,迟迟不召开创立大会,经股民强烈要求才在2个月后召开创立大会,发起人为图省事,只通知了代表股份总数的1/3以上的认股人出席,会议决定了一些法定事项。

资料来源:找法网http://china.findlaw.cn/info/case/dqal/136780.html

问题:

(1)汽车配件公司的募集设立存在什么问题?

(2)本案中召开创立大会的程序存在什么样的问题?

评析:

(1)我国《公司法》规定,设立股份有限公司,应当有5人以上为发起人,其中须有过半数的发起人在中国境内有住所,国有企业改建为股份有限公司的,发起人可少于5人,但应采取募集设立方式。本案中,不属于国企改建的形式,发起人只有3家公司,不符合法定条件。

(2)关于创立大会,我国《公司法》有下述有关规定:发起股份的股款缴足后,必须经法定的验资机构验资并出具证明,发起人应当在30日内召开公司创立大会,创立大会由认股人组成。创立大会应有代表股份总数1/2以上的认股人出席,方可举行,本案中,汽车配件公司的发起人在股款缴足并验资后不及时召开创立大会,拖延两个月,损害了股东与公司的利益。同时,创立大会的股东人数低于法定比例,创立大会的组成不合法。

(三)股份有限公司的组织机构

1. 股份有限公司的股东大会

(1)股东大会的性质和职权

股东大会由全体股东组成,是公司的权力机构,决定公司的重大事项,依法行使职权。《公司法》关于有限责任公司股东会职权的规定,适用于股份有限公司股东大会。

(2)股东大会决议

股东大会分为股东大会年会和临时股东大会。股东大会年会应当每年召开1次。

有下列情形之一的,股份有限公司应当在2个月内召开临时股东大会:①董事人数不足本法规定人数或者公司章程所定人数的2/3时;②公司未弥补的亏损达实收股本总额1/3时;③单独或者合计持有公司10%以上股份的股东请求时;④董事会认为必要时;⑤监事会提议召开时;⑥公司章程规定的其他情形。

股东出席股东大会会议,所持每一股份有一表决权。股东大会作出决议,必须经出席会议的股东所持表决权过半数通过。但是，股东大会做出修改公司章程、增加或者减少注册资本的决议，以及公司合并、分立、解散或者变更公司形式的决议，必须经出席会议的股东所持表决权的2/3以上通过。

股东可以委托代理人出席股东大会，代理人应当向公司提交股东的授权委托书，并在授权的范围内行使表决权。

2. 股份有限公司的董事会

（1）董事会的性质和职权

董事会是公司股东大会的执行机构，负责经营决策和管理工作。股份有限公司应当设立董事会，其成员为5~19人。董事会成员中可以有公司职工代表。董事会中的职工代表由公司职工通过职工代表大会、职工大会或者其他形式民主选举产生。

《公司法》关于有限责任公司董事会任期、职权的规定，适用于股份有限公司董事、董事会。

（2）董事会议

董事会每年度至少召开两次会议，每次会议应当于会议召开10日前通知全体董事和监事。代表1/10以上表决权的股东、1/3以上董事或者监事会，可以提议召开董事会临时会议。董事长应当自接到提议后10日内，召集和主持董事会会议。

董事会会议应有过半数的董事出席方可举行。董事会决议的表决，实行一人一票。董事会作出决议，必须经全体董事的过半数通过。

董事会应当对会议所议事项的决定做成会议记录，出席会议的董事应当在会议记录上签名。董事应当对董事会的决议承担责任。董事会的决议违反法律、行政法规或者公司章程、股东大会决议，致使公司遭受严重损失的，参与决议的董事对公司负赔偿责任。

3. 股份有限公司的经理

股份有限公司设经理，负责公司的日常经营管理活动，经理由董事会聘任或者解聘。经理列席董事会会议，对董事会负责。

《公司法》关于有限责任公司经理职权的规定，适用于股份有限公司经理。

4. 股份有限公司监事会

股份有限公司设立监事会，其成员不得少于3人。监事会应当包括股东代表和适当比例的公司职工代表，其中职工代表的比例不得低于1/3。监事会中的职工代表由公司职工通过职工代表大会、职工大会或者其他形式民主选举产生。监事会行使职权所必需的费用，由公司承担。

《公司法》关于有限责任公司监事会职权的规定，适用于股份有限公司监事会。

监事会每6个月至少召开一次会议。监事可以提议召开临时监事会会议。董事、高级管理人员不得兼任监事。

5. 董事、监事、高级管理人员的任职资格及义务

（1）任职资格

根据《公司法》规定有下列情形之一的，不得担任公司的董事、监事、高级管理人员。

① 国家公务员不得兼任公司的董事、监事、经理。

② 无民事行为能力或者限制民事行为能力。

③ 因贪污、贿赂、侵占财产、挪用财产或者破坏社会主义市场经济秩序,被判处刑罚,执行期满未逾 5 年,或者因犯罪被剥夺政治权利,执行期满未逾 5 年。

④ 担任破产清算的公司、企业的董事或者厂长、经理,对该公司、企业的破产负有个人责任的,自该公司、企业破产清算完结之日起未逾 3 年。

⑤ 担任因违法被吊销营业执照、责令关闭的公司、企业的法定代表人,并负有个人责任的,自该公司、企业被吊销营业执照之日起未逾 3 年。

⑥ 个人所负数额较大的债务到期未清偿。

公司违反前款规定选举、委派董事、监事或者聘任高级管理人员的,该选举、委派或者聘任无效。董事、监事、高级管理人员在任职期间出现上述情形,公司应当解除其职务。

(2) 董事、监事、高级管理人员的义务

① 董事、监事、高级管理人员应当遵守法律、行政法规和公司章程,对公司负有忠实义务和勤勉义务,不得利用职权收受贿赂或者其他非法收入,不得侵占公司的财产。

② 董事、高级管理人员不得挪用公司资金或者将公司资金以其个人名义或者以其他个人名义开立账户存储或者违反公司章程的规定,未经股东会、股东大会或者董事会同意,不得将公司资金借贷给他人或者以公司财产为他人提供担保。

③ 董事、高级管理人员不得违反公司章程的规定或者未经股东会、股东大会同意,与本公司订立合同或者进行交易或者未经股东会或者股东大会同意,利用职务便利为自己或者他人谋取属于公司的商业机会,自营或者为他人经营与所任职公司同类的业务。

④ 董事、高级管理人员不得接受他人与公司交易的佣金归为己有。

⑤ 董事、高级管理人员不得擅自披露公司秘密。

⑥ 董事、高级管理人员不得进行违反对公司忠实义务的其他行为。

董事、高级管理人员违反以上规定所得的收入应当归公司所有;执行公司职务时违反法律、行政法规或者公司章程的规定,给公司造成损失的,应当承担赔偿责任。董事、高级管理人员违反法律、行政法规或者公司章程的规定,损害股东利益的,股东可以向人民法院提起诉讼。

(四) 股份有限公司的股份

股份有限公司的股份是平均划分公司资本的基本计量单位,公司的股份采取股票的形式。股份有限公司的股票,是公司签发的证明股东所持股份的法律凭证。

1. 股份发行的概念

股份发行是股份有限公司为设立公司筹集资本或者在生产经营过程为增加资本,依照法律规定发售股份的行为。

股份发行分为两种情况:①设立发行,股份有限公司在设立公司过程中发行股份;②新股发行,股份有限公司在成立以后生产经营过程中再次发行股份。无论是设立发行还是新股发行均须具备法律规定的条件。

2. 股份发行的原则

股份的发行实行公开、公平、公正的原则,必须同股同权、同股同利。同种类的每一股份应当具有同等权利。同次发行的同种类股票,每股的发行条件和价格应当相同。任何单位或者个人所认购的股份,每股应当支付相同价额。

股票发行价格可以按票面价格,也可以超过票面金额,但不得低于票面金额。

公司发行的股票,可以是记名股票,也可以是不记名股票。公司向发起人、法人发行的股票,应当是记名股票。

知识链接

股票及股票应当载明的事项

我国《公司法》规定,股票采用纸面形式或者国务院证券监督管理机构规定的其他形式。股票应当载明下列主要事项:①公司名称;②公司登记成立的日期;③股票种类、票面金额及代表的股份数;④股票的编号。股票由法定代表人签名,公司盖章。

3. 股份发行的条件

公开发行股份、债券等有价证券,必须符合法律、行政法规规定的条件,并依法报经国务院证券监督管理机构或者国务院授权的部门核准;未经依法核准,任何单位和个人不得公开发行证券。

公司发行新股,依照公司章程的规定由股东大会或者董事会对下列事项作出决议:新股种类以及数额;新股发行价格;新股发行的起止日期;向原有股东发行新股的种类及数额。

公司公开发行新股,应当符合下列条件:①具备健全且运行良好的组织机构;②具有持续盈利能力、财务状况良好;③最近3年内财务会计文件无虚假记载,无其他重大违法行为;④经国务院批准的国务院证券监督管理机构规定的其他条件。

公司公开发行新股,应当向国务院证券监督管理机构报送募股申请和下列文件:①公司营业执照;②公司章程;③股东大会决议;④招股说明书;⑤财务会计报告;⑥代收股款银行的名称及地址;⑦承销机构名称及有关的协议。

4. 股份转让

股份有限公司的股东持有的股份可以依法转让。股东转让其股份,应当在依法设立的证券交易场所进行或者按照国务院规定的其他方式进行。记名股票,由股东以背书方式或者法律、行政法规规定的其他方式转让;转让后由公司将受让人的姓名或者名称及住所记载于股东名册。无记名股票的转让,由股东将该股票交付给受让人后即发生转让的效力。

为维持公司的正常运行,维护公司、股东、公众和债权人的利益,《公司法》对公司股份的转让做了一定的限制:①发起人持有的本公司股份,自公司成立之日起1年内不得转让。②公司公开发行股份前已发行的股份,自公司股票在证券交易所上市交易之日起1年内不得转让。③公司董事、监事、高级管理人员应当向公司申报所持有的本公司的股份及其变动情况,在任职期间每年转让的股份不得超过其所持有本公司股份总数的25%;所持本公司股份自公司股票上市交易之日起1年内不得转让。上述人员离职后半年内,不得转让其所持有的本公司股份。

(五)上市公司

上市公司是指其股票在证券交易所上市交易的股份有限公司。

1. 上市公司的条件

(1) 股份有限公司申请股票上市应当符合的条件

股份有限公司申请股票上市应当符合的条件是：①股票经国务院证券监督管理机构核准已公开发行；②公司股本总额不少于人民币3000万元；③公开发行的股份达公司股份总数的25%以上；公司股本总额超过人民币4亿元的，公开发行股份的比例为10%以上；④公司在最近3年内无重大违法行为，财务会计报告无虚假记载。

(2) 暂停股票上市

上市公司有以下情形之一的，由证券交易所决定暂停其股票上市交易：①公司股本总额、股权分布等发生变化不再具备上市条件；②公司不按照规定公开其财务状况，或者对财务会计报告作虚假记载，可能误导投资者；③公司有重大违法行为；④公司最近3年连续亏损；⑤证券交易所上市规则规定的其他情形。

(3) 终止股票上市

上市公司有以下情形之一的，由证券交易所决定终止其股票上市交易：①公司股本总额、股权分布等发生变化不再具备上市条件，在证券交易所规定的期限内仍不能达到上市条件；②公司不按照规定公开其财务状况，或者对财务会计报告作虚假记载，且拒绝纠正；③公司最近3年连续亏损，在其后一个年度内未能恢复盈利；④公司解散或者被宣告破产；⑤证券交易所上市规则规定的其他情形。

2. 上市公司组织机构的特殊规定

《公司法》规定，上市公司在一年内购买、出售重大资产或者担保金额超过公司资产总额30%的，应当由股东大会作出决议，并经出席会议的股东所持表决权的2/3以上通过。

上市公司设立独立董事和董事会秘书，负责公司股东大会和董事会会议的筹备、文件保管以及公司股权管理，办理信息披露事务等事宜。上市公司董事与董事会会议决议事项所涉及的企业有关联关系的，不得对该项决议行使表决权，也不得代理其他董事行使表决权。董事会会议由过半数的无关联关系董事出席即可举行，董事会会议所作决议须经无关联关系董事过半数通过。出席董事会的无关联关系董事人数不足3人的，应将该事项提交上市公司股东大会审议。

(六) 股份有限公司设立登记提交材料规范

依据国家工商总局企业注册局的相关规定，设立有限责任公司需要提交如下文件。

(1)《公司登记(备案)申请书》。

(2)《指定代表或者共同委托代理人授权委托书》及指定代表或委托代理人的身份证件复印件。

(3) 由会议主持人和出席会议的董事签署的股东大会会议记录(募集设立的提交创立大会的会议记录)。

(4) 全体发起人签署或者出席股东大会或创立大会的董事签字的公司章程。

(5) 发起人的主体资格证明或者自然人身份证件复印件。

发起人为企业的，提交营业执照复印件。

发起人为事业法人的，提交事业法人登记证书复印件。

发起人股东为社团法人的,提交社团法人登记证复印件。

发起人为民办非企业单位的,提交民办非企业单位证书复印件。

发起人为自然人的,提交身份证件复印件。

其他发起人提交有关法律法规规定的资格证明。

(6) 募集设立的股份有限公司提交依法设立的验资机构出具的验资证明。涉及发起人首次出资是非货币财产的,提交已办理财产权转移手续的证明文件。

(7) 董事、监事和经理的任职文件及身份证件复印件。

依据《公司法》和公司章程的规定,提交由会议主持人和出席会议的董事签署的股东大会会议记录(募集设立的提交创立大会的会议记录)、董事会决议或其他相关材料。其中股东大会会议记录(创立大会会议记录)可以与第(3)项合并提交;董事会决议由公司董事签字。

(8) 法定代表人任职文件(公司董事签字的董事会决议)及身份证件复印件。

(9) 住所使用证明。

(10)《企业名称预先核准通知书》。

(11) 募集设立的股份有限公司公开发行股票的应提交国务院证券监督管理机构的核准文件。

(12) 法律、行政法规和国务院决定规定设立股份有限公司必须报经批准的,提交有关的批准文件或者许可证件复印件。

(13) 公司申请登记的经营范围中有法律、行政法规和国务院规定必须在登记前报经批准的项目,提交有关批准文件或者许可证件的复印件。

此外,依照《公司法》《公司登记管理条例》设立的股份有限公司申请设立登记适用本规范。

四、公司债券

(一) 公司债券的概念

公司债券是指公司依照法定程序发行、约定在一定期限还本付息的有价证券。《公司法》规定,公司债券可以为记名债券,也可以为无记名债券。

(二) 公司债券的发行条件

公开发行公司债券必须符合以下条件:①股份有限公司的净资产不低于人民币3000万元,有限责任公司的净资产不低于人民币6000万元;②累计债券余额不超过公司净资产的40%;③最近3年平均可分配利润足以支付公司债券一年的利息;④筹集的资金投向符合国家产业政策;⑤债券的利率不超过国务院限定的利率水平;⑥国务院规定的其他条件。

发行公司债券,必须用于审批机关批准的用途,不得用于弥补亏损和非生产性支出。

有下列情形之一的,不得再次公开发行公司债券:①前一次公开发行的公司债券尚未募足;②对已公开发行的公司债券或者其他债务有违约或者延迟支付本息的事实,仍处于继续状态;③违反《公司法》规定,改变公开发行公司债券所募资金的用途。依照本法规定聘请保荐人的,还应当报送保荐人出具的发行保荐书。

(三) 公司债券的转让

公司债券可以转让,转让应当在依法设立的证券交易场所进行。

公司债券的转让价格由转让人与受让人约定。记名公司债券,由债券持有人以背书方式或者法律、行政法规规定的其他方式转让;转让后由公司将受让人的姓名或者名称及住所记载于公司债券存根簿。无记名公司债券的转让,由债券持有人将该债券交付给受让人后即发生转让的效力。

(四) 可转换债券

可转换债券是上市公司发行的、可以依一定条件转换为股票的债券。

发行可转换为股票的公司债券,上市公司须经股东大会决议并在公司债券募集办法中规定具体的转换办法。上市公司发行可转换为股票的公司债券,应当报国务院证券监督管理机构核准。除具备发行公司债券的条件外,上市公司还应当符合股票发行的条件。

发行可转换为股票的公司债券,应当在债券上标明可转换公司债券字样。公司应当按照其转换办法向债券持有人换发股票,但债券持有人对转换股票或者不转换股票有选择权。

五、公司的财务会计

(一) 公司财务会计工作的一般要求

(1) 公司应当依照法律、行政法规和国务院财政部门的规定建立本公司的财务、会计制度。

(2) 公司应当在每一会计年度终了时制作财务会计报告,并依法经审查验证。财务会计报告应当包括资产负债表、损益表、财务状况变动表、财务情况说明书、利润分配表等财务会计报表及附属明细表。

(3) 有限责任公司应当按照公司章程规定的期限将财务会计报告送交各股东。股份有限公司的财务会计报告应当在召开股东大会年会的 20 日以前置备于本公司,供股东查阅;公开发行股票的股份有限公司必须公告其财务会计报告。

(4) 公司除法定的会计账册外,不得另立会计账册;对公司资产,不得以任何个人名义开立账户存储。

(二) 公司的利润分配

1. 利润分配顺序

公司利润是指公司在一定时期(1年)内从事经营活动的财务成果,包括营业利润、投资净收益以及营业外收支净额。

公司应按如下顺序进行利润分配:①弥补以前年度的亏损;②缴纳所得税;③提取法定公积金;④提取任意公积金;⑤支付股利。

2. 公积金

公积金又称准备金,是公司根据法律或者公司章程规定提留备用,不作为股利分配的部分所得或收益。公积金按来源可分为盈余公积金和资本公积金。

公司分配当年税后利润时,应当提取利润的10%列入公司法定公积金。公司法定公积金累计额为公司注册资本的50%以上的,可以不再提取。

公司在从税后利润中提取法定公积金后,经股东会或者股东大会决议,还可以从税后利润中提取任意公积金。

公司的公积金用于弥补公司的亏损,扩大公司生产经营或者转为增加公司资本。法定公积金转为资本时,留存的该项公积金不得少于注册资本的25%。

3. 股利的分配

公司弥补亏损和提取公积金后所余税后利润,有限责任公司按照股东出资比例进行分配;股份有限公司按照股东持有的股份比例进行分配,但股份有限公司章程规定不按持股比例分配的除外。

六、公司的合并、分立、增资、减资、解散和清算

(一) 公司的合并与分立

1. 公司的合并

公司的合并是指两个以上的公司依照法定程序变更为一个公司的法律行为。公司的合并,应当由股东会或者股东大会作出决议。

公司合并有吸收合并和新设合并两种形式。吸收合并指一个公司吸收其他公司,被吸收的公司解散。新设合并是指两个以上公司合并设立为一个新的公司,合并各方解散。

公司合并应当由合并各方依法签订合并协议。

公司合并后,应当依法向公司登记机关办理有关手续。吸收合并后存续的公司登记事项变更的,应当依法办理公司变更登记,合并后解散的公司应当依法办理注销登记。合并各方的债权、债务,应当由合并后存续的公司或者新设的公司承继。

2. 公司的分立

公司的分立是指一个公司依法分为两个以上的公司。公司的分立应当由股东(大)会作出决议,公司分立前的债务由分立后的公司承担连带责任。

(二) 公司的增资与减资

1. 公司的增资

公司可以增加注册资本。有限责任公司增加注册资本时,股东认缴新增资本的出资,依照设立有限责任公司缴纳出资的有关规定执行。股份有限公司为增加注册资本发行新股时,股东认购新股,也应当依照设立股份有限公司时缴纳股款的有关规定执行。

2. 公司的减资

公司需要减少注册资本的,必须编制资产负债表及财产清单。公司减资后的注册资本不得低于法定的最低限额。公司增加或者减少注册资本,应当依法向公司登记机关办理变更登记。

（三）公司的解散与清算

1. 公司的解散

公司解散的条件：①公司章程规定的营业期限届满或者公司章程规定的其他解散事由出现；②股东会或者股东大会决议解散；③因公司合并或者分立需要解散；④依法被吊销营业执照、责令关闭或者被撤销；⑤人民法院依照公司法规定予以解散。

2. 公司的清算

（1）清算组的组成

公司除因合并或者分立而需要解散的，应当在解散事由出现之日起15日内成立清算组，开始清算。

有限责任公司的清算组由股东组成，股份有限公司的清算组由董事或者股东大会确定的人员组成。逾期不成立清算组进行清算的，债权人可以申请人民法院指定有关人员组成清算组进行清算。人民法院应当受理该申请，并及时组织清算组进行清算。

（2）清算组的职权

清算组在清算期间行使下列职权：①清理公司财产，分别编制资产负债表和财产清单；②通知、公告债权人；③处理与清算有关的公司未了结的业务；④清缴所欠税款以及清算过程中产生的税款；⑤清理债权、债务；⑥处理公司清偿债务后的剩余财产；⑦代表公司参与民事诉讼活动。

清算组成员应当忠于职守，依法履行清算义务。因故意或者重大过失给公司或者债权人造成损失的，应当承担赔偿责任。

（3）清算程序

清算组应当自成立之日起10日内通知债权人，并于60日内在报纸上公告。债权人应当自接到通知书之日起30日内，未接到通知书的自公告之日起45日内，向清算组申报其债权。债权人应当说明债权的有关情况，并提供证明材料。清算组应当将债权进行登记。在申报债权期间，清算组不得对债权人进行清偿。

清算组在清理公司财产、编制资产负债表和资产清单后，应当制订清算方案，并报股东会、股东大会或者人民法院确认。清算组在清理公司财产、编制资产负债表和财产清单后，发现公司财产不足清偿债务的，应当依法向人民法院申请宣告破产。

公司财产能够清偿公司债务的，在分别支付清算费用、职工的工资、社会保险费用和法定补偿金，缴纳所欠税款，清偿公司债务后的剩余财产，有限责任公司按照股东的出资比例分配，股份有限公司按照股东持有的股份比例分配。

公司清算结束后，清算组应当制作清算报告，报股东会、股东大会或者人民法院确认，并报送公司登记机关，申请注销公司登记，公告公司终止。

第四节　外商投资企业法

外商投资企业是指依照中国法律规定，在中国境内设立的，由中国投资者和外国投资者共同投资设立或者仅由外国投资者投资设立的企业。在我国，外商投资企业包括中外合资经营企业、中外合作经营企业和外资企业三种主要形式。外商投资企业均属中国企业,必须遵守中国法律,受中国法律的保护和管辖。

外商投资企业法是指调整外商投资企业在设立、经营管理过程中所发生的经济关系的法律规范的总称。我国的外商投资企业法主要有:《中外合资经营企业法》《中外合作经营企业法》《外资经营企业法》等。

一、中外合资经营企业法

(一)中外合资经营企业的概念

中外合资经营企业是指外国的企业和其他经济组织或个人与中国的企业或其他经济组织依照中国法律,经中国政府批准,在中国境内共同投资,共同经营,并按投资比例分享利润、分担风险及亏损的企业。

(二)中外合资经营企业的设立

1. 设立中外合资经营企业的条件

设立中外合资经营企业应当具备一定的条件,应当是能够促进中国经济的发展和科学水平的提高,有利于我国的经济建设。

申请设立的中外合资经营企业应当符合以下一项或数项要求:①采用先进技术设备和科学管理方法,能增加产品品种,提高产品质量和数量,节约能源和材料;②有利于技术改造,能做到投资少、见效快、收益大;③能扩大产品出口,增加外汇收入;④能培训技术人员和经营管理人员。

申请设立中外合资经营企业有下列情况之一的,不予批准:①有损中国主权的;②违反中国法律的;③不符合中国国民经济发展要求的;④造成环境污染的;⑤签订的协议、合同、章程显属不公平损害合营一方权益的。

2. 设立中外合资经营企业的程序

(1)向审批机关报送文件

在中国境内设立中外合资经营企业,应由中国合营者向企业主管部门呈报拟与外国合营者设立合营企业的项目建议书和初步可行性研究报告。该建议书和初步可行性研究报告经企业主管部门审查同意并转报审批机关批准后,合营各方才能正式进行谈判,从事可行性研究为中心的各项工作,在此基础上商签合营企业协议、合同和章程。

(2)审批机构审批

审批机关自接到中国合营者按规定报送的全部文件之日起 3 个月内决定批准或不批准,审批机关如发现前述文件有不当之处,应要求限期修改,否则不予批准。

(3)工商登记和税务登记

申请者在收到批准证书后的 30 日内,向合营企业所在地的工商行政管理机关办理设立登记手续。领取营业执照。合营企业的营业执照签发日期即为合营企业的成立日期。

3. 中外合资经营企业的协议、合同和章程

合营企业协议是指合营各方对设立合营企业的某些要点和原则达成一致意见而订立的

文件。

合营企业合同是指合营各方为设立合营企业,就相互的权利义务关系达成一致意见而订立的文件。

合营企业章程是按照合营企业合同规定的原则,经合营各方一致同意,规定合营企业的宗旨、组织原则和经营管理方法等事项的文件。

合营企业协议、合同和章程经审批机构批准后生效,修改也必须经过批准。

知识链接

合营企业合同

合营企业合同是最主要的基本文件,合营企业协议与合营企业合同不一致的,应当以合同为准。经过合营各方的同意,也可以不订立合营企业的协议而只订立合营企业合同。

(三) 中外合资经营企业的注册资本与合营各方的出资方式

1. 合营企业的注册资本

合营企业的注册资本是指为设立合营企业在登记管理机构登记的资本总额,应为合营各方认缴的出资额之和。在合营企业的注册资本中,外国合营者的投资比例一般不低于25%。

合营企业的注册资本在该企业合营期内不得减少,但可以增加。增加注册资本应由合营企业董事会会议通过,并报原审批机关批准,向原登记管理机关办理变更登记手续。

2. 合营各方的出资方式

合营企业合营各方可以用现金、实物、工业产权、专有技术、场地使用权作价出资。以实物、工业产权、专有技术作为出资的,其作价由合营各方按照公平合理的原则协商确定,或聘请合营各方同意的第三方评定。合营各方的出资,必须是合营者自己所有的现金、自己所有并且未设立任何担保物权的实物、工业产权、专有技术。

二、中外合作经营企业法

(一) 中外合作经营企业的概念和特征

1. 中外合作经营企业的概念

中外合作经营企业是指中国的企业或其他经济组织与外国的企业和其他经济组织或个人,依照中国法律规定,在中国境内举办的,按合作企业合同的约定分配收益或产品、分担风险和亏损的企业。

2. 中外合作经营企业的特征

(1) 中外合作经营企业属于契约式的合营企业。
(2) 合作各方可以提供各种合作条件。
(3) 中外合作经营企业在合同中约定分配比例和风险与亏损的分担比例。
(4) 外方可以在合作期内先行收回投资。
(5) 中外合作经营企业可以设立董事会、联合管理机构、委托一方管理、委托他人管理等方式进行管理。

(6) 中外合作者可以举办具有中国法人资格的合作企业,也可以举办不具有中国法人资格的合作企业。

(二) 合作企业的设立

申请设立合作企业,应当将中外合作者签订的协议、合同、章程等文件报国务院对外经济贸易主管部门或者国务院授权的部门和地方政府审查批准。审查批准机关应当自接到申请之日起45日内决定批准或不予批准。申请被批准后,申请者应当自接到批准证书之日起30日内到工商行政管理机关申请登记,领取营业执照。合作企业的营业执照签发日期,为该企业的成立日期。合作企业应当自成立之日起30日内向税务机关办理税务登记。

(三) 合作企业的注册资本与投资、合作条件出资方式

1. 合作企业的注册资本

合作企业的注册资本是指为设立合作企业,在工商行政管理机关登记的合作各方认缴的出资额之和。

2. 合作企业的投资和合作条件

(1) 合作各方的出资方式

中外合作者的投资或者提供的合作条件可以是现金、实物、土地使用权、工业产权、非专利技术和其他财产权利。关于出资方式的法律限制与合资企业基本相同。

(2) 合作各方的出资比例

合作各方不对投资和提供的合作条件计算出资额,也不确定合作各方的出资比例。具有法人资格的合作企业,外国合作者的投资一般不低于合作企业注册资本的25%。

(3) 合作各方的出资期限

合作各方应当在合作企业合同中约定合作各方向合作企业投资或者提供合作条件的期限。未按照合作企业合同约定缴纳投资或提供合作条件的一方,应当向已缴纳投资或者提供合作条件的他方承担违约责任。

三、外资企业法

(一) 外资企业的概念

外资企业是指依照中国法律在中国境内设立的全部资本由外国投资者投资的企业。但是,不包括外国的企业和其他经济组织在中国境内的分支机构。

(二) 外资企业的特征

(1) 外资企业是依中国法律在中国境内设立的企业,具有中国国籍,受中国法律的保护和约束。

(2) 外资企业的全部资本来源于外国投资者,企业的经营管理权由外国投资者享有,企业的经营风险和亏损也由外国投资者承担。

四、外商和港、澳设立展览会议企业的特别规定

在我国,外商投资设立会展企业除了遵循一般外商投资法律规定之外,根据商务部2004年1月12日发布的《设立外商投资会议展览公司暂行规定》和2007年5月17日发布的《设立外商投资会议展览公司暂行规定补充规定》,外商在我国成立展览会议企业还有一些特别规定。

(一)外商投资展览会议企业的形式

根据《设立外商投资会议展览公司暂行规定》,外国投资者在中国境内可以以外商独资的形式设立外商投资会议展览公司,也可以与中国的公司、企业或其他经济组织按照平等互利的原则在中国境内以合资、合作的形式设立外商投资会议展览公司。

(二)外商投资展览会议企业的资格要求

根据该《暂行规定》的要求,申请设立外商投资会议展览公司的外国投资者应有主办国际博览会、专业展览会或国际会议的经历和业绩。

(三)外商投资展览会议企业的审批管理机构及审批规定

商务部及其授权商务主管部门是外商投资会议展览公司的审批和管理机关。

申请设立外商投资会议展览公司,申请者应向拟设立公司所在地省级商务主管部门报送以下文件。

(1)投资者签署的设立外商投资会议展览公司申请书。

(2)投资者签署的外商投资会议展览公司合同和章程(以独资形式设立外商投资会议展览公司的仅需报送章程)。

(3)投资者的注册登记证明(复印件)、法定代表人证明(复印件)、董事会成员委派书和银行资信证明。

(4)工商行政管理机构出具的拟设立外商投资会议展览公司名称预先核准通知书(复印件)。

(5)外国投资者已主办过国际博览会、国际专业展览会或国际会议的证明文件。

省级商务主管部门应当自收到上述全部文件之日起30日内决定批准或不批准。决定批准的,向申请者颁发《外商投资企业批准证书》;决定不批准的,应当说明理由,并告知申请人享有依法申请行政复议或者提起行政诉讼的权利。申请人应自收到颁发的《外商投资企业批准证书》之后起一个月内,按照国家有关规定,向工商行政管理机关申请办理登记手续。

外商投资会议展览公司中外投资者变更、股权变更或设立分支机构,应按该《暂行规定》报省级商务主管部门批准后,到工商行政管理机构办理营业执照变更登记手续。

(四)香港、澳门服务提供者在内地投资展览业的规定

根据国务院批准的《〈内地与香港关于建立更紧密经贸关系的安排〉补充协议三》及《〈内地与澳门关于建立更紧密经贸关系的安排〉补充协议三》,商务部2007年5月17日发布了《设立外商投资会议展览公司暂行规定补充规定》,就《设立外商投资会议展览公司暂行规

定》中有关香港和澳门服务提供者投资会议展览领域问题做出如下补充规定。

（1）允许香港、澳门服务提供者在内地设立独资、合资或合作企业，经营到香港、澳门的展览业务。

（2）该规定中的香港、澳门服务提供者应分别符合《内地与香港关于建立更紧密经贸关系的安排》及《内地与澳门关于建立更紧密经贸关系的安排》中关于"服务提供者"定义或相关规定的要求。

本章小结

本章主要从企业和企业法的基本知识入手，依次介绍个人独资企业的概念、设立和事务管理以及合伙企业的概念和分类、入伙与退伙、事务管理、解散与清算，着重介绍有限责任公司和股份有限公司组织机构的规定、一人公司和国有独资公司的规定，并重点介绍股东权利的规定，董事、监事、高级管理人员的任职资格及义务、公司股份和公司债券的规定，最后介绍外商投资企业的概念与特征、设立、出资、组织机构、经营期限和终止等内容，从总体上对我国的企业法律制度做了全面系统的介绍。

思考题

1. 有限责任公司股东的权利有哪些？
2. 合伙企业在怎样的情况下应该解散？合作企业解散有哪些程序？
3. 股份有限公司申请股票上市应当符合的条件是什么？

案例回顾

三家企业准备投资组建一新的会展有限责任公司。经协商，他们共同制定了公司章程。其中，章程中有如下条款：①公司由甲、乙、丙三方组建；②公司以经营某个展会项目为主，注册资本为30万元人民币；③甲方以专利权和专有技术折价出资10万元；乙方以现金出资5万元；丙方以土地使用权与房屋折价出资15万元；④公司设立董事会为最高权力机构；⑤公司经理由董事会聘任，作为法定代表人，负责日常经营管理工作；⑥公司存续期间，出资各方均可自由抽回投资。

资料来源：葵花法律网 http://www.mykh.net/thread-124168-1-1.html

问题：上述章程中的条款，哪些符合规定，哪些不符合规定？为什么？

评析：

（1）根据公司法规定，有限公司的法定代表人是董事长或执行董事，而不是经理，最高权利机构是股东大会不是董事会。

（2）根据公司法的规定，在公司存续期间，出资各方不得抽回出资，如确须抽回投资，须按转让投资的方式进行。因此，第⑥条的约定是不符合规定的。

第四章

会展申办管理法律制度

【学习目标】
1. 掌握会展组织者的资格、申办展会的程序和条件。
2. 掌握会展组织者申办展会的审批机构和流程。
3. 了解会展组织者违反会展相关法律规定应承担的法律责任。

【重点难点】
1. 重点了解有关会展组办单位资格的相关规定。
2. 掌握不同级别和不同类型的展会审批流程。

第一节　会展组织者的审批

一、会展组办单位的资格

20世纪90年代,我国陆续出台相关规定,如《关于审核出国(境)举办经济贸易展览会组办单位资格的通知》《国务院对确需保留的行政审批项目设定行政许可的决定》(国务院令第412号)、《国务院办公厅关于对在我国境内举办对外经济技术展览会加强管理的通知》(国办发〔1997〕25号)、《国务院办公厅关于在我国境内举办对外经济技术展览会审批程序有关事项的复函》(国办函〔2002〕93号)、《设立外商投资会议展览公司暂行规定》(商务部令2004年第1号)、《在境内举办对外经济技术展览会管理暂行办法》(外经贸政发〔1998〕325号)、《关于重申和明确在境内举办对外经济技术展览会有关管理规定的通知》(外经贸贸发〔2001〕651号)、《海关总署、商务部关于在我国境内举办对外经济技术展览会有关管理事宜的通知》(署监发〔2004〕2号)、《商务部办公厅、国台办秘书局关于涉台经济技术展览会有关事项的通知》(商台字〔2009〕11号),2001年2月15日中国国际贸易促进委员会、中华人民共和国对外贸易经济合作部贸促展管〔2001〕3号文件公布、2006年5月14日中国国际贸易促进委员会、中华人民共和国商务部贸促展管〔2006〕28号文件修订并重新公布的《出国举办经济贸易展览会审批管理办法》等,对会展组办单位的资格及审批问题进行了规定。

(一)出国(境)举办展览会组办单位资质的规定

原对外贸易合作部下发的《关于审核出国(境)举办经济贸易展览会组办单位资格的通

知》(以下简称《通知》)以及《出国举办经济贸易展览会审批管理办法》(以下简称《办法》),对出国(境)举办经济贸易展览会组办单位的资格做了明确的规定。

1. 出国(境)举办经济贸易展览会组办单位的界定

出国办展是指符合《办法》规定的境内法人(简称组展单位)向外经济贸易展览会主办者或展览场地经营者租赁展览场地,并按已签租赁协议有组织地招收其他境内企业和组织(简称参展企业)派出人员在该展览场地上展出商品和服务的经营活动。

境内企业和其他组织独自赴国外参加经济贸易展览会,赴我国香港特别行政区、澳门特别行政区、台湾地区举办和参加经济贸易展览会等活动,不适用《办法》。

2. 有关申请出国办展组办单位资格

申请出国办展组办单位资格应具有以下条件:属于依法登记注册的企业、事业单位、社会团体、基金会、民办非企业单位法人,注册3年以上,具有与组办出国办展活动相适应的经营(业务)范围;具有相应的经营能力,净资产不低于300万元人民币,资产负债率不高于50%;具有向参展企业发出因公临时出国任务通知书的条件;法律、法规规定的其他条件。

3. 有关组办单位的组展范围

《通知》和《办法》对各组办单位的组展范围规定如下。

(1) 贸促会负责以国家名义组织参加国际展览局登记或认可的世界博览会,并代表国家出国办展,可邀请国务院各部门、各地方人民政府及组织各地方、行业企业、经济团体参展。

(2) 全国性进出口商会和贸促会行业分会可出国办展,但不得跨行业组展。

(3) 各省、自治区、直辖市和计划单列市外经贸主管部门可指定或设立1～2家展览机构,专门组织本地区内的企业出国(境)办展。

(二) 对国外来华举办经济技术展览会的组办单位资格的规定

原对外贸易经济合作部关于兴办来华经济技术展览会审批规定明确:"国外来华经济技术展览会应有各级国际贸易促进委员会及其所属展览公司(中心)及经对外贸易经济合作部及其授权单位批准有举办国外来华经济技术展览会经营范围的公司主办。各类学会、协会,无外贸经营权的企业、事业,均不得自行举办国外来华经济技术展览会。国家级双边经济技术展会原则上由中国国际展览中心主办。"

(三) 对台经济技术展览会组办单位资格的规定

原对外贸易经济合作部《在祖国大陆举办对台湾经济技术展览会暂行管理》规定:

(1) 对台经济技术展览会的举办单位(主办承办)的责任、资格和展览行为按照对外贸易经济合作部《在境内举办对外经济技术展览会管理暂行办法》的规定执行。

(2) 台湾民间机构在大陆举办展会,需联合或委托大陆具有主办资格的单位举办。在大陆的招商招展由大陆主办单位负责。

(3) 台湾的主办单位应该是具有规模和实力的机构、公司或团体。

二、会展举办的申报

2003年国务院下发了《关于取消第二批行政审批项目和改变一批行政审批项目管理方

式的决定》《国务院办公厅关于在我国境内举办对外经济技术展览会审批程序有关事项的复函》,对之前执行的《国务院办公厅关于对在我国境内举办对外经济技术展览会加强管理的通知》的相关内容作了部分调整。据此,2004年商务部与海关总署联合发布的《关于在我国境内举办对外经济技术展览会有关管理事宜的通知》,明确国内会展活动在我境内举办对外经济技术展览会的主办和承办单位的资格审批均已取消;同时根据国务院2010年7月公布的《国务院关于第五批取消和下放管理层级行政审批项目的决定》规定和2010年11月30日国家工商行政管理总局第52号令,废止了《商品展销会管理办法》,工商行政管理部门停止审批商品展销会登记;对展览面积在1000平方米以上的对外经济技术展览会,实行分级审批管理。具体分级审批管理制度如下:

(1) 以国务院部门或省级人民政府名义主办的国际展览会、博览会等,须报国务院批准。对国务院已批准的以国务院部门或省级人民政府名义主办的对外经济技术展览会,如需再次举办,由商务部受理申请,对符合国家产业政策及当地产业特点,达到一定办展规模和办展水平,企业反映良好且取得较好社会经济效益的,由商务部直接审批,报国务院备案;经审核不宜或不宜再次举办的,由商务部提出处理意见,报国务院审批后函复主办单位。

(2) 国务院部门所属单位主办的,以及境外机构主办的对外经济技术展览会,报商务部审批。对在北京以外地区举办的,主办单位须事先征得举办地外经贸主管部门同意。

(3) 省级外经贸主管部门主办的和多省(自治区、直辖市)联合主办的对外经济贸易洽谈会和出口商品交易会,由商务部审批。地方其他单位主办的对外经济技术展览会,由所在省、自治区、直辖市外经贸主管部门审批,报商务部备案。

(4) 凡以科研、技术交流、研讨为内容的展览会,由科学技术部负责审批。

(5) 中国国际贸易促进委员会系统举办的对外经济技术展览会,由中国国际贸易促进委员会审批并报商务部备案。对其中在北京以外地区举办的,主办单位应事先征得举办地外经贸主管部门同意。

(6) 对外经济技术展览会凡涉及台湾地区厂商或机构参展的,应报商务部审批,报国务院台湾事务办公室备案。海峡两岸的经济技术展览会,由商务部会同国务院台湾事务办公室审批。

以上六类对外经济技术展览会,各单位须报有关主管部门审批,海关凭主管部门批件办理相关手续。

根据国发〔2003〕5号和国办发〔1997〕25号文件的相关规定,面积在1000平方米以下的对外经济技术展览会,各单位可自行举办,但须报上述有关主管单位备案,海关凭主管部门备案证明办理相关手续。

三、会展举办的审批程序

(一) 出国举办经济贸易展览会的审批管理

1. 审批管理部门

2001年2月15日,贸促会会同原外经贸部印发了《出国举办经济贸易展览会审批管理办法》,2006年5月14日,中国国际贸易促进委员会、中华人民共和国商务部贸促展管〔2006〕28号文件修订并重新公布了《出国举办经济贸易展览会审批管理办法》。修订后的办法规定,出国办展须经中国国际贸易促进委员会审批,并会签商务部。组展单位应当向中国国际贸易促进委员会提出出国办展项目申请,项目经批准后方可组织实施。贸促会负责协调、监督、检查组展单位实施经批准的项目,制止企业和其他组织未经批准开展出国办展活动,并提请有关行政管理部门依法查处。商务部负责对出国办展进行宏观管理和监督检查。

2. 审批和备核的程序

根据《出国举办经济贸易展览会审批管理办法》的规定,以地方人民政府名义出国办展,由有关省、自治区、直辖市、计划单列市、副省级市、经济特区人民政府商务主管部门提出项目申请。除非友好省州、友好城市庆祝活动所必需,同一地方商务主管部门申请的项目一年内不应超过2个。以商务部名义出国办展,由受商务部委托的组展单位或商务部委派的机构提出项目申请。贸促会代表国家的出国办展项目,由外交部、商务部、财政部会签后报国务院审批。相关规定如下。

(1)申请程序

组展单位应以书面形式逐个提出项目申请。项目申请包括以下材料:项目申请报告;按规定填写的《出国举办经济贸易展览会申请表》原件及电子文本;我国驻赴展国使领馆商务机构同意函复印件。

首次提出项目申请的组展单位,除应提供前款规定的项目申请材料外,还应提供以下材料:项目可行性报告及与国外展览会主办者或展览场地经营者联系的往来函件复印件;法人登记证书复印件(验证原件);会计师事务所出具的验资报告、财务年度报告、资产负债表复印件;税务机关出具的完税证明原件;事业单位批准成立机关或社会团体、基金会、民办非企业单位业务主管单位出具的同意事业单位或社会团体、基金会、民间非企业单位出国办展的批准件原件;有因公出国任务审批权的部门和单位出具的同意向参展企业发出因公临时出国任务通知书的证明函原件。

(2)申请时间

组展单位可在每年2月、5月、8月、11月的最后一个工作日前向贸促会递交项目申请。每年3月、6月、9月、12月的第一个工作日为贸促会受理的起算日。项目开幕日期距受理起算日不足6个月的,不予受理。对于连续举办五届以上的或因展览会筹备周期长需提前审批的项目,贸促会可提前予以批准并核发《出国举办经济贸易展览会批件》。

(3)受理和审批

贸促会自受理起算日起,原则上只对6~12个月以后开幕的项目集中审核,并在20个工作日内做出是否批准的决定。符合条件的,核发《出国举办经济贸易展览会批件》,抄送相关部门;不符合条件的,说明理由并告知申请人享有依法申请行政复议或者提起行政诉讼的权利。贸促会在核发《出国举办经济贸易展览会批件》前,将拟批准的项目送商务部会签。商务部在收到会签函后10个工作日内回复会签意见。对于赴未建交国家的项目,贸促会同时送外交部会签。外交部在收到会签函后10个工作日内回复会签意见。

(4)复核

对于经批准的项目,组展单位还须至迟在展览会开幕前2个月向贸促会提出出国办展人员复核申请,提交的材料包括:人员复核申请报告;按规定填写的《出国举办经济贸易展览会人员复核申请表》原件及电子文本;国外展览会主办者或展览场地经营者出具的展览场地使用权确认函复印件;保护知识产权工做方案和国外突发事件应急处理预案。贸促会在收到申请后 10 个工作日内作出是否复核的决定。符合规定的,核发《出国举办经济贸易展览会人员复核批件》,抄送相关部门;不符合规定的,说明理由。

(5) 通报

项目一经批准,组展单位不得随意变更、取消;如确需变动,组展单位须在展览会开幕日期 3 个月前连同变动理由通报贸促会和有关驻外使领馆商务机构。贸促会及时公示经批准的项目,并依法通报有关行政管理部门。

3. 审批的依据和要求

项目审批的依据包括我国外交、外经贸工作需要,赴展国政治、经济情况,我国驻赴展国使领馆商务机构意见,赴某一国家、城市、展览会项目集中程度,展览会实际效果,组展单位上年度项目实施情况,对本办法的遵守情况以及组展单位的资质等。

(二) 来华经济技术展览会的审批

对外贸易经济合作部发布的《关于兴办来华经济技术展览会审批规定》规定,由中国国际展览中心举办的国外来华经济技术展览会报中国国际贸易促进委员会批准并报商务部备案。其他企业或事业单位等举办的报商务部批准。各外贸公司为配合进口订货举办的展出场地面积在 500 平方米以下的小型技术交流会、样品展示会等,由公司自主办理,免办批准手续。

(三) 在我国境内举办对外经济技术展览会的审批

1. 项目审批

涉及在我国境内举办对外经济技术展览会的项目审批的文件有《国务院对确需保留的行政审批项目设定行政许可的决定》(国务院令 2004 年第 412 号)、《国务院办公厅关于对在我国境内举办对外经济技术展览会加强管理的通知》(国办发〔1997〕25 号)、《在境内举办对外经济技术展览会管理暂行办法》(外经贸政发〔1998〕325 号)、《关于重申和明确在境内举办对外经济技术展览会有关管理规定的通知》(外经贸贸发〔2001〕651 号)、《国务院办公厅关于在我国境内举办对外经济技术展览会审批程序有关事项的复函》(国办函〔2002〕93 号)等,同时 2004 年 2 月 19 日,海关总署和商务部联合发文《海关总署、商务部关于在我国境内举办对外经济技术展览会有关管理事宜的通知》,根据这些文件的规定,对会展项目审批规定如下:

(1) 以国务院部门或省级人民政府名义主办的国际展览会,以及由省级或副省级市人民政府主办的对外经济贸易洽谈会和出口商品交易会,首届举办须报国务院批准,第二届起报商务部批准。

(2) 国务院部门所属单位及机构举办对外经济技术展览会,报商务部批准。

(3) 地方其他单位举办名称冠有"中国"对外经济技术展览会,由地方商务主管部门报商务部核准。

(4) 境外机构举办对外经济技术展览会,须委托或联合前三类中的单位和机构联合主办,并由委托或联合主办单位报商务部批准。

2. 审批具体要求

(1) 展位面积 1000 平方米必须审批,实行分级审批。

(2) 举办对外经济技术展览会由主办单位申请报批。

（3）审批所需资料。审批所需资料一般包括：申办文件，包含办展目的、展会名称、主办单位及承办单位、举办时间、地点、展览的内容、规模、筹备工作简要情况等；申办表；如果两个或两个以上单位联合主办，需提供主办单位与主办单位之间签订的办展协议，以及主办单位与承办单位之间签订的办展协议；上届展览会总结，如果是首次举办则提供可行性方案以及上届展览会会刊；展览招商招展方案；展览会紧急情况应急方案；展会知识产权保护方案；当地商务主管部门意见；申请单位法律地位证明，例如公司工商行政登记书、事业单位编制证书等；如与境外机构联合主办，提供境外机构注册副本、协议和合同副本；如受境外机构委托，提供委托书或合同副本；展会场地租赁协议等。

2016年3月1日，商务部办公厅发布了《关于切实做好取消部分展览项目行政审批事项后续衔接工作和试运行展览业管理信息系统的通知》，规定要切实做好取消省级商务主管部门负责的境内举办对外经济技术展览会办展项目审批后续衔接工作，加强展览业事中事后监管，优化政府服务。为深入贯彻落实《国务院关于进一步促进展览业改革发展的若干意见》（国发〔2015〕15号，以下简称《若干意见》）和《国务院关于第二批取消152项中央指定地方实施行政审批事项的决定》（国发〔2016〕9号，以下简称《决定》），自该《决定》发布之日起，各地商务主管部门不得再受理境内举办对外经济技术展览会办展项目申请；已经受理但在《决定》发布之日还未批复的，应终止相关审批工作并将申请材料退还申请单位，并做好对外解释工作。不得以其他形式变相审批，确保《决定》不折不扣得到落实。商务部负责的境内举办对外经济技术展览会办展项目审批条件和程序保持不变。

同时，作为贯彻落实《若干意见》的举措之一，商务部开发建设了"展览业管理信息系统"（以下简称系统），并已在部分省市进行了测试和完善，现定于2016年3月1日起在全国试运行。该系统包括党政机关境内举办展会、境内举办商业展（含涉外展、内贸展、涉台类展会）、境外办展、商务部引导支持展会等业务模块，以及展馆企业、展览主办单位、展览服务商等信息模块。

此外，还规定了各地商务主管部门要依托展览业管理信息系统加强和优化展览业统计工作，将其作为事中事后监管的重要内容之一，同时为研究完善扶持政策提供更加科学准确的参考依据。对于按规定报商务部审批的展览项目，举办地商务主管部门在出具意见时，应通过该系统核查展览会相关信息填报工作。对于无须商务系统审批的展览项目，举办地商务主管部门要加大相关信息采集工作。对于2016年1月1日以来举办的展览项目，要做好信息补录工作。展览会信息采集情况作为商务部引导支持展会评选、诚信体系建设等方面工作的重要参考因素。其中，展览会基本信息通过该系统对外公开。

（四）对台湾经济技术展览会的审批

根据《在祖国大陆举办对台湾经济技术展览会暂行管理》的规定，对台湾经济技术展览会的审批包括以下几个方面的内容。

1. 对台展会的审批部门

对台湾经济技术展览会的审批由商务部会同国务院台湾事务办公室审批。举办其他对台湾经济技术展览会，由对外贸易经济合作部负责审批，报国务院台湾事务办公室备案。

2. 审批的主要内容

对台湾经济技术展览会的审批内容如下。

(1) 政治内容。举办对台湾经济技术展览会,不得出现"台湾独立""两个中国""一中一台"等政治问题。台湾厂商参展的宣传品、杂志、电子出版物等资料中不得有代表"中华民国"的字样、图片、音乐等。

(2) 展览会名称、展品内容、展出面积、时间、地点、筹组方案和计划等。祖国大陆与台湾联合举办的经济技术展览会,应冠以"海峡两岸"的名称;各省(市、区)与台湾省联合举办的经济技术展览会,则应分别冠以该省(市、区)与台湾省之名(如"闽台××展览会""沪台××展览会"等)。

此外,展品应符合国家知识产权保护法和国家产业政策,具有先进水平,有利于扩大海峡两岸经贸交流与合作。

3. 申报单位应提交的资料

邀请台湾厂商参展的国际性及全国性展览会、博览会,应提交有关主管单位的批件、参展台湾厂商的名单(中文)、展品内容、展出面积等详细清单,并提前一个月申请报批;举办海峡两岸的经济技术展览会、对台湾出口商品交易会、台湾商品展览会,应提交展览会的筹组计划和方案、可行性研究报告、参展企业及其展品的有关情况等,并提前6个月申请报批。

第二节 会展组织者的职责

一、会展举办单位的主要职责

(一) 出国举办经贸展览会的主要职责

1. 贸促会和商务部

贸促会负责协调、监督、检查组展单位实施经批准的项目,制止企业和其他组织未经批准开展出国办展活动,并提请有关行政管理部门依法查处。商务部负责对出国办展进行宏观管理和监督检查。同时根据《出国举办经济贸易展览会审批管理办法》第二十五条的规定,贸促会还须汇总出国办展有关情况,定期向商务部、外交部等部门通报,并于每年3月底以前会同商务部向国务院报送上一年度出国办展审批管理工作总结。

2. 组展单位在国外参展活动的职责要求

根据2006年5月14日中国国际贸易促进委员会、中华人民共和国商务部贸促展管〔2006〕28号文件修订并重新公布的《出国举办经济贸易展览会审批管理办法》第十八条至第二十四条的规定,组展单位在国外参展活动中的职责包括以下几个方面。

(1) 组展单位应向相关企业提供准确、全面的展览会信息,与参展企业签订正式参展合同,严格遵守我国法律、法规,信守承诺,合理收费。

(2) 组展单位应按照有关标准安排展团人员。展览团人员按照每个标准展位(9平方米)2人计算,在外天数按照实际展出天数前后最长各加4天计算,不得擅自增加人员和延长在外天数;与参展业务无关的人员不得参加展览团;如有省部级人员参加展览团,须按照有关规定履行报批程序。

(3) 组展单位应鼓励参展企业选择高新技术、高附加值和适销对路的商品参加展出,严禁假冒伪劣、侵犯知识产权的商品参展。

（4）组展单位应制订严格的展览团管理方案和保护知识产权工作方案，组织出国前外事纪律、保密制度、知识产权保护、涉外礼仪等方面的学习，组织参展企业做好布展工作并积极开展市场调研和贸易洽谈。展出期间，参展人员不得擅离展位。

（5）组展单位必须协调展览团接受我驻展出国使领馆的领导，遵守展出国法律、法规，及时向使领馆汇报办展情况。

（6）组展单位须在展览会结束后1个月内向贸促会提交出国办展总结和按规定填写的《出国举办经济贸易展览会情况调查表》原件及电子文本。出国办展总结中须专题汇报组展单位实施保护知识产权工作方案的情况，如实提供展出过程中涉及知识产权争议的参展公司名称，描述有关争议情节。贸促会将经过司法程序判定为侵犯知识产权的参展公司名称及相关信息向社会公示，被公示的企业在3年内不得参加出国展览团。

（二）在境内举办对外经济展览会的主要职责

（1）主办单位与承办单位之间，以及主办单位之间，必须签订规范的办展协议，明确权责。

（2）招商招展由主办单位负责。

（3）严格控制办展数量，避免重复浪费。

（4）招展文件或招展（参展）合同必须明确主办单位和参展单位的权利义务。

（5）举办以国际为名称的对外经济技术展览会，境外参展商比例必须达到20%以上。

（6）组织招商招展必须以企业自愿为原则，广告材料真实可靠。

（7）主办单位应在办展结束后1个月内，向审批部门报送举办展览总结。

（8）审批部门要加强对主办单位、承办单位办展活动的管理。主办单位在组织筹备和展览会期间，须遵守国家法律法规和有关规定，应及时将重大活动向省级商务主管部门报告，接受省级商务主管部门的检查和指导。省级商务主管部门负责对主办单位办展活动进行管理和监督，检查办展质量，维护正常的办展秩序。

二、会展业务的检查监督

（一）出国举办经济贸易展览会的检查与监督管理

（1）各主办单位在招商和办展活动结束后的1个月内，将总结报告报送外经贸部。

（2）主办单位应根据自己的能力拟订活动计划，严禁买卖招商和办展的批准文件。

（3）招商引资及经贸合作项目，要符合国家产业政策和吸引外资导向。

（4）严把质量关，防止假冒和侵犯知识产权的商品进入展会；各参展、办展单位必须携带丰富的展品参展，充分利用出展机会扩大宣传和扩大贸易，要根据企业情况，尽量选择高技术含量、高附加值展品参展。参展展品要符合当地市场销售特点和规定。

（5）在国（境）外遵守当地法律尊重当地风俗；除当地法律允许外，原则上不举办展销会，不在展览会上销售展样品。严禁个人携带展样品私卖私分。在外期间，要贯彻节约办事原则，不得以任何形式搞铺张浪费。

（6）主办单位要根据国家有关保密规定，做好资料、图片、展品、模型的审查工作，严防泄密。

(7) 各驻外使领馆要进行指导并监督检验。

(二) 在境内举办对外经济展览会的检查与监督管理

1. 加强协调管理，规范展览行为

(1) 以国际展为名的，境外参展商必须占20%以上。

(2) 组织招商企业自愿原则，不得行政干预，宣传资料要真实。

(3) 主办单位应在办展结束后1个月内，向审批部门报送举办展览总结。

(4) 审批部门要加强对主办单位、承办单位办展活动的管理。

2. 严格审批，避免重复办展

审批部门应严格控制同类展览的数量，在同一省（区、市）每年不超过2个。国家鼓励和推动联合办展，鼓励举办专业性展览会；优先批准规模大、影响大、定期举办的展览；优先批准具有行业优势和办展经验的单位举办展览。在同一城市举办内容类同的展览会，间隔时间不少于3个月。

3. 境外展览品的监管

境外展览品监管由海关按照《中华人民共和国海关暂时进出境货物管理办法》执行。对2000平方米以上国际展览会的境外展览品监管及留购，由办展地海关凭本办法规定的审批单位的批准文件按规定办理；对2000平方米以下的，海关凭主办单位申请按规定办理。同时国际展览会的境外展览品不得擅自零售。对确需零售的，须事先报商务部批准，海关凭商务部批件按规定办理。

第三节　会展组织者违反会展法规的法律责任

一、出国举办经济贸易展览会违反法规行为的处理

根据《出国举办经济贸易展览会审批管理办法》第二十六条至第三十一条的有关规定，境内个人不得从事出国办展活动，企业和其他组织未经批准不得从事出国办展活动。境外个人、企业和其他组织不得在中国从事出国办展活动。境内企业和其他组织在代表国外展览会主办者或展览场地经营者与境内其他企业和组织联系过程中，应遵守国家有关法律、法规，不得扰乱市场秩序，包括强迫境内其他企业和组织接受展位搭建、人员食宿行安排等服务，接受超出场地和展位国际通行定价的销售价格等。

此外，贸促会应将境内个人、企业和其他组织以及境外个人、企业和其他组织违反本办法第二十六条规定的有关情况通报有关行政管理部门，由有关行政管理部门依法予以查处。组展单位有如下行为之一的，贸促会予以警告，同时，提请有关行政管理部门依法查处。

(1) 涂改、倒卖、出租、出借批件，或者以其他形式转让批件的。

(2) 违反本办法第十八条、第十九条规定，或者未严格执行保护知识产权工作方案和国外突发事件应急处理预案，在外造成严重影响的。

(3) 隐瞒有关情况、提供虚假材料或者拒绝提供反映其活动情况的真实材料的。

（4）其他违反本办法的行为。

同时,该办法第二十九条还规定,组展单位有提供虚假材料,涂改、倒卖、出租、出借或以其他形式转让批件,或者严重违反本办法规定的行为,一经发现,贸促会可撤销批件。组展单位工作人员在出国办展中构成犯罪的,由有关部门依法追究刑事责任。主管或经办出国办展审批和管理的工作人员未履行法律、法规、规章规定义务的,依法给予行政处分;构成犯罪的,依法追究刑事责任。

二、在境内举办对外经济展览会违反法规行为的处理

根据对外贸易经济合作部《关于在境内举办对外经济展览会管理暂行办法》第二十一条的规定,对违反本办法规定举办对外经济技术展览会的,以及在办展过程中又乱摊派、损害参展单位合法权益等违反法律法规行为的,由外经贸部依据《国务院办公厅关于对在我国境内举办对外经济技术展览会加强管理的通知》有关规定,取消其主办资格,并由有关部门依法查处。

对不具备主办或承办对外经济技术展览会资格而擅自办展的,盗用其他单位名称办展的,或转让、转卖展览批准文件的,由各级外经贸主管部门和工商行政管理机关依法查处。

对违反海关规定的,由海关依法处理。

本章小结

本章主要介绍会展主办者申报的程序、审批的程序、会展组织者的职责,以及会展组织者违反会展申报与审批有关规定的法律责任。

思 考 题

1. 简述会展组织者的审批。
2. 简述会展组织者的职责。
3. 简述会展组织者的法律责任。

第三模块

会展市场行为法律制度

第五章

合同法律制度

【学习目标】
1. 了解合同的概念、分类和特征。
2. 理解合同的基本原则、合同变更、转让和终止的法定情形。
3. 掌握常见的会展合同。

【重点难点】
1. 掌握合同订立的形式、程序和内容。
2. 重点了解合同的效力、担保方式、履行基本规定和违约责任的法律规定。

第一节 合同概述

会展(exhibition)是会议、展览、大型活动等集体性活动的简称。其内涵是指在一定地域空间,许多人聚集在一起形成的、定期或不定期、制度或非制度的传递和交流信息的群众性社会活动,会展活动要遵从一定的规则,这个规则就是法律规定。为了避免混乱和诉讼,会展活动中的当事人应当充分了解相关的法律规定,依法和依约享受自己的权利,履行自己的义务。因此,了解我国和国际上的合同法律制度,对从事会展活动十分必要。

一、合同的概念和分类

(一)合同的概念

《合同法》所称合同,是指平等主体的自然人、法人、其他组织之间设立、变更、终止民事权利义务关系的协议。

(二)合同的分类

合同的分类是指根据一定的标准,将合同划分为不同的类型。合同作为商品交易的法律形式,其类型因交易方式的多样化而各不相同。

1. 有名合同与无名合同

这是根据合同在法律上有无名称和专门规定所进行的分类。有名合同又称典型合同,是指法律明确规定其名称及规则的合同。无名合同是指法律尚未规定其名称及规则的合同。

> **知识链接**
>
> **《合同法》规定的 15 种有名合同**
>
> 《合同法》规定了 15 种有名合同,分别是:买卖合同;供用电、水、气、热力合同;赠与合同;借款合同;租赁合同;融资租赁合同;承揽合同;建设工程合同;运输合同;技术合同;保管合同;仓储合同;委托合同;行纪合同;居间合同。

2. 诺成合同与实践合同

这是根据合同的成立是否以交付标的物为必要条件而进行的分类。诺成合同是指双方当事人意思表示一致就可以成立的合同,如买卖合同。实践合同是指除双方当事人意思表示一致外,还需要交付标的物才能成立的合同,如保管合同。

3. 要式合同与不要式合同

这是根据法律或当事人对合同的形式是否有特殊要求所进行的分类。要式合同是指法律规定或当事人约定必须采用特定形式的合同,包括依法应当采用书面形式、公证、审批、登记等形式的合同。不要式合同是指法律规定或当事人约定不需要具备特定形式的合同。合同原则上都是不要式合同,要式合同则是法律规定的特殊情况。

4. 双务合同与单务合同

这是根据当事人双方权利义务的分担方式所进行的分类。双务合同是指当事人双方都享有权利并承担义务的合同,如仓储合同。单务合同是指当事人一方只承担义务不享有权利的合同,如赠予合同。会展合同多为双务合同。

5. 有偿合同与无偿合同

这是根据当事人取得权益是否需要支付相应代价所进行的分类。有偿合同是指当事人一方享有权益必须偿付相应代价的合同,如运输合同。无偿合同是指当事人一方享有权益不必偿付相应代价的合同,如借用合同。

6. 主合同与从合同

这是根据合同相互间的主从关系而进行的分类。主合同是指不需要依附其他合同而能单独存在的合同。从合同是指以主合同的存在为前提的合同,如担保合同。

二、合同的基本原则

合同的基本原则是指贯穿于合同法律制度的总的指导思想和根本法律原则,是合同当事人在合同活动中应当遵守的基本准则。

(一) 平等原则

平等是民事权利义务关系的本质和基础。当事人无论具有何种身份,都是独立平等的,没有高低从属之分,一方不得将自己的意志强加给另一方。这项原则要求,不仅在订立合同时当事人法律地位平等,而且在履行合同中和承担合同责任时的法律地位也是平等的。

(二) 自愿原则

合同当事人通过协商,自愿决定和调整相互之间的权利义务关系。任何单位和个人不得非法干预。自愿原则贯穿合同活动全过程：当事人可以自主决定是否与他人订立合同；与何人订立合同；合同内容由当事人在不违法的情况下自愿约定；当事人可以协议补充、变更有关内容；双方也可以协议解除合同；在发生争议时，当事人可以自愿选择解决争议的方式等。

（三）公平原则

当事人应当根据公平、正义的观念确定各方的权利与义务，应当在不侵害他人合法权益的基础上实现自己的利益，不得滥用自己的权利。公平原则要求当事人之间的权利与义务要对等、要公平合理、要以利益均衡作为价值判断标准来调整合同主体之间的关系，强调双方负担和风险的合理分配。

（四）诚实信用原则

诚实信用原则来源于市场经济活动中形成的道德规则。要求当事人在订立合同时，必须遵循公平原则确定双方的权利和义务，不得欺诈，不得假借订立合同恶意进行磋商或有其他违背诚实信用的行为；在履行合同以及合同终止后，依据法律规定或合同约定承担给付义务和与之相联系的附随义务。

（五）不得损害社会公共利益原则

不得损害社会公共利益原则是对自愿原则的限制和补充。合同的订立和履行，属于合同当事人之间的民事权利义务关系，主要涉及当事人的利益，国家一般不干预，由当事人自主约定，采取自愿的原则。但是，自愿原则也不是绝对的，当事人必须遵守法律、行政法规，尊重社会公德，不得扰乱社会经济秩序，损害社会公共利益。

第二节　合同的订立

合同的订立是指双方当事人，依法就合同的主要条款经过协商一致达成协议的法律行为。

一、合同的形式

合同形式是指合同当事人之间明确相互权利义务的方式，是双方当事人意思表示一致的外在表现。合同可以有三种形式书面形式、口头形式和其他形式。

（一）书面形式

书面形式是指合同书、信件和数据电文（包括电报、电传、传真、电子数据交换和电子邮件）等可以有形地表现所载内容的形式。书面形式明确肯定，有据可查，对于防止争议和解决纠纷有积极意义。会展活动实践中，书面形式是当事人最为普遍采用的一种合同约定形式。

（二）口头形式

口头形式是当事人双方就合同内容面对面或以通信设备交谈达成协议的形式。口头形式直接、简便、迅速,但发生纠纷时难以取证,不易分清责任。所以对于不能即时清结的和较重要的合同不宜采用口头形式。

(三) 其他形式

除了书面形式和口头形式,合同还可以其他形式成立。法律没有列举具体的"其他形式",一般可以根据当事人的行为或者特定情形推定合同已成立。

二、合同的内容

合同的内容是指合同中经当事人协商一致,规定双方当事人权利义务的具体条款。合同的条款分为一般条款和格式条款。

(一) 一般条款

根据《合同法》第十二条的规定,合同的内容由当事人约定,一般包括以下条款。
(1) 当事人的名称或者姓名和住所。
(2) 标的。
(3) 数量。
(4) 质量。
(5) 价款或者报酬。
(6) 履行期限、地点和方式。
(7) 违约责任。
(8) 解决争议的方法。
当事人可以参照各类合同的示范文本订立合同。

小贴士

合同示范文本

合同示范文本是指由有关部门或行业协会制定的,目的在于指导合同当事人订立合同的参考文件,对当事人并无强制力。实践中各类合同的示范文本,可以提示当事人在订立合同时更好地明确各自的权利与义务。参照这些文本订立合同,可以减少合同缺少款项、容易引起纠纷的现象,使合同的订立更加规范。

(二) 格式条款

格式条款是指一方当事人为重复使用而预先拟定,并在订立合同时未与对方协商的条款。合同的条款如果全部都是格式条款,这样的合同就称为格式合同。格式合同是社会经济发展的产物,它存在于许多领域,如保险、电信、邮政、运输等。这些领域中的某些行业要进行大量的、重复性的交易活动,为简化订立合同的程序,形成格式合同。此类行业一般是发展较大的、具有一定规模的企业,往往具有垄断性。

格式条款所产生的影响和效果是两方面的。积极的方面主要表现为:便捷快速,减少交易成本,提高交易效率;利于事先分配合同风险,避免纷争。消极的方面主要表现为:因格式条款的提供者处于优势地位,通常可以利用其优越的经济地位,拟定有利于自己的条款,相对人为了生产或生活的需要又不得不屈从于该条款,这就违反了公平原则、合同自由原则,当事人地位平等原则也受到损害。因此,《合同法》对格式条款作了相应的限制。

1. 提供格式条款一方的义务

(1) 应按公平原则确定双方之间的权利与义务。

(2) 格式条款的消极方面在实践中突出地表现为制定不公平的合同条款。

(3) 提请对方注意免除或限制提供方责任的条款,并按对方要求予以说明。

小贴士

对免责条款的特别提示与说明

在实践中,对这类免责格式条款,提供方应在合同书中采用醒目的字体或色彩印制,并对相对人进行提示和说明。

2. 格式条款无效的情形

(1) 内容违反法律法规强制性规定的无效。

(2) 显失公平的格式条款无效。

(3) 提供格式条款一方免除其责任、加重对方责任、排除对方主要权利的格式条款无效。

3. 格式条款的解释规则

(1) 对格式条款的理解发生争议时,应按通常理解予以解释。

(2) 对格式条款有两种以上解释的,应做出不利于提供格式条款一方的解释。

(3) 格式条款与非格式条款不一致时,应当采用非格式条款。

会展实践中,如果会展经营人通过格式合同约定双方的权利与义务,在拟定格式合同时,应当遵循《合同法》的上述规定。如果合同文本由会展经营人提出,会展服务需求方对可以免除责任的条款应当研究透彻,以达到风险在双方合理分配的目的,切忌盲目接受对方的免责条款。

小案例

被告开设一家实弹射击娱乐场所,原告带领第三人前往被告处练习射击,原告正欲举枪射击时,不巧第三人操作有误,将子弹射向离原告不远处的水泥地面,弹壳反弹击伤原告的脸部,因第三人无力承担赔偿责任,原告请求被告赔偿其医疗费、住院费、精神损失费共计15万元。被告提出,射击操作规程有"违反操作规则,责任自负"。该操作规程公开张贴于射击场内,因此被告不应承担责任。

评析:首先应当指出,根据《合同法》第三十九条的规定,该射击场在其操作规程中规定的注意事项属于免除或者限制射击场责任的条款,并且已经以公开张贴这种合理方法提起相对人的注意,故应认为该注意事项即格式化免责条款已经订入了合同。但笔者认为该条款是无效的。理由是:①该条款违反了《合同法》第四十条的规定,实弹射击娱乐场所本身是一个风险很大的行业,经营者应当预见练习者会因为操作失误而造成自身或他人的人身伤害,而保护练习者和他人的人身安全是这种服务合同应有的内容,也是被告应承担的主要责任。同时依据诚信原则,被告也应当负有保护他人人身安全的附随义务。但被告却利用张贴注意事项这种方式,免除了其对练习者因操作失误造成人身伤害所产生的一切责任,其实也就等于免除了其应承担的主要责任,故违反了《合同法》第四十条的规定,应宣告无效。②《合同法》第五十三条第一款明确规定,免除人身伤害的免责条款无效。而射击场并非医院等特殊行业,故其预先免除练习者造成他人人身伤害的责任的条款,应被宣告无效。必须指出,在本案中免责条款无效不应当影响到涉及练习服务合同的效力。而由于该合同是有效的,所以原告可以请求被告因没有尽到安全保护的义务而违反合同所应当承担的责任。

小贴士

《合同法》第四十条规定:格式条款具有本法第五十二条和第五十三条规定情形的,或者提供格式条款一方免除其责任、加重对方责任、排除对方主要权利的,该条款无效。

资料来源:法律快车网 http://www.lawtime.cn/info/hetong/zhengduan/20130624150264.html

三、合同订立的方式

(一)要约

要约是希望和他人订立合同的意思表示,是一方当事人向对方提出签订合同的建议和要求。

1. 要约生效的条件

(1)要约必须明确地表达订立合同的意思。要约人发出要约的目的在于订立合同,这种订约的意图一定要由要约人通过要约充分表达出来,才能在受要约人承诺的情况下产生合同。

(2)要约的内容必须明确、肯定。要约应当包括未来合同的主要条款,否则,受要约人难以做出承诺。

2. 要约邀请

要约邀请是希望他人向自己发出要约的意思表示。要约邀请与要约不同,实践中应注意区别。要约是以订立合同为目的的法律行为,要约一经承诺,合同即告成立。要约邀请的目的则是邀请他人向自己发出要约,自己如果承诺才成立合同。要约邀请处于合同的准备阶段,没有法律约束力。

小贴士

《合同法》规定的要约邀请的形式

《合同法》规定,寄送的价目表、拍卖公告、招标公告、招股说明书、商业广告等都是要约邀请。商业广告,如果内容符合要约规定的条件,视为要约。

3. 要约生效的时间

要约到达受要约人时生效。采用数据电文形式订立合同,收件人指定特定系统接收数据电文的,该数据电文进入该系统的时间,视为到达时间;未指定特定系统的,该数据电文进入收件人的任何系统的首次时间,视为到达时间。

小贴士

要约的到达

要约到达受要约人,并不是指要约一定要实际送达到受要约人或者其代理人手中,要约只要送达到受要约人通常的地址、住所或者能够控制的地方即为到达。

4. 要约的撤回和撤销

(1)要约撤回是指要约人在发出要约后、要约生效前,使要约不发生法律效力的意思表示。法律规定要约可以撤回,原因在于这时要约尚未发生法律效力,撤回要约不会对要约人产生任何影响,也不会对交易秩序产生不良影响。由于要约在到达受要约人时即生效,因此撤回要约的通知应当在要约到达受要约人之前或者与要约同时到达受要约人。

(2)要约撤销是指要约人在要约生效后、受要约人承诺前,使要约失去法律效力的意思表示。由于撤销要约可能会给受要约人带来不利的影响,损害受要约人的利益,因此法律规定,撤销要约的通知应当在受要约人发出承诺通知之前到达受要约人。

具有以下情形之一的,要约不得撤销:①要约人确定了承诺期限或者以其他形式明示要约不可撤销;②受要约人有理由认为要约是不可撤销的,并已经为履行合同作了准备工作。

小案例

2015年5月10日,河南天翼服装有限公司到黄河展览设计有限公司就"安阳—洛阳中原服装节"展台设计及搭建事项进行洽谈。5月11日,黄河展览设计有限公司派员工到服装节现场进行场地测量。5月14日,河南天翼服装有限公司向黄河展览设计有限公司出具《委托函》,载明:"为顺利开展'安阳—洛阳中原服装节'参展工作,委托黄河展览设计有限公司就本公司参展进行展台设计和搭建工作,由于时间紧、任务重,请受托方在收到委托函后尽快开展工作,未尽事宜以随后双方签订的正式合同为准。"但双方未就合同的条款达成书面一致。6月6日,河南天翼服装有限公司电话通知黄河展览设计有限公司,中断与其关于本项目的接洽和合同谈判。黄河展览设计有限公司遂于6月10日向服装公司去函,称其按照《委托函》要求随即全面开展了相关工作,停止项目合作致使其损失巨大。根据其与河南天翼服装有限公司草拟的《展台设计及搭建合同》、工作计划及其在项目前期工作中的实际投入,要求河南天翼服装有限公司支付其工作经费87 800元。6月24日,河南天翼服装有限公司回函称:尽管前期有委托黄河展览设计有限公司开展"安阳—洛阳中原服装节"展台设计及搭建事项工作的意向,但经过多次协调,双方始终无法在价格上取得一致意见,并且黄河展览设计有限公司所说的为该项目的开展前期做了大量的工作并不存在,故对黄河展览设计有限公司所提出的承担相关费用的请求不予认可。双方产生纠纷,黄河展览设计有限公司遂于2015年9月3日诉至郑州市中级人民法院,要求确认双方达成的合同有效,并判令河南天翼服装有限公司依约接受黄河展览设计有限公司做出的展台设计工作,并支付报酬87 800元以及至判决生效之日的违约金。

资料来源:110法律资讯网 http://www.110.com/ziliao/article-354571.html

评析：

(1) 本案《委托函》在性质上为不可撤销的要约。

要约人撤销要约的通知在受要约人发出承诺通知之前到达受要约人，要约可以撤销，这是法律对要约人利益的保护。但是，如果法律上对要约的撤销不作限制，允许要约人随意撤销要约，就会给受要约人带来不必要的损失，也将在事实上否定要约的法律效力，造成交易活动严重不稳定。因此，我国《合同法》第十九条规定有下列情形之一的，要约不得撤销：①要约人确定了承诺期限或者以其他形式明示要约不可撤销；②受要约人有理由认为要约是不可撤销的，并已经为履行合同作了准备工作。

如何掌握这里的"有理由"，我们认为这个"有理由"应该是指除了第十九条第一款规定要约中明确了承诺期限以及以其他方式明示该要约是不可撤销以外的其他情况，主要有几个来源：①来源于对要约事项的判断；②来源于对要约人行为的判断，如参照当事人之间的交易习惯，长期以来要约人一直以受要约人为供应同样货物的对象，又如要约人非常急迫地希望尽快订立合同；③在国际贸易中也可来源于国际惯例，国际惯例一般是要约人在要约中注明可以撤销的才可撤销，未注明的一般就不可撤销。

履行合同的"准备工作"包括为履行合同作的必要的工作。理解时必须把握该准备工作是必要的，并且这个"必要"的判断标准是该交易领域一般人认为是正常的。

(2) 黄河展览设计有限公司为履行合同所做的准备工作在性质上也是承诺的一种方式。

我国《合同法》第二十二条规定：承诺应当以通知的方式做出，但根据交易习惯或者要约表明可以通过行为做出承诺的除外。

本案中，河南天翼服装有限公司向黄河展览设计有限公司出具《委托函》，从字面表达的内容看，黄河展览设计有限公司是有理由相信该要约是不可撤销的，并且随后也为履行合同做了准备工作，虽然双方对合同价款等内容并没有约定清楚，但是依据《合同法》第六十一条"不能达成补充协议的，按照合同有关条款或者交易习惯确定"的规定，可以得知价款并不是合同的必备条款，缺少价款并不影响合同的成立。因此，就应该判决确认双方当事人之间存在合同关系。

5. 要约的失效

要约失效是指要约丧失法律效力，即要约人不再受其约束，受要约人也终止承诺的权利。《合同法》规定了要约失效的情形：①拒绝要约的通知到达要约人；②要约人依法撤销要约；③承诺期限届满，受要约人未做出承诺；④受要约人对要约的内容做出实质性变更。

小案例

受要约人变更（　　），被视为对要约的实质性变更，该受要约人的承诺通知为新要约。

A. 合同标的、数量、质量　　　　B. 合同价款或者报酬

C. 合同履行期限、履行地点和方式　　D. 违约责任和解决争议方法

答案：ABCD

根据《合同法》的相关规定，受要约人对要约的内容做出实质性变更的，为新要约。有关合同的标的、数量、质量、价款或者报酬、履行期限、履行地点和方式、违约责任和解决争议方法等内容的变更，是对要约内容的实质性变更。

（二）承诺

承诺是受要约人同意要约的意思表示。承诺生效时合同成立。

1. 承诺生效的条件

（1）必须由受要约人或其代理人做出。受要约人是要约人选择的订约对象，要约到达受要约人之后，受要约人便取得了承诺的权利，只有受要约人或其授权的代理人才有权做出承诺，任何第三人无此权利。

（2）承诺的内容应当和要约的内容一致。承诺的内容应当和要约的内容一致是指不能对要约的内容进行实质性的修改。承诺与要约的内容不一致，就称为反要约，相当于受要约人向要约人发出的一项新要约。

知识链接

《合同法》对受要约人改变要约内容的不同情况，分别规定了不同的法律后果。

① 受要约人对要约的内容作出实质性变更的，为新要约。有关合同标的、数量、质量价款或者报酬、履行期限、履行地点和方式、违约责任和解决争议方法等的变更，是对要约内容的实质性变更。

② 承诺对要约的内容做出非实质性变更的，除要约人及时表示反对或者要约表明承诺不得对要约的内容做出任何变更以外，该承诺有效。合同的内容以承诺的内容为准。

（3）必须在规定的期限内作出。要约因有效期届满而失效，如果承诺超过要约的有效期则为"迟到的承诺"。"迟到的承诺"不是有效的承诺，而是一项新的要约，须经原要约人承诺后，合同才能成立。但是如果"迟到的承诺"是由于受要约人之外的原因造成的，则应另当别论。

知识链接

我国《合同法》对"迟到的承诺"的不同情形规定了不同的法律后果。

① 受要约人超过承诺期限发出承诺的，除要约人及时通知受要约人该承诺有效的以外，为新要约。

② 受要约人在承诺期限内发出承诺，按照通常情形能够及时到达要约人，但因其他原因承诺到达要约人时超过承诺期限的，除要约人及时通知受要约人因承诺超过期限不接受该承诺的以外，该承诺有效。

2. 承诺的方式

承诺的方式是指受要约人将其承诺的意思表示传达给要约人所采用的方式。依照《合同法》的规定，承诺可以分为两种方式。

（1）明示方式。当事人既可以用书面形式也可以用口头方式将接受要约的意思表示通知要约人。

（2）默示方式。当事人通过实施一定的行为表示承诺。包括两种情形：①受要约人根据交易习惯做出履行行为；②要约表明可以通过做出行为做出承诺。

3. 承诺的期限

承诺应当在要约确定的期限内到达要约人。

要约没有确定承诺期限的，承诺应当依照下列规定到达：①要约以对话方式做出的，应当即时做出承诺，但当事人另有约定的除外；②要约以非对话方式做出的，承诺应当在合理期限内到达。

承诺期限的计算：如果要约是以信件或者电报做出的，承诺期限自信件载明的日期或者电报交发之日开始计算；信件未载明日期的，自投寄该信件的邮戳日期开始计算；要约以电话、传真等快速通信方式做出的，承诺期限自要约到达受要约人时开始计算。

4. 承诺生效的时间

承诺通知到达要约人时生效。承诺不需要通知的，根据交易习惯或者要约的要求做出承诺的行为时生效。采用数据电文形式订立合同的，承诺到达的时间同上述要约到达的时间相同。

5. 承诺的撤回

承诺的撤回是指承诺人阻止承诺发生法律效力的行为。承诺可以撤回，撤回承诺的通知应当在承诺通知到达要约人之前或者与承诺通知同时到达要约人。

四、合同成立的时间和地点

（一）合同成立的时间

一般来说，合同谈判成立的过程，就是要约、新要约、再新要约直到承诺的过程。承诺生效时合同即告成立，当事人开始享有合同权利、承担合同义务。合同成立的时间在实践中意义重大。

《合同法》规定，承诺生效时，合同成立。对于不同形式的合同，法律上也有具体的规定。

(1) 口头订立的合同，自口头承诺时生效。

(2) 当事人采用合同书形式订立合同的，自双方当事人签字或者盖章时合同成立。

(3) 当事人采用信件、数据电文等形式订立合同的，可以在合同成立之前要求签订确认书，签订确认书时合同成立。

(4) 法律、行政法规规定或者当事人约定必须采用书面形式的而未采用，一方当事人履行了主要义务，而对方接受的，合同成立。

(5) 采用书面形式订立合同，在签字或者盖章之前，一方当事人履行了主要义务，而对方接受的，合同成立。

（二）合同成立的地点

承诺生效的地点为合同成立的地点。合同成立的地点是发生合同纠纷后确定管辖法院的依据，在国际贸易中还可以作为确定适用法律的依据，因此具有重要意义。

(1) 口头订立的合同以口头承诺地点为合同生效地点；根据贸易习惯或要约人要求做出承诺行为的地点为合同成立地点。

(2)采用合同书形式订立合同的,双方当事人签字或者盖章的地点为合同成立的地点。

(3)采用数据电文形式订立合同的,收件人的主营业地为合同成立的地点;没有主营业地的,其经常居住地为合同成立的地点。

(4)当事人另有约定的,按照其约定。

五、缔约过失责任

缔约过失责任是指合同订立中的损害赔偿责任,即在合同订立的过程中,一方因违背诚实信用原则而给对方造成损失时所应承担的法律责任。

《合同法》规定,当事人在订立合同过程中有下列情形之一,给对方造成损失的,应当承担损害赔偿责任。

(1)假借订立合同,恶意进行磋商。当事人一方根本没有与对方签订合同的目的,以与对方谈判为借口,损害对方或第三人的利益,恶意进行磋商。

(2)故意隐瞒与订立合同有关的重要事实或者提供虚假情况。例如市场形势发生重大变化,波及缔约的结果;或者合同标的有瑕疵,而没有如实告知对方当事人。

(3)未履行保密义务。对谈判中涉及缔约一方利益的技术或商业信息,或缔约一方要求保密的其他信息,当事人未予以保密。

(4)有其他违背诚实信用原则的行为。在订立合同的过程中,当事人之间应当依照诚实信用原则履行附随义务,当事人违反附随义务,造成对方损失的,应当承担缔约过失责任。

> **小贴士**
>
> **附随义务**
>
> 《合同法》规定,当事人应当遵循诚实信用原则,根据合同的性质、目的和交易习惯履行通知、协助、保密等义务。这些义务在合同法中被称为附随义务。

第三节 合同的效力

合同的效力是指合同具有法律约束力。当事人必须全面正确履行合同,任何一方不得擅自变更或解除合同;任何一方违反合同,必须承担法律责任。

一、有效合同

根据《合同法》的规定,一般合同生效的要件如下。

(1)行为人具有相应的民事行为能力。任何合同都是以当事人的意思表示为基础,行为人必须具备正确理解自己的行为性质和后果的能力,具备独立地表达自己意思的能力,即具备与订立某项合同相应的民事行为能力。

> **小贴士**
>
> **合同当事人的主体资格**
>
> 订立合同的当事人必须具有订立合同的主体资格。首先要判断有无该企业,还要审查签约的个人是否得到授权。其次要判断对方是否隐瞒自己的经营范围订立了超越经营范围的会展合同。针对上述两项,要仔细审查对方出示的营业执照副本、授权委托书、法定代表人身份证明书等资料的真伪,必要时可去工商部门查档。
>
> 此外,还要了解对方的资信状况,包括注册资金、业务范围、生产经营能力以及商誉、商业道德等。对那些没有足够的履约能力或者履约能力不易查清的企业,可要求对方设置担保,以督促其履行合同。

(2)意思表示真实。合同是当事人之间的合意,这种合意能否依法产生法律约束力,取决于当事人的意思表示是否同其真实意思相符合。

(3)不违反法律和社会公共利益。任何有订约能力的人,都可以按照自己的意愿自由地订立合同,但是法律同时规定,当事人订立的合同必须合法,必须符合善良风俗与公共秩序。

(4)合同形式必须合法。当事人可以依法选择订立合同的方式,但是如果法律对合同的形式做出了特殊规定,当事人必须遵守法律规定。

二、无效合同

(一)无效合同的概念

无效合同是指已经订立,因违反法律规定的生效条件而不发生法律效力,国家不予承认和保护的合同。

(二)无效合同的种类

根据《合同法》的规定,结合合同的特点,下列合同无效。

(1)一方以欺诈、胁迫的手段订立的损害国家利益的合同。欺诈是指一方当事人故意告知对方虚假情况,或者故意隐瞒真实情况,诱使对方当事人做出错误意思表示而与之订立合同。胁迫是指以将来要发生的损害或者以直接施加损害相威胁,使对方当事人产生恐惧而与之订立合同。

(2)恶意串通,损害国家、集体或第三人利益的合同。恶意串通是指合同的双方当事人非法勾结,为牟取私利而共同订立损害国家、集体或者第三人利益的合同。

(3)以合法形式掩盖非法目的的合同。以合法形式掩盖非法目的是指当事人为达到非法目的,通过实施合法的行为,以迂回的方式避开法律的强制性规定。当事人在形式上所达成的协议,并非其真正的意思,而非法目的才是其追求的真正目标,合法形式是掩盖非法目的的一种手段。

(4)损害社会公共利益的合同。社会公共利益是涉及全社会的共同利益,表现为某一社会应有的道德准则。损害社会公共利益的合同涉及的范围很广,包括危害国家公共秩序的合同、违反公平竞争的合同等。

(5)违反法律、行政法规强制性规定的合同。

(三)合同被确认无效

1. 合同被确认无效的效力

(1)合同自始无效。合同被确认无效以后,导致合同自成立时起就是无效的,对当事人不具有法律约束力。

(2)合同部分无效不影响其他部分的效力。在内容可分的合同中,如果被确认无效只涉及合同部分内容,不影响其他部分效力的,合同其他部分内容仍然有效。

(3)争议解决条款具有相对独立性。争议解决条款是指当事人约定解决合同争议的方法及适用法律的条款,其效力不受会展合同无效的影响,具有相对独立性。

2. 合同被确认无效的法律后果

(1)返还财产。合同被确认无效后,一方当事人应当将因该合同而从对方得到的财产归还给对方。返还财产以恢复原状为原则,应当尽量返还原物。如果财产不能返还,应当折价补偿。

(2)赔偿损失。合同被确认无效后,有过错的当事人应当赔偿对方因此所受到的损失,如果双方都有过错的,应当各自承担相应的责任。

(3)收归国家所有。对于当事人恶意串通损害国家、集体或第三人利益的,当事人一方或双方取得的财产应当收归国家所有或返还集体、第三人。

小案例

荣盛进出口有限公司将其准备参加109届广交会的一批花生油展品委托给长兴会展公司运输从佛山运送至广州琶洲会展中心,长兴会展公司在接受委托后发现某地花生油价格高涨,于是将该批花生油卖给当地运泰食用油批发公司。依据我国《合同法》的规定,长兴会展公司与运泰食用油批发公司之间的买卖合同属于有效合同、无效合同还是效力待定的合同?

评析:《合同法》第五十一条规定:"无处分权的人处分他人财产,经权利人追认或者无处分权的人订立合同后取得处分权的,该合同有效。"因此该合同属于效力待定的合同。

第四节 合同的履行和担保

一、合同的履行

合同的履行是指合同生效后,双方当事人按照合同规定的各项条款,完成各自承担的义务和实现各自享受的权利,使双方当事人的合同目的得以实现的行为。

(一)合同履行的原则

(1)全面履行原则。全面履行原则又称适当履行原则或正确履行原则,是指当事人应当按照会展合同的约定全面履行自己的义务。

(2)协作履行原则。协作履行原则是指当事人在履行会展合同的过程中,应当诚实守信,密切配合,促进合同的顺利履行。

(二) 合同履行的主要规定

1. 部分条款不明确时合同的履行

合同生效后,当事人就质量、价款或者报酬、履行地点等内容没有约定或者约定不明确的,可以协议补充;不能达成补充协议的,按照合同有关条款或者交易习惯确定。当事人就有关合同内容约定不明确,依照上述规定仍不能确定的,适用下列规定。

(1) 质量要求不明确的,按照国家标准、行业标准履行;没有国家标准、行业标准的,按照通常标准或者符合合同目的的特定标准履行。

(2) 价款或者报酬不明确的,按照订立合同时履行地的市场价格履行;依法应当执行政府定价或者政府指导价的,按照规定履行。

(3) 履行地点不明确,给付货币的,在接受货币一方所在地履行;交付不动产的,在不动产所在地履行;其他标的,在履行义务一方所在地履行。

(4) 履行期限不明确的,债务人可以随时履行,债权人也可以随时要求履行,但应当给对方必要的准备时间。

(5) 履行方式不明确的,按照有利于实现合同目的的方式履行。

(6) 履行费用的负担不明确的,由履行义务一方负担。

2. 价格调整时合同的履行

执行政府定价或者政府指导价的,在合同约定的交付期限内政府价格调整的,按照交付时的价格计价。逾期交付标的物的,遇价格上涨时,按照原价格执行;价格下降时,按照新价格执行。逾期提取标的物或者逾期付款的,遇价格上涨时,按照新价格执行;价格下降时,按照原价格执行。

(三) 涉及第三人的合同履行

1. 向第三人履行债务

当事人约定由债务人向第三人履行债务的,债务人未向第三人履行债务或者履行债务不符合约定,应当向债权人承担违约责任。

2. 第三人代为履行

当事人约定由第三人向债权人履行债务的,第三人不履行债务或者履行债务不符合约定,债务人应当向债权人承担违约责任。

(四) 提前履行和部分履行

债权人可以拒绝债务人提前履行债务或部分履行债务,但提前履行或部分履行不损害债权人利益的除外。债务人提前履行或部分履行给债权人增加的费用,由债务人负担。

二、合同的担保

(一) 合同担保的概念

合同的担保是指依照法律规定,或由当事人双方经过协商一致而约定的,为保障合同债权实现的法律措施。合同订立后,一方当事人不履行合同或不适当履行合同,就会给对方造成损失,使对方所期望的经济利益无法实现。为保证合同的切实履行,既保障合同债权人实现其债权,也促使合同债务人履行其债务,可以采取担保的措施。

根据《中华人民共和国担保法》的规定,债权人需要以担保方式保障其债权实现的,可以设定保证、抵押、质押、留置和定金五种方式的担保。

(二)合同担保的主要方式

1. 保证

保证是指第三人为债务人的债务履行作担保,由保证人和债权人约定,当债务人不履行债务时,保证人按照约定履行债务或者承担责任的行为。保证方式有一般保证和连带责任保证两种。

一般保证是指当事人在保证合同中约定,在债务人不能履行债务时,由保证人承担保证责任。一般保证的保证人在主合同纠纷经审判或者仲裁后,并就债务人财产依法强制执行仍不能履行债务,保证人对债权人必须承担保证责任。

连带责任保证是指当事人在保证合同中约定,保证人与债务人对债务承担连带责任。债务人在主合同规定的债务履行期届满没有履行债务的,债权人可以要求债务人履行债务,也可以要求保证人在其保证范围内承担保证责任。当事人对保证方式没有约定或者约定不明确的,按照连带责任保证承担保证责任。

2. 抵押

抵押是指债务人或者第三人以其特定财产在不转移占有的前提下,将该财产作为对债权的担保。当债务人不履行债务时,债权人有权依法以该财产折价或者以拍卖、变卖该财产的价款优先受偿。

抵押人只能以法律规定可以抵押的财产提供担保;法律规定不可以抵押的财产,抵押人不得用于提供担保。

> **小贴士**
>
> **《担保法》关于抵押物的规定**
>
> 《担保法》第三十四条规定,下列财产可以抵押:①抵押人所有的房屋和其他地上定着物;②抵押人所有的机器、交通运输工具和其他财产;③抵押人依法有权处分的国有的土地使用权、房屋和其他地上定着物;④抵押人依法有权处分的国有的机器、交通运输工具和其他财产;⑤抵押人依法承包并经发包方同意抵押的荒山、荒沟、荒丘、荒滩等荒地的土地使用权;⑥依法可以抵押的其他财产。
>
> 《担保法》规定不得抵押的财产有:①土地所有权;②耕地、宅基地、自留地、自留山等集体所有的土地使用权;③学校、幼儿园、医院等以公益为目的的事业单位、社会团体的教育设施、医疗卫生设施和其他社会公益设施;④所有权、使用权不明或者有争议的财产;⑤依法被查封、扣押、监管的财产;⑥依法不得抵押的其他财产。

3. 质押

质押是指债务人或第三人将其特定财产移交债权人占有,作为债权的担保。债务人不履行债务时,债权人有权依法将其特定财产折价或以拍卖、变卖的价款优先受偿。质押的形式包括动产质押和权利质押。

动产质押是指债务人或第三人将其动产移交债权人占有,将该动产作为债权的担保。原则上,除不动产及法律禁止流通的动产外,其他一切动产都可设定质押。

权利质押的标的为具有财产内容并可以转让的权利,包括汇票、支票、本票、债券、存款单、仓单、提单;依法可以转让的股份、股票;依法可以转让的商标专用权、专利权、著作权中的财产权;依法可以质押的其他权利。

质押合同自质物移交质权人占有之日起生效;以汇票、支票、本票、债券、存款单、仓单、提单出质的,质押合同自权利凭证交付之日起生效;以依法可以转让的股票、股份、知识产权出质的,应该向有关管理部门办理出质登记,质押合同自登记之日起生效。质押合同应当采用书面形式。

4. 留置

留置是指债权人按照合同约定占有债务人的动产,债务人不按照合同约定的期限履行债务的,债权人有权依照法律规定留置该财产,以该财产折价或以拍卖、变卖该财产的价款优先受偿。根据《担保法》的规定,因保管合同、运输合同、加工承揽合同发生的债权,债务人不履行债务的,债权人有留置权。留置权人负有妥善保管留置物的义务。因保管不善致使留置物灭失或者毁损的,留置权人应当承担民事责任。

债权人与债务人应当在合同中约定,债权人留置财产后,债务人应当在不少于两个月的期限内履行债务。没有约定的,债权人留置财产后,应当确定两个月以上的期限,通知债务人在该期限内履行债务。债务人逾期仍不履行的,债权人可以与债务人协议以留置物折价,也可以依法拍卖、变卖留置物。留置物折价或者拍卖、变卖后,其价款超过债权数额的部分归债务人所有,不足部分由债务人清偿。

5. 定金

定金是指当事人一方为担保合同的履行而预先向对方支付的一定数额的金钱。定金合同从实际交付定金之日起生效。债务人履行债务后,定金应当抵作价款或者收回。给付定金的一方不履行约定的债务的,无权要求返还定金;收受定金的一方不履行约定的债务的,应当双倍返还定金。

第五节　合同的变更、转让和终止

一、合同的变更

合同的变更是指在合同成立以后,尚未履行或者尚未完全履行前,当事人根据客观情况的变化,依照法律规定的条件和程序,对合同的内容进行修改或者补充。当事人对合同变更的内容约定不明确,难以判断合同内容发生变更的,推定为未变更。

二、合同的转让

合同的转让是指当事人一方依法将合同的权利和义务全部或部分地转让给第三人的法律行为。合同的转让分为合同权利的转让、合同义务的转移、合同权利义务概括转让。

(一) 合同权利转让

合同权利转让是指债权人通过协议将其债权全部或部分转让给第三人的行为。

债权人转让权利,不需要经过债务人同意,但是应当通知债务人。未经通知的,该转让对债务人不发生效力。

(二) 合同义务转移

合同义务转移是指经债权人同意,债务人将合同义务的全部或部分转移给第三人。债务人转移合同义务的,应当征得债权人的同意。

(三) 合同权利义务概括转让

合同权利义务概括转让是指当事人一方将其在合同中的权利和义务一并转让给第三人。

当事人进行合同权利义务一并转让的,应当征得对方的同意,应当遵守《合同法》对合同权利转让和合同义务转移的规定。

对于当事人订立合同后发生合并、分立的情况,《合同法》规定,当事人订立合同后合并的,由合并后的法人或者其他组织行使合同权利,履行合同义务;当事人订立合同后分立的,除债权人和债务人另有约定的以外,由分立的法人或者其他组织对合同的权利和义务享有连带债权,承担连带债务。

三、合同的终止

合同的终止又称为合同的消灭,是指由于某种原因而引起合同关系在客观上已不存在,合同债权和合同债务归于消灭。

合同终止的原因主要有清偿、解除、抵销、提存、免除、混同等。

(一) 清偿

清偿是指债务已经按照约定履行,债权人的债权得到实现。

债务按照合同约定得到履行,一方面可以使合同债权得到满足,实现订立合同的目的;另一方面也使得合同义务归于消灭,产生合同权利义务终止的结果。

> **小贴士**
>
> **清偿的表现形式**
>
> 清偿是从合同履行效果认定的,债务人履行债务属于清偿,第三人为满足债权人的目的而为给付,也属清偿,即使依强制执行或实行担保权而获得满足,也应为清偿。

(二) 解除

解除是指合同成立后,在没有履行或者没有完全履行之前,当事人依照法律规定或者当事人约定的条件和程序,解除合同确定的权利义务关系,从而使合同归于消失。

1. 合同解除的方式

（1）约定解除

约定解除是指在合同成立后全部履行前，当事人可以通过协议或者行使约定的解除权而进行的合同解除。

（2）法定解除

法定解除是指在合同成立后全部履行前，当事人一方在法律规定的解除条件出现时，行使解除权而使合同关系消灭。

法定解除的条件包括：①因不可抗力致使不能实现合同目的；②在履行期限届满之前，当事人一方明确表示或以自己的行为表明不履行主要债务；③当事人一方迟延履行主要债务，经催告后在合理期限内仍未履行；④当事人一方迟延履行债务或者有其他违约行为致使不能实现合同目的；⑤法律规定的其他情形。

2. 合同解除的程序

当事人一方主张解除合同的，应当通知对方。合同自通知到达对方时解除。对方有异议的，可以请求人民法院或者仲裁机构确认解除合同的效力。

法律、行政法规规定解除合同应当办理批准、登记手续的，应按规定办理。

3. 合同解除的法律效力

合同解除后，尚未履行的，终止履行；已经履行的，根据履行情况和合同性质，当事人可以采取要求恢复原状、采取其他补救措施，并有权要求赔偿损失。

（三）抵销

抵销是指当事人互负到期债务，依照法律规定或者当事人约定，各自用其债权来充当债务进行清偿，从而使双方的债务在对等的额度内相互消灭。

根据抵销产生原因的不同，抵销可分为法定抵销和约定抵销。

法定抵消是指具备法律规定的抵消条件时，依照当事人一方的意思表示即可发生抵销的效力。法定抵销的条件：①当事人互负债务；②债务的履行期限届满；③债务的标的物种类、品质相同；④该债务按照法律规定和合同性质可以抵销。

约定抵销是指当事人双方协商一致，使自己的债务与对方的债务在等额内消灭。只要当事人互负债务，不论标的物种类、品质是否相同，都可以在协商一致后抵销，但不得违反法律规定。

（四）提存

提存是指由于债权人的原因致使债务人难以履行债务的，债务人将标的物交给提存机关从而终止合同权利义务关系的行为。

小贴士

提存制度设立的意义

债务的履行往往需要债权人的协助，如果债权人无正当理由拒绝受领债务或者不能受领债务，债权人虽应承担受领迟延的法律责任，但债务人的债务却不能消灭。债务人会无限期地等待履行，这对债务人有失公平，为此，《合同法》规定了提存制度。

1. 提存的原因

（1）债权人无正当理由拒绝或者迟延受领。

（2）债权人下落不明。

（3）债权人死亡未确定继承人或者丧失行为能力未确定监护人的。

（4）法律规定的其他情形。

2. 提存的标的物

提存的标的物应当是合同规定给付的标的物，标的物不适于提存或者提存费用过高的，债务人依法可以拍卖或者变卖标的物，提存所得的价款。

3. 提存的效力

（1）债务人依法将标的物提存后，视为债务已清偿，当事人的合同关系归于消灭。

（2）标的物提存后，标的物毁损、灭失的风险由债权人承担。

（3）提存费用由债权人承担。

（五）免除

免除是指债权人抛弃债权而使合同关系归于消灭的行为。

根据《合同法》的规定，债权人免除债务人部分或者全部债务的，合同的权利义务部分或者全部终止。但是免除不能损害第三人的利益。

小贴士

提存的目的、方式与效果

在履行运输合同过程中，收货人拒收货物或收货人不见踪影的情况时有发生，造成债务履行受阻，严重影响承运人的经济利益，也造成承运人的财产关系不稳定。法律创设的提存制度可以使不稳定的财产关系得到稳定，提存的目的就在于使债务归于消灭。

提存的方式是承运人向接收货物所在地的公证机关申请公证，由公证机关指定存货场所，其效果是免除承运人因继续占有货物可能带来的风险。提存与清偿发生同等消灭债权的效力，债权人即托运人或收货人对承运人给付货物的债权因此而消灭。

（六）混同

混同是指由于某种客观事实的发生，使得一项合同中，原本由一方当事人享有的债权和另一方当事人承担的债务，同归于一人，从而导致合同权利义务的终止。混同发生的原因主要有合并、继承等。

第六节　违反合同的法律责任

合同依法成立后，对双方当事人都具有法律约束力，当事人必须按照合同规定全面、适当地履行义务，非经双方协商或者法定事由不得擅自变更或解除合同，否则构成违约，应该对自己的违约行为承担相应的法律责任。

一、违约形式

违约行为是指合同一方当事人不履行合同义务或没有完全履行合同义务的行为。

合同的违约形式包括预期违约和实际违约。

（1）预期违约是指合同成立生效后履行期到来之前，当事人一方明确表示或以自己的行为表明不履行合同义务的行为。

（2）实际违约是指合同履行期届满时当事人不履行合同义务或不适当履行合同义务的行为。

二、违约责任

违约责任又称违反合同的民事责任，是指合同当事人违反合同义务不符合约定时，依照法律规定或者合同约定所应承担的法律责任。违约责任的法律特征：①违约责任的成立必须以合法有效的合同为前提；②违约责任的产生必须有违约事实的存在；③违约责任可以由当事人在法律允许的范围内约定；④违约责任的目的在于补偿因违约行为造成的损害后果。

小贴士

违约责任制度

违约责任制度在合同法中具有非常重要的地位和作用，它是保障债权实现及债务履行的重要措施。它不仅可以促使合同当事人双方自觉地履行合同义务，起到避免和减少违约行为发生的预防作用，而且在发生违约时，通过追究违约方的责任，使守约方的损失得到补偿，从而保护合同当事人的合法权利，维护社会经济秩序。

三、承担违约责任的方式

《合同法》规定，当事人一方明确表示或者以自己的行为表明不履行合同义务的，对方当事人可以在履行期限届满之前要求其承担违约责任。当事人一方不履行合同义务或者履行合同义务不符合约定的，应当承担继续履行、采取补救措施、赔偿损失、承担违约金、定金责任。《合同法》赋予当事人可以根据合同履行的不同情况，选择不同的违约救济措施。

（一）继续履行

继续履行又称实际履行，是指当事人一方不履行合同义务或者履行合同义务不符合约定时，另一方当事人可以要求其在合同履行期届满后，继续按照原合同的约定履行义务。在可以履行的条件下，违反合同的当事人无论是否已经承担赔偿金或者违约金责任，对方当事人都有权要求违约方继续按照合同约定履行其尚未履行的义务。

（二）采取补救措施

采取补救措施是指当事人一方履行合同义务不符合约定后，对违约情形进行补救的一种行为。

(三) 赔偿损失

赔偿损失是指因合同一方当事人的违约行为而给对方当事人造成财产损失时,违约方给予对方的经济补偿。当事人违约,在继续履行义务或者采取补救措施后,对方还有其他损失的,应当赔偿损失。

1. 完全赔偿原则

赔偿损失的目的主要是补偿未违约方的财产损失,因此,以实际发生的损害为赔偿标准。损失赔偿额应当相当于因违约所造成的损失,包括实际损失和合同履行后可以获得的利益损失。

2. 合理预见规则

损失赔偿额不得超过违反合同一方订立合同时能够预见到或者应当预见到的因违反合同可能造成的损失。

3. 减轻损失规则

当事人一方违约后,对方应当采取适当措施防止损失的扩大;没有采取适当措施致使损失扩大的,不得就扩大的损失要求赔偿。当事人因防止损失扩大而支出的合理费用,由违约方承担。

(四) 支付违约金

违约金是指当事人在合同中预先约定的在一方违约时应当向对方支付的一定数额的金钱。当事人既可以约定违约金的数额,也可以约定违约损失赔偿额的计算方法。

当约定的违约金低于造成的损失时,当事人可以请求人民法院或者仲裁机构予以增加;约定的违约金过分高于造成的损失时,当事人可以请求人民法院或者仲裁机构予以适当减少。

(五) 定金

定金具有双重功能。一方面,定金由债务人向债权人预先支付,债务人履行债务后,定金应当抵作价款或者收回,这表明定金是一种担保方式,起着保证债务履行的作用。另一方面,按照定金罚则,给付定金的一方不履行约定的债务的,无权要求返还定金;收受定金的一方不履行约定的债务的,应当双倍返还定金,这又表明定金是一种违约责任形式。

《合同法》规定,当事人在订立合同时,既可以约定违约金,又可以约定定金,一方违约时,对方可以选择适用违约金条款或者定金条款,即二者不能同时适用。当事人执行定金条款后,不足以弥补所受损害的,仍可以请求赔偿损失。

🖨 小案例

原告浙江××包装机械制造有限公司、被告上海××展览服务有限公司于2014年2月11日签订了《CGM 2014中国国际粮油制造技术及设备展览会参展申请表(代合同)》一份,约定被告于2014年12月4日至6日在上海新国际博览中心(龙阳路×××号)举办CGM 2014中国国际粮油制造技术及设备展览会,被告根据原告的展位位置、展位面积大小及提供的展会服务等向原告收取参展总费用人民币43 200元,其中参展总费用的50%为定金,应于合同签订后5个工作日内支付,余款在2014年10月10日前付清;如发生争议,且未能协商解决,双方一致同意提交至参展表履行地即上海新国际博览中心有管辖权的人民法院解决。参展申请表签订后,原告依约于2014年2月12日支付定金21 600元,并于2014年9月12日支付剩余参展费21 600元。但参展日临近,原告收到被告关于参展商手册的邮件,根据该参展商手册记载,展会名称由"CGM 2014中国国际粮油制造技术及设备展览会"改为"2014上海国际粮油产品及技术设备展览会",展位地址由"上海新国际博览中心(龙阳路×××号)"改为"上海国际展览中心(娄山关路×××号/兴义路×××号)"。对此,原告毫不知情,被告在展会名称及地址更改前,均没有和原告进行沟通并取得原告的同意。而展会的名称和地址是参展单位决定是否参加展览会并最终是否与举办单位签订展览合同的决定性因素,因此被告在未与原告协商的情况下,擅自对展览合同中确定的展会名称和地址的更改系严重违反合同约定,已构成根本性违约。为此,原告委托律师根据参展商手册中记载的被告联系人秦××和联系地址寄送了律师函,但邮件以查无此人为由被退回,后原告又委托律师将律师函以传真方式传给被告工作人员秦××,但至今仍没有收到被告的任何答复。

鉴于此,原告认为被告未经原告同意擅自改变展会名称及展会地址的行为已经违反了《合同法》第九十四条的规定,系根本违约,原告有权要求解除合同,并要求被告承担相应违约责任。为此,原告请求法院判令:①解除原、被告签订的《CGM 2014中国国际粮油制造技术及设备展览会申请表》;②被告返还双倍定金43 200元,退还参展费21 600元,共计返还64 800元;③本案诉讼费由被告承担。

审理中,原告明确原、被告之间约定参展费用50%的定金高于法律关于定金不得超过合同标的20%的规定,故原告现按照参展费用的20%主张双倍返还定金,即变更第②项诉讼请求为判令被告返还双倍定金17 280元,退还参展费34 560元,合计51 840元。

评析:展会的名称及举办地点对于参展方是否选择参加展览具有决定性的作用,也对于参展后是否能够达到预期的展览效果有着重要的影响,按照约定的展会名称及地点举办展览也是展会举办方的主要合同义务,现被告在未经原告同意的情况下擅自变更展会的名称和地点,已构成根本违约行为,原告有权解除合同。原告于2014年11月19日委托律师以邮政快递的形式向参展商手册中载明的被告地址寄送律师函,要求被告按照参展合同约定的展会名称及地址举办展会和发布信息,并将新的参展商手册寄送给原告,否则将要求被告双倍返还定金并退回其余参展费用。该律师函表达的若被告不按合同约定举办展会,原告要求双倍返还定金并退回剩余展费,应理解为解除合同的意思,该邮件寄送的地址系参展商手册中载明的被告地址,及参展确认书中载明的联系人,该邮件被退回原告并无过错,原告未参加被告变更后的展会并无不当。现原告要求解除原、被告双方于2014年2月12日签订的《CGM 2014中国国际粮油制造技术及设备展览会参展申请表(代合同)》,符合法律规定,根据法律规定,收受定金的一方不履行约定的债务的,应当双倍返还定金。定金的数额由当事人约定,但不得超过主合同标的额的20%。本案中,原、被告约定原告向被告支付参展费用的50%作为定金,超过了主合同标的额的20%,现原告主张按照参展费用的20%,即8640元作为定金,主张被告双倍返还定金17 280元,法院应予以支持。合同解除后,尚未履行的,终止履行;已经履行的,根据履行情况和合同性质,当事人可以要求恢复原状,故对于原告要求被告返还剩余参展费34 560元的诉讼请求,亦应予以支持。

四、违约责任的免除

违约责任的免除是指在合同履行过程中,出现法律规定或合同约定的免责事由,从而导致合同不能履行的,可以免除合同当事人的违约责任。

(一)不可抗力

1. 不可抗力的概念

不可抗力是指当事人在订立合同时不能预见、对其发生和后果不能避免并不能克服的事件,它是一种法定免责事由。一般而言,不可抗力包括:①自然灾害,如火灾、地震等;②政府行为,如政府征用、发布新政策法规等;③社会异常事件,如罢工、战争等。

2. 不可抗力的法律后果

因不可抗力不能履行合同的,根据不可抗力的影响,可以全部或部分免除当事人的违约责任。但是当事人迟延履行后发生不可抗力的不能免责。

3. 当事人的义务

遭遇不可抗力的一方当事人同时负有两项义务。

(1)及时通知义务

遭遇不可抗力的一方当事人,应当向对方通报自己不能履行合同的情况和理由,使对方及时采取措施,防止和减少损失,否则应赔偿扩大的损失部分。

(2)提供证明义务

遭遇不可抗力的一方当事人,应当在合理期限内向对方提供有关机构的书面证明,以证明不可抗力事件的发生及影响当事人履行合同的具体情况。

(二)免责条款

1. 免责条款的概念

免责条款是指当事人在合同中约定的排除或限制其未来民事责任的合同条款。

免责条款具有以下法律性质:①免责条款已被订入合同中,成为合同的组成部分;②免责条款以排除或限制当事人未来民事责任为目的;③免责条款多数属于格式条款。

2. 对免责条款的规定

(1)免责条款的制定应遵守合同订立的规则

免责条款的订立,原则上应是双方自愿协商一致的结果,也要经过要约和承诺两个阶段。提出免责条款必须是明示,不允许以默示方式做出。另外,法律也允许免责条款由一方当事人事先拟定,但这类免责的格式条款,应遵守法律对格式条款的规定。

(2)确认免责条款无效的情形

《合同法》规定,合同中的下列免责条款无效:①造成对方人身伤害的;②因故意或者重大过失造成对方财产损失。

第七节　会展活动中常见的合同

一、会展合同及其性质

会展合同是指会展组织者与参展商之间订立的、约定会展活动中双方权利义务等事项的协议书，也可以叫会展协议书、参展协议书。我国会展市场目前还没有统一的格式合同，《合同法》中也没有对会展合同的规定。但是，作为一种规范经济活动的合同，结合我国关于会展市场的规章制度，参考实践经验，可以认为会展合同具有以下性质。

1. 会展合同是双务有偿合同

双务合同是当事人双方互负对等给付义务的合同，即一方当事人愿意负担履行义务，旨在使他方当事人因此负有对等履行的义务，或者说，一方当事人所享有的权利即为他方当事人所负担的义务。会展合同中，约定会展组织者为参展商提供服务，包括寻找场地、划分展台、展品运输、展品保管、招徕观众等，参展商因此给付会展组织者参展费、展台租赁费等报酬。

2. 会展合同是无名合同

无名合同又称为非典型合同，是指法律上尚未确定一定名称和规则的合同。我国的《合同法》还没有将会展合同单列，会展合同在我国还属于无名合同。由于交易关系与当事人组成的复杂性，出现无名合同在所难免。无名合同产生以后，经过一定的发展阶段，其基本内容和特点形成以后，则可以通过《合同法》予以调整，使之成为有名合同。区分有名合同与无名合同的意义，主要在于两者适用的法律规则不同。对于有名合同而言，应当直接适用《合同法》的规定，或适用其他有关该合同的立法规定。而对于无名合同而言，除了应适用《合同法》的一般规则外，还应当比照类似的有名合同的规则，参照合同目的及当事人的意思等进行处理。我国目前没有统一的会展法，相关领域内的法律如《合同法》《消费者权益保护法》《知识产权法》《商标法》等，也起到重要的调整作用。

3. 会展合同是要式合同

要式合同是指必须依据法律规定的方式而成立的合同。对于一些重要的交易，法律常常要求当事人必须采取特定的方式订立合同。我国对举办会展活动的管理采取审批制，需要主办者提交相关的申请文件，批准后对该会展予以登记，主办单位对参展商的资格审核情况还需报登记机关备案。可见，会展合同并非只要双方当事人达成了合意，即可成为有效的合同。会展合同是涉及面很广的合同，其参与主体也非常多，相互之间的关系十分复杂，订立书面合同非常必要。

二、会展合同的内容

我国目前的会展市场上，会展组织者和参展商都不重视会展合同，即使订立合同，也极其简单，合同仅仅约定展品的种类、展览的起止日期、展位的价格等基本要素。很多会展的组织者和参展商之间的约定，仅相当于一张"参展通知书"，这是远远不够的。会展合同应当是许多约定的综合体,甚至是许多合同的综合体。

下面是一个比较成功的中等规模的展览会所列出的有关文件:

(1) 参展申请表。
(2) 楣板和会刊回执。
(3) 会刊和媒体广告回执。
(4) 酒店预订回执。
(5) 会议回执。
(6) 进馆展品清单及设备清单。
(7) 商务旅游考察申请回执。
(8) 水产行业招商引资洽谈会申请回执。
(9) 特殊展台制作申请回执。
(10) 参观者邀请函。
(11) 网上宣传回执。
(12) 物品租赁回执。
(13) 报价单。
(14) 广告价格表。
(15) 租赁物品报价书。
(16) 展览场地图。
(17) 展会其他注意事项。

此外,会展组织者除提供必要的服务设施外,还应该对参展商负有其他义务和责任。比如,在《关于对外经济贸易展览会期间加强商标管理工作的通知》中规定:展览会期间发生的商标侵权行为,主办单位应及时协助商标所有者予以制止,并将商标侵权行为、商标纠纷发生及处理情况,通知有关组团单位;对于不能认真履行或推卸商标管理责任,玩忽职守的主办单位或组团单位,参展企业可随时向对外经贸部门反映。

三、会展租赁合同

1. 租赁合同的概念和特征

租赁合同是出租人将租赁物交付承租人使用、收益,承租人向出租人支付租金的合同。其特征是:①租赁合同是诺成的、双务的、有偿的合同;②租赁合同的标的物是特定的非消耗物;③租赁合同转移的是租赁物的使用权,而非所有权;④租赁合同具有期限性和连续性,时间是租赁合同的基本要素。

2. 租赁合同当事人的权利与义务

出租人的主要义务包括:①按照约定交付租赁物于承租人使用;②保证租赁物符合约定的标准和用途;③保持租赁物的约定品质状态。

承租人的主要义务包括:①按照约定的方法或租赁物的性质使用;②妥善保管租赁物(取得出租人的同意后,承租人对租赁物进行改善或增设他物,未经出租人同意的,出租人可以要求承租人恢复原状或赔偿损失,承租人将租赁物转租他人的,承租人亦应经出租人同意,按照约定期限支付租金);③返还租赁物。

3. 租赁合同的解除

除合同解除的一般法定条件外,租赁合同中,出租人和承租人还可以在一些特殊情况下享有合同解除权。

出租人的合同解除权情形有:

(1) 承租人未按约定方法或租赁物的性质使用租赁物,致使租赁物受到损害的。

(2) 承租人未经出租人同意转租的。

(3) 承租人逾期不支付租金的。

(4) 对租赁期限没有约定或约定不明,又未达成补充协议的,出租人可以随时解除合同,但应在合理期限内通知承租人。

承租人的合同解除权情形有:

(1) 对租赁期限没有约定或约定不明确的,事后又未达成补充协议的,承租人可以随时解除合同。

(2) 租赁物危及承租人的安全或健康的,承租人订立合同时知道该租赁物质量不合格的可以随时解除合同。

(3) 因不可归咎于承租人的事由,致使租赁物部分或全部毁损、灭失,不能实现合同目的承租人可以解除合同。

4. 租赁物收益的归属及租赁权的性质

承租人对租赁物进行转租,应取得出租人的同意。未经出租人同意的,出租人可以行使合同解除权。经出租人同意的转租,承租人与出租人之间的合同关系仍然有效;第三人对租赁物造成损失的,由承租人负赔偿责任。第三人对租赁物主张权利的,承租人应及时通知出租人,由此给承租人对租赁物的使用、收益造成不利影响的,承租人可以要求减少租金或不支付租金。

在承租人占有、使用租赁物期间的收益,除当事人有约定的外,归承租人所有。租赁物在租赁期间发生所有权变动的,不影响租赁合同的效力。

5. 租赁合同的形式和内容

租赁合同分为书面和口头两种形式。租赁期限为6个月以下的,可以由当事人自由选择合同的形式。无论采用书面形式还是口头形式,都不影响合同的效力。租赁期限为6个月以上的,应当采用书面形式。未采用书面形式的,不论当事人是否就期限作了约定,都视为不定期租赁。

会展租赁合同主要包括以下内容。

(1) 租赁物的名称。

(2) 租赁物的数量。

(3) 租赁物的用途。

(4) 租赁期限。

(5) 租金及其支付期限、方式。

(6) 租赁物维修。

(7) 其他补充条款。

(8) 订立合同的时间。

(9) 签章。

合同例文

展览场地租赁合同

展场经营单位(下称"甲方")：_____

地址：_____

电话：_____

传真：_____

承租展场单位(下称"乙方")：_____

注册地址：_____

办公地址：_____

电话：_____

传真：_____

根据中华人民共和国有关法律、法规和本市有关规定，甲、乙双方遵循自愿、公平和诚实信用原则，经协商一致订立本合同，以资共同遵守。

第一条 合同主体

1.1 甲方系依法取得坐落于_____展览场地租赁经营权的法人。

1.2 乙方系本合同约定的展会的主办单位。

第二条 生效条件

本合同经双方签署生效。对依法需经政府部门审查的展会，本合同应自展会取得政府部门审查批准后生效。

第三条 租赁场地

甲方同意乙方租用位于_____，总面积为_____平方米的场地(下称"租赁场地")，用于乙方举办_____(展会全称)。

第四条 租赁期限

4.1 租赁期限为____年____月____日至____年____月____日，共____天。

其中，进场日期：自____年____月____日至____年____月____日。

展览日期：自____年____月____日至____年____月____日。

撤离场地日期：____年____月____日。

4.2 乙方每日使用租赁场地的时间为上午_____至下午_____。乙方和参展商可以在前述时间之前_____小时内进入展馆，在前述时间之后_____小时内撤离展馆。

4.3 乙方需在上述时间之外使用租赁场地，应提前通知甲方。乙方超时使用租赁场地的，应向甲方支付超时使用费用。双方应就具体使用与收费标准协商约定，并作为合同附件。

第五条 展览服务

5.1 租赁期间双方可就以下方面选择约定租赁费用范围内基本服务。

(1) 照明服务：_____

(2) 清洁服务：_____

(3) 验证检票：_____

（4）安保服务：_____

（5）监控服务：_____

（6）咨询服务：_____

（7）其他服务：_____

5.2 乙方如需甲方提供上述基本服务之外的服务或向甲方租赁各项设备，应与甲方协商，并由乙方向甲方支付费用，具体内容和收费标准应列明清单，作为合同附件。

第六条 租赁费用

6.1 租金的计算如表 5-1 所示。

表 5-1 租金计算

场地类型	租　金	面积/平方米	天数	共　计
展览室内场地	_____元人民币/平方米/天 或_____美元/平方米/天			_____元人民币 或_____美元
展览室外场地	_____元人民币/平方米/天 或_____美元/平方米/天			_____元人民币 或_____美元
总　计			_____元人民币 或_____元美元	

6.2 如果租赁场地实际使用面积大于合同约定面积，则租金根据实际使用的总面积作相应的调整。结算方式可由双方另行协商，签订补充协议。

6.3 乙方按如表 5-2 所示方式支付租金。

表 5-2 租金支付方式

支付日期	签定本合同之日起_____天内	_____年_____月_____日（进场日期前_____天）	_____年_____月_____日（进场日期前_____天）
展场租费比例			
应付款_____元人民币或_____美元	_____元人民币或_____美元	_____元人民币或_____美元	_____元人民币或_____美元

6.4 所有支付款项汇至如下账户。

（1）以人民币支付

银行账号：_____

银行名称：_____

银行地址：_____

开户名称：_____

（2）以美元支付（按支付当日中国人民银行公布的外汇汇率中间价）

银行账号：_____

银行名称：_____

银行地址：_____

开户名称：_____

Swift Code：_____

6.5 对依法须经政府部门审查的展会因无法获得政府部门批准导致本合同无法生效

的,乙方应通知甲方解除本合同,并按照表5-3所示向甲方支付补偿金。甲方在扣除补偿金后如有剩余租金,应返还乙方。

表5-3 补偿金支付

解除合同时间	补　偿　金
租赁期限前＿＿＿＿个月以上	已付租金的＿＿＿＿％
租赁期限前＿＿＿＿个月至＿＿＿＿个月	已付租金的＿＿＿＿％
租赁期限前＿＿＿＿个月至＿＿＿＿个月	已付租金的＿＿＿＿％
租赁期限前＿＿＿＿个月至＿＿＿＿个月	已付租金的＿＿＿＿％

第七条 场地、设施使用

7.1 乙方应在租赁期开始前＿＿＿＿日向甲方提供经双方共同选择约定的下列文件。

(1) 一式＿＿＿＿份的设计平面图,该平面图至少应包括下列内容。

① 电力及照明的用量,每个区域容量的布置图及分布供应点位置。

② 电话位置分布图。

③ 用水区域或用水点。

④ 压缩空气的要求和位置。

⑤ 卫星电视/Internet 设置图。

⑥ 甲方展馆内部及其周围红线范围内的其他布置设计。

(2) 一份与展览有关的活动的时间表,包括展览会、开幕仪式、进馆、撤馆、货运以及设备使用等的时间。

(3) 一份参展企业名录和工作人员数,并请注明国内和国外参展商。

(4) 一份使用公共设施的内容,包括设备、家具、礼仪设施、贵宾室和其他服务。

(5) 货运单位和装修单位名录及营业执照复印件。

(6) 所有参展的展品清单,特别需要注明的是有关大型设备、大电流操作的展品及会产生震动、噪声的展品清单。

(7) ＿＿＿＿＿＿＿＿。

7.2 为展览进行搭建、安装、拆卸、运输及善后工作及费用由乙方自行承担。乙方进行上述活动时不得影响其他承租人、展览者在公共区域的活动。

7.3 乙方不得变动或修改甲方的展馆的布局、建筑结构和基础设施,或对其他影响上述事项的任何部分进行变动或修改。在租赁场地的租赁期限内,乙方如需在甲方展馆内的柱子、墙面或廊道等建筑物上进行装修、设计或张贴,需事先得到甲方书面许可。

7.4 租赁期间,双方应保持租赁场地和公共区域的清洁和畅通。乙方负责对其自身财产进行保管。

7.5 甲方有权使用或许可第三方使用甲方场地中没有租借给乙方的场地,但不得影响乙方正常使用租赁场地。

7.6 乙方对租赁期限内由乙方造成的对租赁场地、设施和公共区域的任何损害承担责任。

7.7 如果两个或两个以上的展览同期举办,登记大厅、广告阵地、货运通道等公共区域将由有关各方根据实际的租赁场地按比例共享。

第八条 保证与承诺

8.1 甲方保证与承诺。

（1）确保乙方在租赁期内正常使用租赁场地。

（2）按本合同约定的服务内容和标准提供服务。

（3）在甲方人员因工作需要进入租赁场地时，保证进入人员持有甲方出具的现行有效证件，并在进入前向乙方出示。

（4）协调乙方与同期举办的其他展览单位之间对公共区域的使用。

（5）配合乙方或有关部门维护展会秩序。

（6）_____。

8.2 乙方保证与承诺。

（1）在租赁期前_____天取得举办展会所需的工商、消防、治安等政府部门的批准文件并交甲方备案。

（2）在进场日期前_____天向甲方提供_____份展位平面图。

（3）不阻碍甲方人员因工作需要持有甲方现行有效证件进入乙方租赁场地。

（4）租赁期限届满，在撤离场地日期内将租赁场地恢复原状，返还向甲方租赁的物品并使其保持租赁前的状况。

（5）未经甲方书面同意，不在甲方建筑物内进行广告发布。发布广告如果涉及需要有关政府部门批准的，则负责申请办理相关审批并承担相关费用。若不能获得政府部门批准而导致展览无法如期举办，则承担相应的法律后果。

（6）对乙方雇员或其参展者在租赁期内对甲方实施的侵权行为承担连带赔偿责任。

（7）_____。

第九条 责任保证

9.1 乙方应妥善处理与参展商之间的争议。在乙方与参展商发生争议，且双方无法协商解决时，争议双方可共同提请甲方出面进行调解。甲方无正当理由不得拒绝主持调解。调解期间任何一方明确表示不愿继续接受调解，甲方应立即终止调解。甲方的调解非争议解决的必经程序。调解不成的，调解中任何一方的承诺与保证均不作为确认争议事实的证据。在调解中，甲方应维护展会秩序，乙方应配合甲方维护展会秩序。

9.2 乙方应于租赁期开始前三十日按照本合同规定的租金总额的30％向会展行业协会支付责任保证金，以保证乙方在与参展商发生争议并出现下列情况时承担相应责任。

（1）争议双方经和解达成协议，乙方承诺承担相应的赔偿或补偿责任。

（2）经审判或仲裁机关调解，争议双方达成调解，乙方承诺承担相应的赔偿或补偿责任。

（3）审判或仲裁机关对争议做出终审或终局裁决，乙方被裁决构成对参展商合法权益的侵害，应当承担相应的赔偿责任。

9.3 乙方在支付责任保证金后三日内应向甲方提供责任保证付款凭证。

第十条 知识产权

乙方为推动其展览进行对甲方名称、商标和标识的使用，须事先征得甲方书面同意。如有违反，甲方保留追究乙方侵权责任的权利。

第十一条　保险

11.1　乙方应在进场日期之前向保险公司投保展馆建筑物责任险、工作人员责任险及第三者责任险,将甲方列为受益人之一,并向甲方提供保险单复印件。

11.2　保险公司的理赔不足以支付甲方所受损失的,甲方有权对乙方进行追偿。

第十二条　违约责任

12.1　甲方有下述行为之一的,乙方有权单方面解除本合同,并按照本合同12.4条向甲方主张违约金。

(1)未按本合同的规定向乙方提供租赁场地,经乙方书面催告仍未提供的。

(2)未按本合同第5.1条提供基本服务,经乙方书面催告仍未提供的。

(3)未按本合同8.1(5)条维护展会秩序,致使展会因秩序混乱而无法继续进行的。

(4)_____。

12.2　乙方未按期支付到期租金,应按日向甲方支付逾期付款金额万分之_____的违约金,付至实际付款或解除本合同之日。

12.3　乙方有下述行为之一的,甲方有权单方面解除本合同,并按照本合同12.4条向乙方主张违约金。

(1)未按本合同规定支付场地租金、设备租赁、额外服务及超时场地使用等各项应付费用,经甲方催告后_____日内仍未支付的。

(2)国际性展会违反本合同规定,擅自变更展题,经甲方催告后仍未纠正的。

(3)未按8.2(1)条规定向甲方提供办展所需的相关政府部门的批准文件,经甲方催告后仍未纠正的。

(4)违反本合同规定,擅自使用甲方的名称、商标或标识,经甲方催告后仍未纠正的。

(5)未按本合同9.2条支付责任保证金,经甲方催告后仍未纠正的。

(6)_____。

12.4　本合同12.1、12.3条规定的违约金如表5-4所示。

表5-4　违约金

违约行为发生时间	违约金
租赁期限前_____个月以上	已付租金的_____%
租赁期限前_____个月至_____个月	已付租金的_____%
租赁期限前_____个月至_____个月	已付租金的_____%
租赁期限前_____个月至租赁期届满	已付租金的_____%

以上违约金不足以赔偿守约方损失的,违约方应就超额部分损失向守约方承担赔偿责任。

12.5　守约方根据12.1、12.3条单方面解除本合同,应在违约行为发生后_____日内书面通知违约方,否则视为守约方放弃合同解除权,但不影响守约方向违约方主张违约金和赔偿责任。

12.6　甲方违约的,应在收到乙方解除本合同书面通知之日起_____日内返还乙方已付租金,并支付违约金。乙方违约的,甲方应在乙方收到甲方解除本合同书面通知之日起

_____天内将已扣除乙方应付违约金后的剩余租金返还乙方。

12.7　除本合同12.1、12.3条约定外的其他违约行为造成守约方损失,违约方应当承担赔偿责任。

第十三条　变更与解除

13.1　除本合同另有约定外,本合同未经双方协商一致不得变更与解除。

13.2　国际性展会变更展题,须取得政府审批机关的批准,并向甲方提供。

13.3　双方协商变更或解除本合同的,变更或解除方应提前_____日以书面形式通知相对方,相对方应于收到通知后_____日内以书面形式答复变更或解除方,逾期不答复的,视为同意变更或解除本合同。违反本条规定提出协商变更或解除的,相对方有权拒绝。

第十四条　争议解决

因执行本合同而产生或与本合同有关的争议,双方应通过友好协商解决。协商应于一方向另一方书面提出请求后立即举行。如在提出请求后三十日内无法通过协商解决,双方可选择下列第_____种方式解决。

(1) 向_____仲裁委员会申请仲裁,仲裁裁决为终局裁决并对双方均有约束力。

(2) 依法向_____人民法院提起诉讼。

第十五条　不可抗力

15.1　本合同履行期间,任何一方发生了无法预见、无法预防、无法避免和无法控制的不可抗力事件,以致不能履行或不能如期履行合同,发生不可抗力事件的一方可以免除履行合同的责任或推迟履行合同。

15.2　本合同15.1条规定的不可抗力事件包括以下范围。

(1) 自然原因引起的事件,如地震、洪水、飓风、寒流、火山爆发、大雪、火灾、冰灾、暴风雨等。

(2) 社会原因引起的事件,如战争、罢工、政府禁令、封锁等。

(3) _____。

15.3　发生不可抗力的一方,应于不可抗力发生后_____日内以书面形式通知相对方,通报不可抗力详尽情况,提交不可抗力影响合同履行程度的官方证明文件。相对方在收到通知后天内以书面形式回复不可抗力发生方,逾期不回复,视为同意不可抗力发生方对合同的处理意见。

15.4　在展会尚未开始前发生不可抗力致使本合同无法履行,本合同应当解除,已交付的租金费用应当返还,双方均不承担对方的损失赔偿。

15.5　展会进行中发生不可抗力致使本合同无法履行,本合同应当解除,已交付的租金费用应当按_____返还,双方均不承担对方的损失赔偿。

15.6　发生不可抗力致使本合同需迟延履行的,双方应对迟延履行另行协商,签订补充协议。若双方对迟延履行无法达成一致,应按15.4、15.5条规定解决。

第十六条　适用法律

本合同的订立、履行、终止及其解释适用中华人民共和国现行法律。

第十七条　附件及效力

双方同意作为合同附件的文件均是本合同重要且不可分割的组成部分,与本合同同时生效并与本合同具有同等法律效力。

第十八条　信息披露

甲方可以网页等形式对外公布本合同约定的展览会名称、馆号和展览日期等相关信息。乙方若调整展会名称、展览日期等内容,应及时书面通知甲方;因乙方未通知甲方致使甲方对外公布的展会名称、展览日期与乙方调整后的不一致,甲方不承担相关责任。

第十九条　保密

双方对基于本合同获取的相对方的办展资料、客户资源等商业信息均有保守秘密的义务。除非相对方书面同意,或法律强制性规定,双方均不得以任何形式对外披露相关信息。

第二十条　通知

本合同规定和与本合同有关的所有联络均应按照收件的一方于本合同确定之地址或传真发出。上述联络如直接交付(包括通过邮件递送公司递交),则在交付时视为收讫;如通过传真发出,则在传真发出即时视为收讫,但必须有收件人随后的书面确认为证;如通过预付邮资的挂号邮件寄出,则寄出七日后视为收讫。

第二十一条　其他

本合同一式_____份,甲乙双方各执_____份,具有同等法律效力。

本合同未尽事宜,经双方友好协商,可订立补充条款或协议,作为本合同附件,具有同等法律效力。

甲方(签章):_____　　　　　　　　　乙方(签章):_____
_____年____月____日　　　　　　　　_____年____月____日

四、会展买卖合同

(一)买卖合同的概念和特征

买卖合同是出卖人交付标的物并转移标的物的所有权于买受人,买受人支付价款的合同。其中,依约定应交付标的物并转移标的物所有权的一方称为出卖人,应支付价款的一方称为买受人。出卖人应当是买卖合同标的物的所有权人或其他有处分权人。

买卖合同具有以下特征。

(1)买卖合同是转移标的物所有权的合同。所谓转移标的物的所有权,是指出卖人在收取一定价款后失去对标的物的占有、使用、处分的权利,而买受人在支付一定的价款后取得对标的物的占有、使用、处分的权利。

(2)买卖合同是双方有偿合同。所谓双方有偿,是指出卖人和买受人均享有均等的权利和义务,在交易过程中,出卖人的义务是买受人的权利,出卖人的权利是买受人的义务。如买卖双方在协商一致后,买受人有取得该转让物的物权的权利,出卖人有移交该出卖物物权的义务。

(3)买卖合同的主体具有广泛性。买卖合同的主体包括:①财物的所有权人;②抵押权人;③质权人;④留质权人;⑤人民法院;⑥行纪人。

(4)买卖合同标的物具有广泛性。买卖合同的标的物只要是法律、法规没有禁止流通的物品,均可作为买卖合同的标的物。

(5) 买卖合同是出卖人和买受人双方经协商达成一致,对标的物物权的转让的真实意思的表示,是相互的承诺。

(6) 买卖合同既可用文字表示,也可用口头表示。买卖双方可将协商一致的承诺用文字形式固定,并经双方签字后生效,也可经公证后生效。买卖双方对达成一致意见的标的物的物权转移,也可以用口头形式约定。这种方式简单、省时,但必须符合"钱货两清",这种形式适用于标的小、现货交易等买卖。

(二) 会展买卖合同的主要内容

会展买卖合同的主要内容包括:
(1) 合同双方的名称或姓名、地址。
(2) 标的物的名称、品质、数量等。
(3) 标的物的价格、金额、货币等。
(4) 货款支付的方式、时间、地点。
(5) 标的物交付的方式、时间、地点。
(6) 标的物的运输方式。
(7) 检验标准。
(8) 结算方式。
(9) 纠纷解决方式、管辖机构和适用法律。
(10) 合同的份数。
(11) 其他条款。
(12) 订立合同的时间。
(13) 签章。

调解书范本

调 解 书

某展览服务公司诉某商务会展公司买卖合同纠纷案

(2010)黄民二(商)初字第×××号
民事调解书

原告:某展览服务有限公司
被告:某商务会展有限公司
案由:买卖合同纠纷

原告某展览服务有限公司诉称:2010 年 3 月 31 日,原告为被告在上海市某雕塑馆搭建活动展台,被告尚结欠原告人民币 31 000 元。据此,原告某展览服务有限公司请求判令被告某商务会展有限公司支付人民币 31 000 元。

被告某商务会展有限公司承认欠款事实。

本案在审理过程中,经本院主持调解,双方当事人自愿达成如下协议。

(1) 被告某商务会展有限公司于 2010 年 11 月 3 日前支付人民币 15 000 元(已履行),

余款16 000元于2010年12月底前付清。

(2) 案件受理费人民币575元减半收取为287.50元,由原告某展览服务有限公司负担。

上述协议,符合有关法律规定,本院予以确认。本调解书经各方当事人签收后即发生法律效力。

审判员　杨××
书记员　闵××

五、会展运输合同

(一) 会展运输合同的概念和特征

运输合同是承运人将旅客或者货物从起运点运输到约定地点,旅客、托运人或者收货人支付票款或者运输费用的合同。会展运输合同的承运人必须是经营运输业务的人,既可以是公民,也可以是法人。运输合同依据不同的标准可以划分为不同的种类。按照运输的客体不同,可以分为货物运输合同和旅客运输合同;按照运输工具而不同,可以分为铁路运输合同、公路运输合同、水路运输合同、航空运输合同及管道运输合同;按运输方式的不同,可以分为单一运输合同和联合运输合同。

会展运输合同具有以下法律特征。

(1) 会展运输合同是双务有偿合同。承运人提供运输服务,帮助旅客或货物到达其目的地;旅客、托运人或收货人则为此支付运费。

(2) 会展运输合同一般为诺成合同。为约束承运人、旅客或托运人的行为,充分保护双方当事人的利益,一般认为运输合同为诺成合同,旅客购买了客票或托运人领取了托运单即认为运输合同成立。

(3) 会展运输合同一般为格式合同。运输合同的主要内容和条款一般是由国家授权的交通运输部门统一制定,有关当事人的权利义务和责任一般由专门法规规定,并统一印制在客票、货运单或提单上,当事人一般无权自行变更。在实践中也存在运输合同不是格式合同的情况。

(4) 会展运输合同的标的是运输行为。运输合同的标的不是被运输的旅客和货物,也不是一般劳务,而是运输行为。就承运人的一般法定义务来说,承运人应当在约定期间或者合理范围内将旅客、货物安全运输到约定地点;应当按照约定的或者正常的运输路线将旅客、货物运输到约定地点;从事公共运输的承运人不得拒绝旅客、托运人正常、合理的运输要求。权利与义务是相对应的。根据《合同法》第二百九十二条的规定,旅客、托运人或者收货人应当支付票款或者运输费用。承运人未按照约定路线或者正常路线运输而要求增加票款或者运输费用的,旅客、托运人或者收货人可以拒绝支付增加部分的票款或者运输费用。

(二) 会展运输合同的主要内容

会展运输合同的主要内容包括:

(1) 货物的名称、规格、数量、条款及包装要求。

(2) 货物起运地点及到达地点。

(3) 货物起运日期及到达日期。
(4) 运输质量及安全要求。
(5) 货物装卸责任和方法。
(6) 收货人验收办法。
(7) 运输费用及结算方式。
(8) 托运方的权利义务。
(9) 承运方的权利义务。
(10) 收货人的权利义务。
(11) 其他条款。
(12) 订立合同的时间。
(13) 签章。

合同例文

进口货物运输代理合同

甲方（委托方）：裕骏达国际货运有限公司

甲方详细地址：广东省深圳市深南东路 4002 号鸿隆世纪广场 A 座 21-22 楼

乙方（受托方）：

乙方详细地址：

甲方决定委托乙方代理甲方运输进口货从香港到_____的全程运输事宜。双方本着优势互补、权责明确的合作原则，经友好协商达成如下协议，以便共同遵守。

第一条　合作关系

1.1　甲方委托乙方代理其赴_____进口货的全程运输事宜。

1.2　乙方接受甲方之委托，负责代理甲方_____全程监管报关运输等具体事宜，确保按照双方依本合同确认的服务内容、价格及条件严格履行。

第二条　双方的责任及义务

2.1　甲方的责任及义务

2.1.1　甲方需要根据双方书面约定好的最晚文件截止时间和最晚货物截止时间前提交相应的文件和货物。依据不同贸易方式提供全部所需正本单证并书面通知乙方上门提货时间或是货物送达乙方指定仓库时间。

2.1.2　甲方需要保证所有经过乙方托运的货物均符合出口国及目的国的基本法律规范并保证所发运货物不存在侵犯知识产权或商标等问题，不得夹带易燃易爆物品及国家规定禁止出口之物品。所有发运物品均需要详细如实申报，不得私自携带未申报的物品，否则展商自行承担可能引起的风险和额外支出，乙方只能尽全力帮助协调但不能做任何承诺。

2.1.3　甲方自行负责展品的包装，包装箱要适合长途运输、反复装卸和多次转运，必须采用坚固的材料包装，包装材料最好是免熏蒸或已熏蒸后的木质材料，装箱时须做好防潮、防震、防破等措施。特殊提示请遵循国际通用的标志和符号。

2.1.4 保证按照双方确认的付款方式、计划、金额及时将相关费用支付给乙方。

2.1.5 在全程合作过程中,甲方应负责或授权乙方购买货物的各类运输保险;除乙方之外,甲方以及保险公司可将任何第三人作为行使代为求偿权的对象。

2.1.6 负责维护乙方的形象和利益。

2.2 乙方的责任及义务

2.2.1 负责及时办理甲方展览品全程运输的必要手续并向甲方及时反馈展品运输情况。

2.2.2 在正常的操作环境下,按照甲方的指示,将展品于指定日期之前将展品派送至展览会指定仓库。

2.2.3 乙方公司指定展出国代理派相关人员负责协调所有和展览品运输报关相关工作。

2.2.4 乙方代理运输甲方货物期间,应尽货运代理人职责。若货物在乙方代理运输期间发生灭失、损坏、货差以及迟延交付,作为代理人,乙方承担过错责任;为代理业务的高效操作,乙方可以就拖车、报关、报税、空运、海运等受托事项内容根据实际需要转委托,甲方不再就具体事项向乙方一一授权。

2.2.5 按甲方要求,乙方应负责完成甲方展览品在展出国的永久进口手续。

2.2.6 乙方应负责维护甲方的形象和利益。

第三条 合同费用及付款方式

3.1 全程运输费用:￥33 800元(工厂提货至美国拉斯维加斯五金展 National Hardware 展会指定仓库为止)。

展出国进口关税及增值税:预收 20% CIF VALUE,最终以展出国海关税单为准,多退少补;加收 15% 关税代垫手续费,MIN RMB 350。

3.2 付款方式:甲方须在开船后 7 日内付清全额运输费用到我司指定公账账户(包括我司在目的港代缴的关税、增值税)。

3.3 如果甲方未能在前一条款约定时间内支付到乙方的如下账户,每逾期一天,向乙方额外支付应付款项的千分之三的滞纳金作为违约金;同时,乙方可以认为甲方已放弃参展活动,有权单方解除或变更合同,处理货物并要求甲方赔偿其损失。

乙方银行账户信息如下。

公司名:裕骏达国际货运有限公司(UNITEX LOGISTICS LTD.)

开户行:中国银行深圳分行文锦渡支行

人民币账号:819800511208O9××××

美元账号:819800511208O9××××

3.4 未尽事宜,双方协商解决,协商不成应将争议提交乙方所在地人民法院解决。

第四条 附则

4.1 本合同之附件(报价文件/展会运输指南)是本合同不可分割的组成部分,与本合同具同等法律效力。

正式签订确认后不得随意更改。未尽事宜或遇特殊情况需签补充合同时,须经双方协商签订,否则视为无效。

4.2 本合同一式两份,经双方代表签字盖章即生效。甲、乙双方各执一份,具有同等法律效力。

甲方：　　　　　　　　　　　　　　乙方：裕骏达国际货运有限公司
代表：　　　　　　　　　　　　　　代表：
签订时间：___年___月___日　　　　签订时间：___年___月___日

六、会展承揽合同

（一）承揽合同的概念和特征

承揽合同是承揽人按照定做人的要求完成工作，交付工作成果，定做人给付报酬的合同。完成工作并交付成果的一方称承揽人，接受承揽人的工作成果并给付报酬的一方称为定做人。承揽人完成的工作成果称为定做物。承揽活动是人们生产、生活不可缺少的民事活动，诸如加工、定做、修理、印刷等，均与人们的生产、生活息息相关，故承揽合同是现实社会生活中广泛存在的合同类型。

承揽合同具有以下特征。

1. 承揽合同是承揽人独立地提供劳务的合同

承揽人以自己的设备、技术和劳动独立地为定做人完成一定的工作，并交付成果。在承揽合同关系中，定做人所注重的是承揽人的人力、技术设备等劳动条件，因为这些劳动条件对工作成果起决定作用，而工作成果的质量决定着定做人的特殊物质利益能够得到保障的程度。所以，承揽人独立为定做人完成一定工作是承揽合同的特点之一。定做人所需要的不是承揽人的单纯劳务，而是其劳务的结果即工作成果，承揽人的劳务体现在其完成的工作成果上，所以说承揽合同是承揽人独立地提供劳务的合同。

2. 承揽合同的标的具有特定性

承揽合同的标的是承揽人完成并交付的工作成果。这一工作成果既可以是体力劳动成果，也可以是脑力劳动成果，但它必须具有特定性，是按照定做人的特定要求，能够满足定做人特殊需要的物或其他财产，同时，它又是承揽人独特的劳动的产物。承揽合同的标的物，是不能通过市场大量供应的，而只能由承揽人依定做人的要求通过自己与众不同的劳动技能来完成。

3. 承揽合同是双务、有偿合同

承揽合同一经成立，当事人双方均负有一定义务，双方的义务具有对应性，一方的义务即为他方的权利，所以是双务合同。在承揽合同关系中，承揽人的义务表现为按照定做人的要求完成工作，交付工作成果；定做人的义务是受领该工作成果支付约定的报酬，双方当事人任何一方从另一方取得利益均应支付对等价款，因此，承揽合同为有偿合同。

4. 承揽合同是诺成、不要式合同

承揽合同当事人双方意思表示一致即可成立生效，而不以当事人一方对标的物的实际交付为合同成立生效要件，所以是诺成合同。当事人的意思表示可以采用口头形式，也可以采用书面形式，实践中大量的承揽合同是口头合同，所以承揽合同多数是不要式合同。对于生产上的承揽合同或者需较长时间才能完成的项目,应当采用书面合同形式。

(二) 会展承揽合同的主要内容

会展承揽合同的主要内容包括:
(1) 合同双方的名称或姓名、地址、法人代表姓名。
(2) 委托标的物介绍。
(3) 标的物的数量、质量等要求。
(4) 标的物的验收办法。
(5) 合同履行的地点、期限、方式。
(6) 报酬的支付及支付方式。
(7) 解决争议的方式。
(8) 其他条款。
(9) 订立合同的时间。
(10) 签章。

 合同例文

展会展厅搭建合同

甲(下称"甲方"):_____
地址:_____
电话:_____
传真:_____
乙(下称"乙方"):_____
注册地址:_____
办公地址:_____
电话:_____
传真:_____
甲委托乙完成_____展会展位搭建项目。经双方友好协商,达成以下协议。
1. 项目内容:乙方为甲方搭建本次展览会展位(详见双方确认效果图)。
2. 工程地点:_____。
3. 工程总价:RMB_____元,即人民币_____。详细名录见附件报价单。
4. 付款方式。
(1) 合同签订日,甲方支付给乙方 RMB_____元预付款,(即人民币_____整)。以电汇/支票方式付款。
(2) 尾款 RMB_____元(即人民币_____)在展会布展完毕后(____年____月____日前)一次性付清。
5. 搭建时间:____年____月____日至____年____月____日。
   撤展时间:____年____月____日。
6. 施工工程要求。
(1) 按照双方确认的效果图,在合同规定的时间完成制作搭建。制作内容以效果图和施工图要求为准,如有新增内容,费用另计。

(2) 乙方负责制作、搭建、拆展及展期维护工作。

(3) 由于甲方原因造成加班,费用由甲方承担;由于乙方原因造成加班,费用由乙方承担。

7. 设计变更。

(1) 双方对会审后设计进行变更,需经双方同意,并形成书面材料,做追加处理。因此而产生的增加费用由甲方负担。

(2) 甲方在施工进行过程中提出设计变更要求,乙方原则上予以最大程度配合。是否变更视时间、工程量等实际情况,双方协商而定。

8. 双方职责。

(1) 甲方职责。应及时向乙方提供所做展厅所需要的资料,并按约定及时付款。否则影响展位的施工进度由甲方负责。场馆方面所收的特装管理费、电源接驳费由乙方负责。其他均由甲方负责。

(2) 乙方职责。在施工过程中应确保周围的原始环境,如有破坏性施工,应征得甲方同意,否则由乙方负责赔偿。负责展位搭建、运输、加班一切费用。展览期间,乙方必须派专人在现场维护。乙方在特装施工期间的安全由乙方负责,如发生安全意外与甲方无关。

9. 验收。

乙方保证在搭建时间内按照展馆要求及时搭建完毕,施工结束由甲方验收,甲方必须在施工结束后 2 小时内按双方确认图纸,进行验收,现场效果与效果图大约一致;如有问题须当场向乙方项目负责人员提出,以便双方提出整改方案;如没有问题,则须在由乙方提供的工程确认单上确认签字。如甲方无人在现场验收,展会正常举行,即表示甲方同意。

10. 撤馆时乙方提供的所有材料均由乙方收回。

11. 违约责任。

(1) 本合同受已公布和生效的中国法律约束。另如任何一方违约(包括质量、期限、付款),若发生争议属合同未提及的条款,甲乙双方应尽量立足于解决问题,以友好的态度协商解决。

(2) 未办理验收手续,甲方提前使用或擅自动用工程成品而造成损失的,由甲方负责。

(3) 因一方原因,造成合同无法继续履行时,该方应及时通知另一方,办理合同终止手续,并由责任方赔偿对方合同款的 100% 作为违约金。

(4) 甲方未按期支付工程款的,每延误一天向对方支付滞纳金为合同总价的____%。

(5) 乙方需在上述限定时间内完成工程搭建,展台搭建效果应达到设计方案的要求,若达不到要求导致效果不满意,乙方应尽力修改,直至客户满意。

(6) 由甲方现场临时变更或修改项目材料,造成工期延误,以及增加费用由甲方负担。在施工过程中有增加项目,由乙方做出预算经甲方确认后,进行制作安装。如甲方不认可,乙方有权拒绝增加项目和安装。

(7) 合同争议的解决方式。双方发生争议协商解决不成时,应在乙方所在地人民法院起诉解决。

12. 本合同一式两份,双方各执一份。合同一经盖章、签字、乙方收到预付款,即刻生效。

工程结束且款项全部结清后,本合同自行失效。

13. 本合同传真同样有效,合同未尽事宜,双方协商解决。

备注:若由不可抗力因素导致的展会搭建无法进行,乙方不承担责任。

甲方: 盖章:	乙方: 盖章:
法人或代表签字:	法人或代表签字:
	开户行:
	账号:
日期: 年 月 日	日期: 年 月 日

七、会展仓储合同

(一) 仓储合同的概念和特征

仓储合同是指当事人双方约定由保管人为存货人保管储存的货物,存货人支付仓储费的合同。仓储合同具有以下特征。

(1) 保管人必须具有仓库营业资质,即具有仓储设施、仓储设备,专事仓储保管业务。

(2) 仓储合同的对象仅为动产,不动产不可能成为仓储合同的对象。

(3) 仓储合同是诺成合同,自成立时生效。

(4) 仓储合同为不要式合同,可以是书面形式,也可以是口头形式。

(5) 仓储合同为双务、有偿合同,保管人承担储存、保管的义务,存货人承担支付仓储费的义务。

(6) 保管人应当给付仓单。

(二) 会展仓储合同的主要内容

会展仓储合同的主要内容包括:

(1) 合同双方的名称或姓名、地址。

(2) 仓储物的品名或品类。

(3) 仓储物的数量、质量等。

(4) 仓储物验收的内容、标准、方法、时间及验收人的资质条件。

(5) 仓储物保管条件的要求。

(6) 仓储物入库与出库的手续、时间、地点、运输方式。

(7) 仓储物自然损耗的标准和对损耗的具体处理办法。

(8) 仓储物计费的项目、标准、计算方法。

(9) 仓储物结算的方式。

(10) 合同的有效期限。

(11) 合同的变更及解除方式。

(12) 损害赔偿责任的具体划分。

(13) 违约责任。

(14) 解决纠纷的方法及申诉部门。

(15) 其他条款。

(16) 订立合同的时间。

(17) 签章。

八、会展供用电、水、热力合同

(一) 供用电、水、热力合同的概念和特征

以供用电合同为分析对象,简要介绍供用电、水、热力合同的定义和特征。供用电合同又叫电力供应合同,是指供电人向用电人供电,用电人支付价款的合同。供用电合同的供电人是全国各地具有企业法人资格的供电局,用电人则十分广泛,包括国家机关、企业、事业单位、各类社团法人、个体工商户、农村承包经营户和广大城乡居民。

供用电合同主要有以下法律特征。

(1) 供用电合同的标的是电力。电力是一种特殊的、无形的物质,不能用其他东西代替履行,电力是一种特殊的能源、特殊的商品,电的产生、供应和使用同时进行,是一个统一的不可分割的过程。

(2) 供用电合同是一种相对长期、稳定的合同。供用电双方一般都订立长期合同,其履行方式表现为一种持续状态,双方当事人权利、义务比较稳定。电力在现代社会已成为必不可少的能源,所以供用电合同签订后除非有特殊原因,一般不会变更、解除或终止合同。

(3) 供用电合同是格式合同,电力供应方一般都提供合同的具体内容,而用电方只有同意或不同意的选择,处于相对从属的地位。

(4) 供用电合同是双务、诺成合同。供用电合同中,由供电方承担供电义务,由用电方承担支付价款的义务,因而是双务合同。尽管供电方在供用电合同中处于主导地位,但合同一经成立,就必须按照国家的规定和合同的约定,供应电力,不得滥用自己手中的职权或垄断权。

(二) 会展供用电、水、热力合同的主要内容

会展供用电、水、热力合同的主要内容包括:

(1) 供电、水、热力方式,供电质量和供电、水、热力时间。

(2) 用电、水、热力容量,用电地址,用电、水、热力性质。

(3) 计量方式和电、水、热力价,电、水、热力费结算方式。

(4) 供用电、水、热力设施维护责任的划分。

(5) 合同的有效期限。

(6) 违约责任。

(7) 其他条款。

(8) 订立合同的时间。

(9) 签章。

九、参展合同

(一) 国内展会合同

国内展会合同如下所示。

合同例文

参 展 合 同

合同编号：_____

承办方：_____（以下简称"甲方"）
参展方：_____（以下简称"乙方"）
_____博览会将于____年____月____日至____年____月____日在____举办。甲方为该展会组织承办方。乙方为该展会参展方。为了保证展会正常进行，维护双方共同利益及声誉，本着自愿、平等合作、互惠互利的原则，订立本合同，以兹双方共同遵守。

第一条　展位情况

1. 乙方参展展位位置：_____。
2. 乙方参展面积：_____平方米。
3. 参展场租价格：单价____元/平方米，总计____元（大写：____元整）。

第二条　付款方式

1. 本合同签署后7个工作日内支付总费用的20%作为定金；剩余80%的款项于展会结束后十个工作日内支付。乙方付款前，甲方开具相应金额增值税专用发票。
2. 付款方式：电汇。
3. 乙方开户行：_____。

账号：_____。

第三条　权利和义务

1. 甲方因外部因素改变展会日期或地点的，应提前一个月通知乙方，乙方同意接受的协议仍然有效；乙方拒绝接受的可解除合同，甲方返还乙方预付款。甲方于展会开始前一个月内更改展会日期、地点的，按照合同总金额10%支付乙方违约金并赔偿乙方布展费用等损失。
2. 甲方应对乙方和参观者采取安全预防措施。
3. 未经甲方的书面同意，乙方不得将展位全部或部分转租或分派给他人，乙方对展厅墙面或其他部位的损坏要负责任，未经甲方同意，乙方不得更改地面、天花板、展馆柱面或墙面。
4. 乙方于____年____月____日前完成展位布置，甲方应为乙方布展提供必要的便利。于展会结束后两个工作日内完成撤展工作，否则由此引起的损失和延误，乙方应向甲方做出赔偿。

第四条　违约责任

1. 乙方违约，或提出退展，甲方可依据下列条件允许乙方退展。

（1）乙方书面告知甲方其退展申请，若甲方同意乙方退展，书面通知乙方。

（2）乙方推展的，定金不予返还。但经甲方同意返还的除外。

（3）由于乙方未遵守本合同条款的规定，或未在上述规定的期限内支付场租费，甲方将以书面形式通知乙方解除本合同，定金不予返还。

2. 由于不可抗力致使展会被取消、暂停或缩短展期，双方互不承担违约责任。不可抗力是指不能预见、不能克服、不可避免的情况。

3. 除上述约定以外，任何一方违反本协议的约定，给对方造成损失的，应承担赔偿责任。

第五条　附则

1. 双方在履行本合同中产生的纠纷，应友好协商解决，不能协商解决的，提交展会所在地法院裁决。

2. 本合同一式捌份，双方各执肆份，具有同等的法律效力，经双方盖章有效。

3. 本合同除要求手写项外，手工涂改、增减条款均视为无效。

甲方（盖章）：　　　　　　　　　　　　乙方（盖章）：

法定代表人：　　　　　　　　　　　　　法定代表人：

签署期：　　　　　　　　　　　　　　　签署日期：

（二）参加由中国组展单位组织的国外展会

参加由中国组展单位组织的国外展会合同如表5-5所示。

表5-5　中国组展单位组织的国外展会合同

展会名称				展会地点		
参展企业信息							
参展单位名称						
参展单位地址						
联系人				电　话		
电子邮件				传　真		
参展产品				网　址		
				有无展品运输		
展位预定信息						
展位号		展位面积		是否双开口		（双开口展位费加收10%）
备　注	① 此展位编号为"临时自编号"，组委会于开展前一个月提供"最终编号"。 ② 若国外组委会统一调整展会时间、地点或展位的情况，双方均需服从组委会统一安排。					
费用明细	注册费	£_____欧/企业	报名费	￥_____元/企业（免收）		
	展位费	£_____欧/平方米	人员境外费	￥_____元		
	合　计					

参展单位在提交《境外展会参展协议》同时将展位定金￥_____元（至少展位费的一半）（如订展时间为展前60日以内，请交齐展位全款）、人员定金￥_____元及报名费￥_____元，共计：￥_____元汇入我司以下指定账户，并将汇款底单传真至_____，以便保留展位；尾款按我司付款通知时间支付。逾期按自动退展处理，我司保留处理展位的权利。

账户信息　　户　名：

　　　　　　开户行：

　　　　　　账　号：

参展约定:
(1) 参展单位与组团单位在充分了解本届展会的基础上,本着自愿、平等、互利的原则签订此协议。
(2) 筹展工作展开后,因参展企业自身原因取消展位,将根据取消时间不同参展企业需要支付相应的展位费用,展前90日内取消展位须支付全额展位费;展前120日内取消展位须支付50%展位费;展前180日内取消展位须支付20%展位费;组团单位保留处理展位的权利。由于不可抗力或非组团单位的责任而不能履行出团计划的,组团单位有及时通知参展单位的义务,扣除已支出的费用后悉数退回。

展位标准配置:木制围板、红色或蓝色地毯、储藏室1间(100cm×100cm)、1张长形洽谈桌、3把椅子、1张凳子、1张接待桌、垃圾桶、衣帽钩、电源、插线板。如需增租其他展具,请在展前30日提交展具租赁申请表。
(3) 人员费为团进团出行程费用,有效期在出团前30日,行程安排默认为经济舱、当地四星酒店双人标间,展前30日内增加人员或调整行程,组团单位需重新核算价格。

如参展人员拒签,组团单位扣除_____元/人签证费,余款悉数退回。展前30日内不接受人员退团,已缴人员费恕不退还。如因参展企业自身原因取消随团人员,根据取消时间不同参展企业须支付相应已支出费用。由于不可抗力或非组团单位的责任而不能履行出团计划的,组团单位有及时通知参展单位的义务,扣除已支出的费用后悉数退回。

人员费包含:签证费,国际往返机票、酒店、交通、餐饮、导游等,详见行程单。
(4) 参展人员必须遵守展会举办国及展会主办方的相关法律和规定,服从领队安排,展期结束后按期随团回国,不得滞留;如因自身原因或违规而造成不必要的损失,一切后果参展企业自行承担。
(5) 筹展工作时间安排:____月____日前确定参展人并提交签证所需资料,____月____日前确定展具租赁信息、会刊登录信息、宣传册登录信息,并支付展位及人员尾款____月____日前组团单位发出出团手册。
(6) 本合同一式二份,盖章回传后生效,传真复印件与原件具有同等法律效力,展会结束后一个月双方无异议,合同自动终止。本合同经双方协商签订,合同内容视为商业秘密,参展单位不得将本合同内容泄露给第三方,如发现此类情形并属实,我司保留追究其法律责任及要求赔偿的权利。如双方发生争议,则通过组团单位所在地法院予以解决。

组展单位:
地　　址:
联系方式:

组展单位盖章:	参展单位盖章:
负责人签字:	业务人员:
日　　期:	负责人签字:
	日　　期:

(三) 境外观展合同

境外观展合同如表5-6所示。

表5-6 境外展会观展协议

协议编号:

*展会名称			
*观展单位			
*观展单位地址			
*联系人		*电话	
*电子邮件		*传真	

* 组织机构代码				* 网　　　址	
* 因公出国任务通知书主送单位(外办名称):					
费用明细	报 名 费:		¥		元/企业
	人员境外费:		¥		元/人
	合　计:		¥		元

观展单位在提交《境外展会观展协议》同时将人员定金_____元及报名费_____元,共_____元汇入我司以下指定账户,并将汇款底单传真至_____。

户　　名:
开户行:
账　　号:

观展约定:
(1) 观展单位与组团单位在充分了解本届展会的基础上,本着自愿、平等、互利的原则签订此表。
(2) 观展单位须遵守展会的各项规定,了解本届展会的所有合同条款。如因违规(约)而造成不必要的损失,观展单位应承担相应的全部责任。
(3) 观展单位应严格遵守展览举办国的相关法律。观展单位因违法、复制或者窃取参展单位产品产生的侵权行为而引起的法律纠纷与组团单位无关。
(4) 为保证观展工作顺利进行,观展单位有责任按照组团单位各项通知中规定的时间办理护照、提交相关资料、人员和行程确定等各项工作。如因观展单位延误时间而影响以上各项工作,责任与组团单位无关。
(5) 观展单位有责任按时交纳各项观展费用。如观展单位未能按时交齐各项费用,将被视为自动放弃观展;观展单位须服从带队人员统一安排;如发生观展单位人员在境外非法滞留,由此引起的一切责任和经济损失由观展单位承担。
(6) 观展人员被拒签或未能及时得到签证的,组团单位将本着减少观展单位损失的原则妥善处理,但业已发生且不能取消的费用由参展单位自行承担。签证有风险,请准备候补人员。
(7) 由于不可抗力或非组团单位的责任而不能履行观展计划的,组团单位应及时通知观展单位,并将观展单位所付费用扣除已支出的费用后全额退回。
(8) 观展单位填写本表后,请加盖单位公章后传回我司,此表复印(或传真)件与原件具有同等法律效力。
(9) 本观展申请表视同正式合同,若观展单位单方面违约取消观展,已付所有费用不退,并承担全部违约后果和法律责任。
(10) 本合同适用于中华人民共和国的法律管辖。合同双方如发生争议,通过组展方住所地法院予以解决。
(11) 本合同一式两份,于盖章回传后生效,在展会结束后合同自动终止。

组展商:
地　　址:　　　　　　　　　　　　　　邮政编码:
电　　话:　　　　　　　　　　　　　　传　　真:
联系人:　　　　　　　　　　　　　　　手　　机:

组展单位盖章:　　　　　　　　　　　　观展单位盖章:
负 责 人 签 字:　　　　　　　　　　　　负 责 人 签 字:
日　　　期:　　　　　　　　　　　　　日　　　期:

十、代理合同

在会展活动中,很多行为是代理他人而产生的,在此过程形成的合同为代理合同。

展会代理协议（中英文对照）

FIRST CLAUSE The principal, as the organizer of **TEXFAIR HOME-Feira Internacional de Produtos Têxteis e Decoração para o Lar**, which will be held at **PARQUE VILA GERMÂNICA**, located on Rua Alberto Stein, 199, Bairro da Belha, Blumenau City, Santa Catarina State, Brazil, **within June 24th to June 27th, 2014**, nominates the AGENT to promote the sale of physical spaces for the aforementioned Fair.

一、主办方将于2014年6月24日至6月27日举办TEXFAIR HOME（家纺展），任命你方为代理，招募展会。

SECOND CLAUSE In view of this agreement the PRINCIPAL gives exclusivity to the AGENT to sell 1600m² (one thousand and six hundred square meters) of the area of Hall 3 for the 2014 edition of TEXFAIR HOME.

Sole Paragraph This agreement establishes only the Republic of China as the service territory.

二、主办方给代理独代权，于2014届的展会在3号馆销售1600平方米。

独代权仅在中华人民共和国领土范围内。为确保代理商完成所约定的展位销售，所有中国企业不得直接向主办方报名，或不经过代理方的同意，就直接参加此展会。否则，主办方有权拒绝这些企业参加此展会。

THIRD CLAUSE In view of the established in the previous clause, the AGENT, on behalf of the PRINCIPAL, may sell directly to third parties the spaces corresponding to the area allotted to him exclusively, paying to the PRINCIPAL the amount of USD 230.00 (two hundred and thirty U.S. dollars) per square meter, representing a payment obligation of USD 368 000.00 (three hundred sixty-eight thousand U.S. dollars). This amount will be paid as follows：

三、代理方将代表主办方，直接向第三方销售合同中约定的展位，按230美元/平方米的价格支付给主办方，所以总售价为368 000美元。费用支付分为以下阶段：

A. 30% of the available area, more precisely, 480m² (four hundred and eighty square meters) shall be paid within 20 (twenty) business days after signing this contract, representing the amount of USD 110 400.00 (one hundred and ten thousand and four hundred U.S. dollars);

A. 30%的展位费，确切地说是480平方米的展位费，要在合同签订后20日内支付给主办方，共计110 400美元；

B. 40%(forty percent) of the available area, more precisely, 640m² (six hundred and forty square meters), which must be paid no later than October 10th, 2013, representing the amount of USD 147 200.00 (one hundred and forty-seven thousand and two hundred U.S. dollars);

B. 40%的展位费，确切地说是640平方米的展位费，要在2013年10月10日前支付给主办方，共计147 200美元；

C. 30% (thirty percent) of the available area, more precisely, 480m² (four hundred and eighty square meters) shall be paid on December 20th, 2013, representing the amount of USD 110 400.00 (one hundred and ten thousand and four hundred U.S. dollars);

C. 30%的展位费,确切地说是 480 平方米的展位费,要在 2013 年 12 月 20 日支付给主办方,共计 110 400 美元;

First Paragraph   The payment obligation is assumed independently from the utilization or not of contracted space and should be made by wire transfer to the PRINCIPAL.

1. 付款由代理方独立承担,并由电汇方式支付给主办方。

Second Paragraph   The parties establish that in case TEXFAIR HOME 2014 is cancelled up to 60 days prior to its date, for whatsoever the reason may be, the PRINCIPAL assumes the obligation to return the payments previously made by the AGENT, in the manner and form as received.

2. 如果 TEXFAIR HOME 2014 在离举办日 60 日之前取消展会,不论任何原因,主办方都会将代理预先支付的所有款项返还。

Third Paragraph   Occurring the cancellation during the 60 (sixty) days before the date of the Fair, the amount paid by the AGENT will not be returned, but it will be given as a credit equal to the space paid, to be used on the next TEXFAIR HOME.

3. 如果在离举办日 60 日之内取消展会,定金将不予返还,会作为下届展会中同等价值的展位费。

Fourth Paragraph   It is established between the parties that the AGENT, whether or not it sells the allocated space, it will be required to pay the PRINCIPAL at least 80% (eighty percent) of the square meters that are intended to sell. Therefore, the minimum amount that must be paid is USD 294 400.00 (two hundred ninety-four thousand and four hundred U.S. dollars).

4. 双方约定不论代理方是否卖光指定展位,都要支付给主办方至少 80%的展位费。就是说最少要支付给主办方 294 400 美元。

FOURTH CLAUSE   It is understood between the parties that the conditions herein are unique and incorporate and supersede any verbal or written agreements previously established by the parties.

四、双方在此达成独一无二的协议,取代双方之前任何口头的或书面的约定。

First Paragraph   The AGENT is aware and agrees to cede space only one (01) exhibitor per booth and that the names of the corresponding companies will be informed to the PRINCIPAL up to 90 days prior to the event, and that only those companies duly registered will have access to the mounting of the booths and to the Fair exhibition.

1. 代理同意按一个展位一家展商的原则招展,并在展会前 90 日内将相关展商的信息告知主办方。只有提前注册的展商才有时间装修其展位。

Second Paragraph   The AGENT can only sell booths to Chinese companies willing to exhibit the following products: decorative fabrics, curtains, wall coverings, wall papers, upholstery fabrics, home decor and carpets.

2. 代理方只能向中国企业销售展位,展品范围包括：装饰布料、窗帘、墙面涂料、壁纸、装饰织物、家居装饰和地毯。

Third Paragraph The AGENT may not assign booths to Chinese companies willing to exhibit the following products: bedding (which includes fabrics for bed items), bed cushions, bath + hand towels, wash cloths and bath mats, table linen which includes kitchenware, table & chair covers and placemats.

3. 代理方不可以招募以下产品的展商：床上用品(包含床用布料)、靠垫、洗浴用品、毛巾、洗浴用布、浴室脚垫、餐桌布(包括厨房用桌布、桌凳布、餐具垫)。

FIFTH CLAUSE The AGENT is allowed to exercise its activities to other companies or doing business on its name and on its own in BRAZIL, as long as such companies are not a competitor of the PRINCIPAL. More precisely, it cannot do business in BRAZIL with companies which have the same focus or object that TEXFAIR HOME-Feira Internacional de Produtos Têxteis para o Lar.

五、代理方可以授权其他公司以其自己的名义或以主办方的名义在巴西范围内招募展会,前提是代理方的合作方不是主办方的竞争者。确切地说,代理方在巴西的合作方不可以在与主办方招展重点区域相冲突的区域招募。

SIXTH CLAUSE The AGENT is required to provide the PRINCIPAL, when prompted, detailed information on the progress of the space sales and should spare no efforts to sell the entire area herein contracted.

六、代理需要向主办方提供招展进度的详细信息,并不遗余力地进行招展工作,卖掉约定的全部面积。

SEVENTH CLAUSE Unless with written permission, the AGENT may not grant rebates or discounts in the price per square meter established in third clause of this instrument, or act contrary to the PRINCIPAL's instructions. Occurring such situations will cause the duty to indemnity.

七、除非得到书面许可,代理不可以在第三条约定的价格基础上获得回扣或折扣,更不可以与主办方的价格说明背道而驰。如发生上述情况,代理方将做出赔偿。

EIGHTH CLAUSE To serve its special customers, the AGENT is also entitled to a space of 200m^2 (two hundred square meters) at the price established in Third Clause, also observing what is established in the Second and Third Paragraph of Fourth Clause.

八、为服务于其特殊客户,代理方有权在第三条约定的价格基础上享有200平方米的空间,但是也必须遵守第四条的第2点和第3点。

The payment for this specific area must be made 90 days prior to the Fair.

在特殊区域的招展,需在展会前90日付款。

NINETH CLAUSE All the expenses for the normal exercise of AGENT's activity will be on its account.

九、代理方正常招募的展位都要以它自己的账户进行财务往来。

TENTH CLAUSE This contract terminates in the date set for its completion, more precisely by the end of the 2014 TEXFAIR HOME or upon written contract renewal.

十、本协议终止于展会结束,确切地说终止于2014年TEXFAIR HOME展会结束,或者合同续签日之前。

ELEVENTH CLAUSE The exhibitor's obligations to occupy a booth space at the Fair, without prejudice to other laid down herein and in accordance with regulations of the Fair, its implementing rules and guidelines in the EXIBITOR PROCEDURE MANUAL, which is an integral part of this contract, as if it were transcribed, and mandatory obedience. The AGENT, when assigning the spaces to its customers, should include in the corresponding contracts, the rules of the Fair, which all participants must observe and comply with.

十一、参加展会的展商有义务不影响其他展商,并遵守展商参展指南中提及的规则、实施细则和指导方针,这也将作为合同的组成部分。如果发生违规情况,主办方有权强制使其服从。代理方与展商也必须签订销售协议,并约定展商同意遵守展会规则。

First paragraph On the contracts that the AGENT celebrates with its customers, it should state that the exhibitor may not transfer, in whole or in part, any rights obtained or liability assumed in relation to the event, nor cede any portion or the entire area that is leased.

1. 代理人必须与其客户展商达成协议,展商不得转让展位。整个展位或部分展位、展会的权利及义务都不可以转让。展位也不可以转租。

Second Paragraph The exhibitor that acquires spaces from the AGENT must establish proper instrument with the PRINCIPAL, that enables his participation in the event, which will set all the mandatory rules of participation.

2. 从代理方获得展位的展商必须与主办方建立适当的沟通,以确保展商正常参展和一些强制性原则的落实。

TWELFTH CLAUSE The obligations of the PRINCIPAL, without prejudice to other laid down herein, are as follows:

十二、主办方的义务如下,在不损伤其他展商的权益的前提下:

Ⅰ. Yield the right of use of the space described in SECOND CLAUSE of this contract.

Ⅱ. Perform the services described in the EXHIBITOR PROCEDURE MANUAL.

Ⅲ. Arbitrate on omissions of the EXHIBITOR PROCEDURE MANUAL, as well as establish new rules which are necessary for the smooth functioning of the event.

Ⅰ. 遵守合同第二项约定的义务。

Ⅱ. 履行展商参展指南中描述的服务。

Ⅲ. 展商参展指南外,为了展会顺利进行所建立的新规则。

THIRTEENTH CLAUSE The noncompliance or violation, by any of the contracting parties, of any of the contractual obligations assumed, will give the innocent party the right to terminate this agreement, regardless of any warning or notification, subjecting the infringing party to contractual penalties.

十三、合同双方的任何一方违反合同和合同规定的义务时，另一方有权终止合同，并对无过失方支付违约金。

FOURTEENTH CLAUSE At anytime the PRINCIPAL PARTY may hire outsourcing services, change date, place, time, and event distribution plant now hired and determine new booth location, since it considers the changes necessary to the smooth progress and the success of the event, given the mounting technical requirements and comply with the dimensions laid down in the contract, without the exhibitor having the right to any type of compensation.

十四、在任何时候，主办方都有权出租外包服务，改变展会日期、地点、时间和展位分配站的租用，决定新展位的分配。为了展会顺利进行，主办方提供服务并与合同中规定的规模相符合。展商无权享受任何赔偿金。

Sole paragraph Identical procedures shall be adopted by the PRINCIPAL in unforeseeable circumstances or in cases of force majeure.

当不可预见的情况或不可抗拒的伤害发生的时候，主办方采取相同的程序。

FIFTEENTH CLAUSE In the event of any of the terms or provisions of this agreement be declared void or illegal, for final decision, in accordance with applicable law, the clause in question shall be regarded as not written, not invalidating the effectiveness and enforceability of contractual provisions.

十五、如果本协议中陈述的任何条款或规定是非无效的或不合法的，最终处理将根据适用的法律，有争议的条款应该是非书面的、非无效的和非协议中的强制性条款。

Sole paragraph In case there is an event that determines the application of the caput, the clause declared invalid or illegal will be replaced by other leading contractors to the same legal or economic result desired.

如果有事件需要取决于有争议的条款，无效或不合法的条款将被其他同等律法低位或经济地位的法律所取代。

SIXTEENTH CLAUSE All notifications, summonses, interpellation or correspondence concerning or relating to this contract, under penalty of not being considered valid, should be forwarded, with acknowledgement of receipt, to the addresses listed in the qualification of the parties.

十六、当处罚被认为是无效时，与本合同有关的所有的通知、传票、质询或通讯，应该在双方合同中提及的地址进行执行并接收确认。

SEVENTEENTH CLAUSE This instrument does not establish any labor bonds, corporate or economic dependence between the involved parties contractually.

十七、合同双方约定不设立劳务基金，社团或经济依赖。

Sole paragraph It shall be the responsibility of the AGENT the labor and social security charges payable to the employees, as well as any incident tax, damages for accidents at work and compliance with labor standards in force, as well as the Municipal Postures code, in addition to complying with the provisions of the public bodies, absence of any species has function of solidarity or subsidiarity of the parties with respect to the obligations cited herein.

雇用工人发生的劳务费、社会保险费、其他事件的税金和操作上的损坏由代理方承担,并遵守劳动标准、遵守公共团体的规定,双方在团结和辅助性原则的不足之处参照此处。

EIGHTEENTH CLAUSE The AGENT and any exhibitor has no authorization to use the PRINCIPAL's brand, for its own benefit, in any kind of advertising without written permission, being sure that the misuse of the PRINCIPAL's name, trademark, patent or any other form of intellectual property, will result in termination of this contract and liability for losses and damages.

十八、如果没有书面许可,代理人和任何参展商未经授权不得为了谋取其自身利益以任何广告形式使用主办方商标。任何滥用主办方名称、商标、专利或者其他形式知识产权的行为,导致本合同终止的,应对所造成的损失负赔偿责任。

NINETEENTH CLAUSE The agent is aware and should expressly state in the contracts of assignment of spaces that the booths, as well as any goods, products and equipment that are inside, are not covered by insurance policy, there is no coverage by insurance policy for any types of accidents that might occur with the staff who are working at the booth, being a responsibility of the Exhibitor to acquire insurance against any risks.

十九、理人应知晓并在合同相应位置明确所有展位以及任何展馆内的货物、产品、设备均不在保险范围内,且任何可能对展台工作人员造成伤害的事故均未被承保,任何风险的保险责任均由参展商承担。

Sole paragraph The PRINCIPAL shall not be liable for damages or losses of any nature caused to people, products displayed or the third-party goods, before, during or after the event. This rule should be made clear to the exhibitors.

在展会前和展会后,主办方都没有义务负责任何性质的对人、展品或第三方物品造成的损坏和丢失。这条规则也要对所有的展商进行说明。

TWENTIETH CLAUSE This agreement is established on the basis of the principles of good faith, governed by the relevant legislation, especially the Brazilian Civil Code.

二十、本合同基于诚信的原则订立,并受相关法律约束,特别是《巴西民法典》。

TWENTY FIRST CLAUSE Constitutes the present contract, extrajudicial enforcement, the PRINCIPAL, in case of default of the AGENT, any clause or condition, promote their implementation, in the form of article 585, paragraph Ⅱ, of the Civil Procedure Act.

二十一、根据本合同的现有规定,在任何代理人违约的情况下,被代理人可根据《民事诉讼法》第585条第二款的规定主张法外执行。

TWENTY SECOND CLAUSE This agreement is signed in a non-reversible and irrevocable CHARACTER, obliging the parties, their heirs and successors for any reason whatsoever and at any time.

二十二、本合同应该用不可逆、不可撤销的字体签署,在任何时候下都约束双方和双方的继承人。

TWENTY THIRD CLAUSE　With express waiver of any other as privileged as it is, is the Court of the Judicial District of Blumenau-SC, elected as the sole jurisdiction to resolve any doubts arising from this instrument, and in such cases the losing party to pay court costs and attorneys' fees of the prevailing party.

二十三、由本合同产生的任何纠纷,应由布卢梅瑙地方法院专属管辖,且败诉方应支付诉讼费以及胜诉方的律师费。任何其他特权应明示放弃。

Sole paragraph　This contract is based on Brazilian law that will be the only one applicable in case of discussions about its validity and compliance.

本合同根据巴西法律订立,对其有效性和适用性发生争议时,应仅适用于巴西法律。

And in witness whereof, the present agreement is signed in 2 (two) copies of equal form, in the presence of 2 (two) witnesses who signed at the end, forcing all its loyal compliance.

Blumenau(SC), February 23rd, 2013.

为见证此合同,双方各签署2份,由2位见证人出席并在合同结尾签字生效。

布卢梅瑙,2013年2月23日

_____　　　　　_____
Vale Feiras Eventos Ltda.　　　　**Beijing ××× International Exhibition Co., Ltd.**
　　　　　　　　　　　　　　　　　　PRINCIPAL
　　　　　　　　　　　　　　　　　　AGENT

WITNESSES:
1. _____　　2. _____
　　Name:　　　　　　　　　　　　Name:

本 章 小 结

合同是民事活动最主要的法律形式。本章重点介绍合同的概念和分类、合同的法律特征、合同的法律适用和基本原则。本章阐述了合同订立的形式、内容与程序;合同的生效与担保;无效合同的判定与处理;合同的变更、转让与终止;违反合同的责任以及会展活动常见的合同种类等一系列重要问题,为进一步学习各种具体合同奠定了基础。

思 考 题

一、简答题
1. 如何认识合同的性质和法律适用?
2. 合同的条款有哪些?
3. 承诺生效的条件是什么?

4. 合同生效的要件是什么？

5. 合同担保的主要方式有哪些？

6. 违约责任的方式有哪些？

二、案例分析

原告大连××科技有限公司和被告上海××会展服务有限公司于 2014 年 12 月 15 日签订参展合同，约定原告参加被告在天津市滨海国际会展中心举办的某展会。原告于 2015 年 1 月 27 日付给被告参展费用 50% 即人民币（币种下同）7500 元，后被告将展馆转移至沧州。原告认为被告违反了合同相关条款，决定终止合同。2015 年 4 月 28 日，原告向法院提起诉讼，要求被告退还原告已付的 50% 参展费用 7500 元，并赔偿原告立案与开庭期间大连至上海的全程往返机票费用与住宿费等发生的一切费用 8000 元。

问题：

1. 被告是否应该退还原告已付的 50% 参展费用 7500 元？理由是什么？

2. 被告是否应该赔偿原告立案与开庭期间大连至上海的全程往返机票费用与住宿费等发生的一切费用 8000 元？理由是什么？

第六章

会展出入境管理法律制度

【学习目标】
1. 了解中国公民出入境管理制度。
2. 了解外国人出入境管理制度和边防检查制度。
3. 掌握边防检查站对行李物品的检查、出入境人员的权利和义务。

【重点难点】
1. 重点了解中国公民出入境的原则规定、证件及申请办理和出入境的权利、义务及其限制。
2. 掌握外国公民出入境的原则规定、证件及申请办理和出入境的权利、义务及其限制。
3. 掌握边防检查的主要内容及程序。

第一节　中国公民出入境管理法律制度

一、中国公民出境管理概述

中国公民出入境是指中国公民依照中华人民共和国法律,享有的出去或进入中国边境的一种权利,是一种依法享有的权利。

中国公民因私出境是指公民因定居、探亲、访友、继承财产、自费留学、就业、旅游和其他非公务活动的出境行为。除此以外的合法出境行为,都是因公出境行为。

二、中国公民出入境证件及申请的办理

(一) 中国公民出入境证件

1. 护照

护照是主权国家发给本国公民出入境和在国外旅行、居留的身份证件,证明其国籍、身份及出国目的,如图6-1所示。

(1) 护照的种类

护照按照持照人员用途不同来分类,可以分为外交护照、公务护照、普通护照以及特区护照。

① 外交护照是一国政府发给出国从事外交工作的政府高级官员、外交及领事官员、参

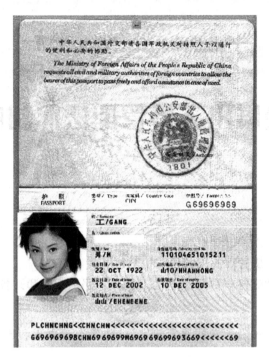

图 6-1　护照

加国际会议的政府代表团成员。也适用驻外外交官的配偶及未成年子女。

② 公务护照（官员护照）主要发给政府一般官员和驻外使、领馆的不具有外交职衔的工作人员。也适用于临时派往外国从事经济、文化、贸易等任务的人员。

③ 普通护照。普通护照是主权国家发给本国公民因公、因私出国所持的身份证明，如图 6-1 所示。

因公普通护照，主要是发给国家或单位派遣出国的留学生、进修生、研究生、劳务出国的各种工程技术人员、国境铁路工作人员、国际列车、国际航班的乘务员等。

因私普通护照，发给因私人事务而被批准出国的人员。具体包括出国定居，探亲访友、旅游、自费留学、出国就业、继承财产、治病、奔丧等。

另外还有一种特殊因私护照，即旅游护照，其有效期 1 年，只可使用一次，且只能随旅游团队一同出境。

④ 特区护照分为香港特别行政区护照和澳门特别行政区护照。

（2）护照的申请

申请护照时，按照法律规定，应由本人向户籍所在地的县级以上地方人民政府公安机关出入境管理机构提出申请，回答有关询问，提交下列文件：①中国公民出入境证件申请表；②居民身份证；③符合《出入境证件相片指引》标准的相片。

小贴士

2012 年 5 月 15 日起统一启用签发电子普通护照。已启用的电子护照，防伪性能有了根本性提高，办理程序上新增指纹采集等内容。电子普通护照是在传统本式普通护照中嵌入电子芯片，并在芯片中存储持照人个人基本资料、面像、指纹等生物特征的新型本式证件。电子普通护照的签发启用,标志着我国公民的国际旅行证件已迈入全数字化的新时代。

电子普通护照具有两大特点:①护照防伪能力更加强大。电子普通护照采用了大量新型高强度防伪工艺和材料,通过异型彩虹印刷、多层次无色荧光印刷、多色接线凹印、光彩油墨、激光穿孔打号、高分辨全息保护膜等几十项防伪技术,能够有效防范伪造变造护照行为的发生,保护持照人的合法权益。②护照图案设计更加美观。电子普通护照图案的主题为"辉煌中国",分别选取了31个省、自治区、直辖市及香港、澳门、台湾地区具有地域代表性的主题元素,以及"天安门""长城""天坛"等3个国家形象代表元素,以地域分布为主线,突出了民族融合、和谐共存的精神理念,勾画了祖国山河的雄浑辽阔、历史文化的源远流长,展示了当今中国的光辉形象。

(3) 护照的换发

2007年开始发行的护照是不能再延期的,只能申请换发。在国内,由本人向户籍所在地的县级以上人民政府公安机关出入境管理机构提出申请;在国外,由本人向我驻外使馆、领馆或外交部委托的其他驻外机构提出。

(4) 不予签发护照的情形

具有以下情形时,不予签发护照。

① 不具有中华人民共和国国籍的。

② 无法证明身份的。

③ 在申请过程中弄虚作假的。

④ 被判处刑罚正在服刑的。

⑤ 人民法院通知有未了结民事案件不能离境的。

⑥ 属于刑事案件的被告人或犯罪嫌疑人的。

⑦ 国务院有关主管机关认为出境后将对国家安全造成危害或者对国家利益造成重大损失的。

(5) 护照扣押、作废或无效的情形

人民法院、人民检察院、公安机关、国家安全机关、行政监察机关,因办理案件需要,可以依法扣押案件当事人的护照。

护照持有人丧失国籍或护照遗失、被盗等情形,由签发机关宣布该护照作废。

伪造、变造、骗取或被宣布作废的护照无效。

(6) 法律责任

① 弄虚作假骗取护照的,由签发机关收缴或宣布作废;公安机关处2000~5000元罚款,构成犯罪的,追究刑事责任。

② 为他人提供伪造、变造的护照,或出售护照的,依法追究刑事责任;不够刑事处罚的,由公安机关没收违法所得,处十日以上十五日以下拘留,并处2000~5000元罚款。

③ 持有伪造、变造护照或冒用他人护照出入国(边)境的,由公安机关予以处罚并收缴。

2. 旅行证

旅行证是中国旅游者出入境的主要证件。由中国驻外的外交代表机关、领事机关或外交部授权的其他驻外机关颁发。旅行证分为一年一次有效和两年多次有效两种,是代替护照使用的旅行证件,与护照有同等效力。

可以申请旅行证的人包括:

(1) 遗失外交、公务、普通护照,需要回国人员。

(2) 未持港澳同胞回乡证,需要回内地的香港特别行政区中国公民和澳门特别行政区中国公民。

(3) 定居海外、未持用台湾居民来往内地通行证的中国台湾居民。

(4) 未持用澳门特别行政区的有效证件,需返回澳门申请特别行政区护照或旅行证的海外澳门中国公民。

(5) 其他不能或不便持用护照而需要进入中华人民共和国的中国公民。

3. 出入境通行证

中华人民共和国出入境通行证,是出入中国边境的通行证件,由省、自治区、直辖市公安厅(局)及其授权的公安机关签发。该证件在有效期内一次或多次出入境有效。

4. 签证

签证是一国官方机构对本国和外国公民出入境,在另一国家停留、过境、居住的许可证明,具体是指外交、领事、公安机关或由上述机关授权的其他机关,根据本国公民和外国人要求出入境的申请,依照有关规定在其所持的证件(护照)等上签注、盖印,表示准其入出本国国境的手续。

签证手续是国际上通行的实施有条件准许入境的措施。

(1) 签证的种类

一般情况下,签证分为外交签证、公务签证和普通签证三种。即持有外交护照的发给外交签证;持有公务护照的发给公务签证;持有普通护照的发给普通签证。各国签证的种类繁多又不尽相同。除了外交签证、公务签证和普通签证三种分类之外,有的国家将签证分为移民签证和非移民签证两种;有的国家根据来访者的事由将签证分为旅游、访问、工作、学生、定居等签证;一些国家还设有礼遇签证;中国签证分为外交签证、公务签证、普通签证和礼遇签证四种。

① 外交签证(Diplomatic Visa)是一国政府主管机关依法为进入或经过该国国境应当给予外交特权和豁免的人员所颁发的签证。外交签证一般发给持外交护照人员。签证颁发国依据本国法规和国际惯例,给予持证人相应的方便、优遇、特权和豁免。中国外交签证发给外国驻华外交代表机关和领事机关的外交代表和领事官员、联合国系统组织驻华机构持红皮通行证的人员及他们的配偶和未成年子女;持用外交护照、联合国红皮通行证临时因公来华的人员及他们的随行配偶和未成年子女;因公来华的建交国副部长及副部长以上的官员、国会(众议院、参议院)议长、副议长及他们的随行配偶和未成年子女;联合国系统组织驻华机构人员中部分持用联合国蓝皮通行证官员及他们的配偶和未成年子女;外交部或外交部领事司(局)通知发给外交签证的人员。

② 公务签证(Service Visa)是一国政府主管机关依法为进入或经过该国国境应当给予公务人员待遇的人士所颁发的签证。有的国家将该种签证称为官员签证(Official Visa)。公务签证一般发给持公务护照人员。中国公务签证发给外国驻华外交代表机关和领事机关的工作人员(包括持用外交护照的非外交官员或非领事官员)和联合国系统组织驻华机构持

用联合国蓝皮通行证的工作人员及其随行配偶和未成年子女,但持有中国颁发的外交官证者除外;持公务护照、官员护照和特别护照、联合国蓝皮通行证临时因公来华或过境的外国人员及他们的随行配偶和未成年子女;应邀访华的外国党政代表团中未持用外交护照的成员;驻华民间机构中持用公务护照的人员及其随行家属。

③ 官员签证(Official Visa)是公务签证的一种,指一些国家向持有官员护照的申请人颁发的符合其官员身份的签证,其效力同公务签证。颁发官员护照的国家一般实行相应的官员签证制度。中国没有官员签证制度。中国签证机关向前来中国执行公务的持官员护照的外国官员通常颁发公务签证。

④ 礼遇签证(Courtesy Visa)是一些国家政府主管机关依法为进入或经过该国国境应当给予相应礼遇的人员所颁发的签证。这些人一般是身份高但又未持有外交护照的人员或已卸任的外国党政高级官员及知名人士。签证颁发国根据本国法规和国际惯例,给予持证人应有的尊重和礼遇。中国礼遇签证发给来华访问的卸任外国元首、政府首脑、国会议长、最高法院院长、外交部部长、前驻华大使、其他高级官员、知名人士及其随行配偶和未成年子女,未持用外交护照的有影响的外国在野党领袖以及发证机关认为应发给礼遇签证者。

⑤ 普通签证(Visa)是一国政府主管机关依法为进入或经过该国国境应当给予普通人员待遇的人士所颁发的签证。普通签证一般发给持普通护照或其他有效的国际旅行证件的人员。中国普通签证发给因下列事由来中国的外国人,并在签证上标明相应的汉语拼音字母:D字签证发给来中国定居的人员;Z字签证发给来中国任职或者就业的人员及其随行家属;X字签证发给来中国留学、进修、实习六个月以上的人员;F字签证发给应邀来中国访问、考察、讲学、经商、进行科技文化交流及短期进修、实习等活动不超过六个月的人员;L字签证发给来中国旅游、探亲或者因其他私人事务入境的人员;G字签证发给经中国过境的人员;C字签证发给执行航空乘务、航运任务的国际列车乘务员、国际航空器机组人员及国际航行船舶的海员及其随行家属。另外,J-1字签证发给来中国常驻的外国记者,J-2字签证发给临时来中国采访的外国记者。

美国将普通签证分为移民签证和非移民签证两类。

移民签证(Immigrant Visa)是指美国领事官员在其驻外办事处中依据《美国法典》第8编第12章有关条款的规定签发给符合移民条件的外国移民的签证,准持证人凭此种签证以移民身份进入美国,并在4个月内申请外籍人登记卡(Alien Registration Receipt Card),俗称绿卡(Green Card),获得在美国的永久居留权。有资格申请移民签证和绿卡的外国人为:美国公民的直系亲属,美国公民或永久居民的亲属,美国雇主所需要的有工作技能的人和美国移民法规定的特殊移民者。由美国公民、绿卡持有者的亲戚或美国雇主和公司作为请求者所担保的申请移民的外国人在一定条件下也可获得移民签证和绿卡。

非移民签证(Nonimmigrant Visa)是指《美国法典》第8编第12章授权的主管官员正当地签发给任何一个符合非移民资格的外国人的一种签证。这种签证是暂时性的。美国主管当局根据申请人前往美国的不同目的,将非移民签证分为37种,每种签证均由一个英语字母和一个数字为代号。如访问者签证(B-1和B-2)、临时性工人签证(H-1)、临时性非农业工人签证(H2B)、培训者签证(H-3)、学生签证(F-1和M-1)、交换人员签证(J 1)等。取得非移民签证,就意味着美国政府允许持证人在美国停留期间进行符合这种签证种类的活动。加拿大等接受移民的国家也颁发类似美国的移民签证和非移民签证的签证。

⑥ 根据出入境情况，签证分为出境签证、入境签证、出入境签证以及再入境签证四种。出境签证只许持证人出境，如需入境，须再办入境签证。入境签证即只准许持证人入境，如需出境，须再申办出境签证。出入境签证的持证人可以出境，也可以再入境。多次入出境签证的持证人在签证有效期内可允许入出境。

⑦ 根据出入境事由，签证分为移民签证、非移民签证、留学签证、旅游签证、工作签证、商务签证和家属签证等七种。

⑧ 根据时间长短，签证分为长期签证和短期签证。长期签证的概念是，在前往国停留3个月以上。申请长期签证不论其访问目的如何，一般都需要较长的申请时间。在前往国停留3个月以内的签证称为短期签证，申请短期签证所需时间相对较短。

⑨ 根据签证的有效次数，一般可将签证分为一次有效签证、两次和多次有效签证等。签证的有效次数是指该签证在有效期内，持证人可使用的出入境的次数。一次有效签证使用一次就失效。两次有效签证，即在签证有效期内可以使用两次。多次有效签证，即在签证有效期内持照人可以多次出、入其国境。例如澳大利亚、印度的旅游签证有的是在3个月或者6个月内允许多次入出境。有些国家受雇签证也是多次入境有效。当然签发何种签证，有效期限多长，有效次数多少，签证机关是根据入境申请者的具体情况决定的。

（2）签证的形式

签证在其发展过程中有不同的形式和称谓。例如签注式签证、印章式签证、贴纸式签证，还有机读签证、个人签证、团体签证等。

① 签注式签证是指在有效护照上做简单的文字签注，注明准予持证人入出境的具体要求。早期的签证多采取此种形式。

② 印章式签证是指将签证的固定格式刻在印章上，在做签证时，将印章盖在申请人护照或其他旅行证件的签证页上，并填上必要的内容。全部过程由手工操作。随着技术的进步，改用签证机代之，或用电脑按固定格式将签证的内容打印在护照上。

③ 贴纸式签证是将签证的内容按照固定的格式做在签证专用纸上，用不粘胶将做好的签证贴在申请人的护照上。贴纸签证通常是用计算机打印制作。美国的贴纸签证还将申请人的照片扫描在签证纸上。加拿大的贴纸签证上无申请人的照片，但附有防伪标记，并用塑封技术将此部分塑封。

④ 另纸签证是指做在与护照或护照代用证件分离的单页纸上的签证，是签证的一种特殊形式，必须与申请人所持的护照或证件同时使用。另纸签证颁发的对象一些国家有不同的规定。例如，苏联曾规定，除外交签证做在外交护照上外，为持其他种类护照的申请人颁发一种"三联单"式另纸签证，随护照同时使用。中国的另纸签证则颁发给签证机关认为不适宜在护照上做签证的申请人。这类另纸签证的下方须加签"本签证须与××号××国护照同时使用"；发给一些未建交国人员的另纸签证，其下方须加签"本签证系发给×××先生（女士）"，这里的姓名一定要与持照人护照上的姓名完全一致。

⑤ 机读签证是指适于用机器阅读的签证。国际民航组织机读旅行证件咨询部在机读护照技术要求的基础上，开发和制定用机器阅读和识别签证的技术要求，以实现用机器阅读签证的目标，为简便国际旅行手续提供新的技术手段。

⑥ 电子签证。一些国家还利用计算机网络和磁卡技术，开发并试用"电子签证"或称"隐形签证"。澳大利亚和新加坡等国家和地区在试用这种签证。

⑦个人签证与团体签证。个人签证是指在每一个申请人的个人护照或其他旅行证件上做的签证。团体签证是指做在一个团体名单或团体护照上的签证。中国的团体签证一般发给九人以上的外国旅游团或随船海员团体。持同一团体签证的人员必须随团同行，一同出入境。如持团体签证的个人有特殊原因必须单独活动，应申请办理分离手续，由签证机关注销团体签证上分离人员的姓名，并为分离人员单独办理签证。

（3）签证的有效期

签证有一定的规范格式，一般包括签证种类、入境目的、居留期限、有效日期以及签发机构、签发官员、日期和签证费用等。

签证的有效期是指从签证签发之日起到以后的一段时间内准许入境，超过这一期限，该签证就是无效签证。一般国家发给3个月有效的入境签证，也有的国家发给1个月有效的入境签证。有的国家对签证有效期限制很严，如德国只按申请日期发放签证。过境签证的有效期一般都比较短。

（4）签证的停留期

签证的停留期是指持证人入境该国后准许停留的时间。它与签证有效期的区别在于签证的有效期是指签证的使用期限，即在规定的时间内持证人可出入或经过该国。如某国的出入境签证有效期为3个月，停留期为15日，那么，这个签证从签发日始3个月内无论哪一天都可以入、出该国国境，但是，从入境当日起，到出境当日止，持证人在该国只能停留15日。有的国家签发必须在3个月之内入境，而入境后的停留期为1个月；有的国家签证入境期限和停留期是一致的。如美国访问签证的有效期和停留期都是3个月，即在3个月内入境方为有效，入境后也只能停留3个月。签证有效期一般为1个月或者3个月；最长的一般为半年或者1年以上，如就业和留学签证；最短的为3日或者7日，如过境签证。

（5）过境签证

过境是指取道该国前往第三国而言的。一国公民在国际间旅行，除可以直接到达目的地外，前往其他国家往往需要经过一两个途经国家才能最后进入目的地国境。这时，不仅需要取得前往国家的入境许可，而且还必须取得途经国家的过境许可，一般称之为过境签证。关于过境签证的规定，各国也不尽相同，有宽有严，有的要求办理签证，有的免办签证。有的则规定在指定的时间和范围内不需办理签证，如超过时限和范围则必须办理签证手续。不少国家规定，凡取道该国入第三国的外国人，不论停留时间长短，一律办理签证。按照国际惯例，如无特殊限制，一国公民只要持有有效护照、前往国入境签证或联程机票，途经国家均应发给过境签证。如取道办理签证国家，前往互免签证国家或口岸签证国家，那么则须持有前往国邀请函或口岸签证批准证件，方可申请该国的过境签证。同样根据需要可申请一次过境、两次过境和多次过境。一般过境签证均按所申请的要求签发，在个别的情况下，也可能不发或未按要求发给过境签证。遇有这种情况，可采取取道其他国家或转机时不出机场的办法来解决。

（6）互免签证

随着国际关系和各国旅游事业的不断发展，为便利各国公民之间的友好往来，许多国家的签证制度越来越趋于简化。某些对方国家的公民入出国境时，也不必办理签证，这是因为许多国家之间订立了互免签证协议。甚至在欧洲共同体国家之间，一国公民持有身份证明就可以自由来往于各国之间，无须护照和签证。互免签证是根据两国外交部签署的协议，双方持用有效的本国护照可自由出入对方国境。

(7) 申请办理签证的其他内容

① 签证申请材料。签证规定涉及面广,又经常变化。可能会涉及的材料包括:护照正本,一般要求有至少半年的有效期;照片,不同使馆要求的张数不一样,通常1~2张,一般要求一年以内的近照,有的使馆还要求彩照;签证申请表,国家不同,表格不一样,少数国家不同类型的签证要填写不同的表格。填表最常用的语言是前往国官方语言、英语或申请人的母语;个人资信证明、存款证明、房产证、车本、持有股票、债券及信用卡的证明等;其他如身份证、本人及家人户口本、名片等。

② 申请理由。境外发的邀请函、境外的聘用合同、境外学校的录取通知书、同境外业务往来的函电等书面材料,均可以作为申请理由。

本人单位出具的任职证明和担保函最好用有单位抬头和通信地址、品质较好的公文纸,以前往国官方语言或英语打印,由领导签署并加盖公章。有些使馆还要求出示公司单位营业执照复印件、单位宣传小册子等。

③ 旅程安排。往返机票或订单、酒店预订单、日程安排、海外保险等。

④ 签证费及担保金。几乎所有使馆都收取签证费,只是费率有别。一些使馆对某些种类的签证收取担保金。

⑤ 受理时间因使馆而异。多数短期签证为一星期左右。加急视情况而定。需要注意的是,绝大多数使馆的签证受理时间是按工作日计算的。非工作日不计。每个国家的使馆在本国国庆节时一定闭馆放假。信仰基督教的国家圣诞节(12月25日)、复活节(春分月圆后第一个星期日),包括前一个星期五(GOOD FRIDAY)、后一个星期一(EASTER MONDAY)期间均休息。伊斯兰国家在古尔邦节(又称开斋节)期间(4月18日前后)均闭馆。元旦、五一、十一、春节期间,多数国家的使馆也随国内单位一起放假,但休假时间一般比国内单位短。本国元首来访或使馆搬迁新址时,也有可能闭馆。各使馆放假安排一般提前两星期通知。只有个别使馆(如泰国使馆)每年初就会通知全年的闭馆安排。

中国公民凭护照或其他有效证件出入中国边境,无须办理签证。

(二)出入境证件的吊销

护照及其出入境证件持有人有下列情形的,原发证机关或上级机关予以吊销或宣布执照、证件作废:①持证人招摇撞骗的;②从事危害国家安全、荣誉和利益活动的;③持证人因非法进入前往国家或者非法居留被遣送回国的。

(三)中国公民出境申请的办理

1. 中国公民出境申请办理途径

中国公民因私出境,向户口所在地的市县公安机关提出申请。公安机关对中国公民因私出境的申请,应当在规定的时间内做出批准或者不批准的决定,通知申请人。

"入世"后,中国公民出境护照的办理和以往有所区别,不再需要提交境外邀请函,只要凭身份证、户口簿按要求即可以申领护照。

中国公民因公务出境,由派遣部门向外交部或外交部授权的地方外事部门申请办理出境证件。

海员因执行任务出境,由港务监督局或者港务监督局授权的港务监督办理出境证件。

2. 不准出境的情况

有下列情形之一者,不准出境。

(1) 刑事案件的被告人和公安机关或者人民检察院或者人民法院认定的犯罪嫌疑人。

(2) 人民法院通知有未了结民事案件的。

(3) 判处徒刑正在服刑的。

(4) 正在被劳动教养的。

(5) 国务院有关主管机关认为出境后将对国家安全造成危害或者对国家利益造成重大损失的。

3. 阻止出境的情况

有下列情形之一的,边防检查机关有权阻止出境,并依法处理。

(1) 持用无效出境证件的。

(2) 持用他人入境证件的。

(3) 持用伪造或者涂改的出境证件的。

(四) 中国公民入境申请的办理

定居国外的中国公民回国探亲、访友、投资、经商、旅游等,按下列规定办理入境手续。

(1) 定居国外的中国公民中短期回国探亲、访友、投资、经商、旅游的,凭有效护照、旅行证或者其他有效证件入境。

(2) 定居国外的中国公民要求回国定居的,在入境前应向中国的驻外外交代表机关、领事机关或外交部授权的其他驻外机关办理手续,也可以向有关省、自治区、直辖市的公安机关办理手续。

(3) 入境定居或者工作的中国公民,入境后应按照户口管理规定,办理常住户口登记。入境暂住的,应当按照户口管理规定办理暂住登记。

(4) 中国公民持护照出入中国国境无须办理签证。

三、中国公民出入境的权利义务

(一) 中国公民出入境的权利

中国公民出入境享有以下权利。

(1) 中国公民持护照出入中国国境无须办理签证。

(2) 公安机关对公民的出境申请应当在规定的时间内答复。

(3) 申请人有权查询在规定时间内没有审批结果的原因,受理部门应当做出答复。

(4) 申请人认为不批准其出境不符合法律规定的,有权向上一级公安机关提出申诉,受理部门应当做出答复申诉人。

(5) 护照、旅行证由持证人保存、使用,非经法定事由和特定机关批准,不得收缴、扣押和吊销。

（二）中国公民出入境的义务

中国公民出入境应履行以下义务。

（1）中国公民出国应申请有效证件及出境登记卡，按有关规定交纳有关证件工本及手续费用。

（2）妥善保管出国的有关证件。

（3）在指定的口岸通行，主动出示相关证件并接受检查。

（4）遵守中国及前往国家的法律，尊重当地的风俗习惯，并服从旅游团队领队的统一管理。

（5）按规定期限和规定线路入境，不得无故滞留不归。

第二节　外国人出入境管理法律制度

一、出入境管理机关及其职责

（1）中国政府在国外受理外国人入境、过境申请的机关，是中国的外交代表机关、领事机关和外交部授权的其他驻外机关。

中国政府在国内受理外国人入境、过境、居留、旅行申请的机关，是公安部、公安部授权的地方公安机关和外交部、外交部授权的地方外事部门。

（2）受理外国人入境、过境、居留、旅行的机关有权拒发签证、证件；对已经发出的签证、证件，有权吊销或者宣布作废。

公安部和外交部在必要时，可以改变各自授权的机关所做出的决定。

（3）对非法入境、非法居留的外国人，县级以上公安机关可以拘留审查、监视居住或者遣送出境。

（4）县级以上公安机关外事民警在执行任务时，有权查验外国人的护照和其他证件。外事民警查验时，应当出示自己的工作证件，有关组织或者个人有协助的义务。

二、在中国境内外国人的权利和义务

（一）在中国境内外国人的权利

中国政府依法保护在中国境内的外国人的合法权利和权益；外国人的人身自由不受侵犯，非经人民检察院批准或决定，或人民法院决定，并由公安机关或者国家安全机关执行，不受逮捕。

（二）在中国境内外国人的义务

外国人入境、过境和在中国境内居留，必须经中国政府相应的主管机关许可。外国人入境、过境、出境，必须从对外国人开放的或者指定的口岸通行，接受边防检查机关的检查。在中国境内的外国人，必须遵守中国法律，不得危害中国国家安全、损害社会公共利益、破坏社会公共秩序。

（三）外国入境的法律限制

根据中国法律规定，有以下情形之一者，不得入境。

（1）被中国政府驱逐出境，未满不准入境年限的。

（2）被认为入境后可能进行恐怖、暴力、颠覆活动的。

（3）患有精神病、麻风病、艾滋病、性病、开放性肺结核等传染病的。

（4）被认为入境后可能进行走私、贩毒、卖淫活动的。

（5）入境后不能保障其在中国所需费用的。

（6）被认为入境后可能进行危害我国国家安全和利益的其他活动的外国人，包括旅游者，不得入境。

由国家公安、安全部门通知或依照法律、行政法规规定不准入境的外国人，边防检查站有权依照《出入境边防检查条例》阻止其入境。

边防检查站可在必要时对外国人进行人身检查，但必须由两名或两名以上与受检查人同性别的边防检查人员同时在场，方可进行检查。边防检查站根据维护国家安全和社会秩序的需要，可以对外国旅游者入境时携带的行李物品进行重点检查。外国旅游者不得携带法律、法规规定的危害国家安全和社会秩序的违禁物品。否则，边检站有权查扣违禁物品，并对携带人依照有关法律、法规做出处理。

出境、入境携带或者托运枪支、弹药，必须依照有关法律、法规的规定，向边检站办理携带或托运手续；未经许可，不得擅自携带、托运枪支、弹药出境或入境。

（四）法律责任

外国人违反《中华人民共和国外国人入境出境管理法》：①非法入出中国国境的；②在中国境内非法居留或者停留的；③未持有效旅行证件，前往不对外国人开放或限制开放地区旅行的；④伪造、涂改、冒用、转让入境、出境证件的。有上述违法行为的，由县级以上公安机关，根据违法行为人违法情节的轻重，可做出如下处罚决定：①警告、罚款或者10日以下的拘留；②情节严重的，公安部可以处以限期出境或者驱逐出境；③情节严重，构成犯罪的，依法追究刑事责任。

三、外国人出入境有效证件

（一）护照及其种类

护照是主权国家（一国政府）发给本国公民出入国境和在国外居留、旅行等合法的身份证件，以其证明该公民的国籍、身份及出国目的。凡出国人员须持有效护照，以备有关当局查验。有外交护照、公务护照（官员护照）、普通护照等。

（二）签证

1. 签证的办理

外国人入境应当向中国的外交代表机关、领事机关或外交部授权的其他驻外机关申请办理签证。

在特定情况下,依照国务院规定,外国人也可以向中国政府主管机关指定口岸的签证机关申请办理签证,即"落地签证"。

公安部 2001 年年底推出的出入境管理六项改革中规定:外国人去深圳、珠海、厦门经济特区旅游,可直接向三方口岸签证机关申请"特区旅游签证";到海南省洽谈商务、旅游、探亲,停留不超过 15 日,可以临时在海口或三亚口岸办理入境签证;在香港的外国人组团到深圳特区旅游 72 小时,无须办理入境签证。

2. 外国人免签证的情形

根据《出境入境管理法》第二十二条规定,外国人有下列情形之一的,可以免办签证。

(1) 根据中国政府与其他国家政府签订的互免签证协议,属于免办签证人员的。

(2) 持有效的外国人居留证件的。

(3) 持联程客票搭乘国际航行的航空器、船舶、列车从中国过境前往第三国或者地区,在中国境内停留不超过 24 小时且不离开口岸或者在国务院批准的特定区域内停留不超过规定时限的。

(4) 国务院规定的可以免办签证的其他情形。

另外,根据对等和互利原则,国与国之间以签订协议的方式,互相免除或简化特定条件下的双方人员入出或过境的签证,以方便互相往来,称为互免签证。互免签证,可以在两个国家之间或多个国家之间。目前,我国和其他国家的互免签证,就是双边性质的。

互免签证与免办签证二者虽然都是不用办理某种签证,但是免办签证由主权国家自主决定,只允许他国享受此种优惠,不要求他国也对本国公民同等对待,是一种单方行为;而互免签证是一种双方互利行为。

3. 签证的延期规定

根据《出境入境管理法》第二十九条的规定,外国人所持签证注明的停留期限不超过 180 日的,持证人凭签证并按照签证注明的停留期限在中国境内停留。

需要延长签证停留期限的,应当在签证注明的停留期限届满 7 日前向停留地县级以上地方人民政府公安机关出入境管理机构申请,按照要求提交申请事由的相关材料。经审查,延期理由合理、充分的,准予延长停留期限;不予延长停留期限的,应当按期离境。延长签证停留期限,累计不得超过签证原注明的停留期限。

4. 签证的换发

根据《外国人出入境管理条例》第十条的规定,外国人持签证入境后,按照国家规定可以变更停留事由、给予入境便利的,或者因使用新护照、持团体签证入境后由于客观原因需要分团停留的,可以向停留地县级以上地方人民政府公安机关出入境管理机构申请换发签证。

5. 签证的补发

根据《外国人出入境管理条例》第十一条的规定,在中国境内的外国人所持签证遗失、损毁、被盗抢的,应当及时向停留地县级以上地方人民政府公安机关出入境管理机构申请补发签证。

(三)旅行证

旅行证是指外国人前往不对外开放的地区旅行,必须向当地公安机关申请的旅行证件,由旅游者临时居留地或工作地的市、县公安机关办理。

外国人旅行证有效期最长为1年。据管理需要,我国将对外国人开放的地方分为四类。

(1) 甲类地区是指对外国人完全开放的地区。

(2) 乙类地区是指新增加的对外开放或控制开放的地区。

(3) 丙类地区是指只准许去考察、进行技术交流、现场施工等公务活动的一般性的对外开放的地区。

(4) 丁类地区是指不对外国人开放的地区,外国人前往乙、丙、丁类地区必须办理旅行证。

小案例

2014年7月2日,江苏省南京市鼓楼区法院公开开庭审理一起由公安部督办的出售出入境证件大案,孙海刚等7名被告人同庭受审,据起诉书指控,7名被告人以非法牟利为目的,通过虚构事实、伪造证明,向在内地的不特定外国人出售中国签证、居留许可证共37本。而被公安机关起获又最终未被锁定的件数,更是高得惊人。此案被公安机关认定为该类犯罪的"建国第一案"。

四、外国人在中国居留与住宿所需证件

(一) 居留

(1) 外国人在中国居留,必须持有中国政府主管机关签发的身份证件或者居留证件。具体包括:①外国人居留证件,是发给在中国居留1年以上的人员;②外国人临时居留证,是发给在中国居留不满1年的人员;③外国人在中国投资或同中国的企、事业单位进行经济、科技、文化合作以及其他需要在中国长期居留的外国人,经中国政府主管机关批准,可获得长期居留或永久居留资格;④因政治原因要求在中国政治避难的外国人,经中国政府主管机关批准,准许在中国居留;⑤持有F、L、G、C字签证的外国人,可在签证注明的期限内在中国居留,不需要办理居留证件。

(2) 对不遵守中国法律的外国人,中国政府主管机关可以缩短其在中国停留的期限或者取消其在中国停留的资格。

(二) 外国人在中国住宿

外国人在中国境内临时住宿,应当依照规定办理住宿登记。

(1) 外国人在宾馆、饭店、旅店、招待所、学校等企、事业单位或者机关、团体及其他中国机构内住宿,应出示有效护照或者证件,并填写临时住宿登记。在非开放地区住宿还要出示旅行证。

(2) 外国人在中国居民家住宿,在城镇的,须于抵达后24小时内,由留宿人或本人持住宿人护照、签证和留宿人户口簿到当地公安机关申报,填写临时住宿登记表;在农村的,须于72小时内向当地派出所或户籍办公室申报。

(3) 外国人在中国的外国机构或在中国的外国人家中住宿,须于住宿人抵达后24小时以内,由留宿机构、留宿人或者本人持住宿人的护照或居留证件,向当地公安机关申报,并填

写临时住宿登记表。

（4）外国人在移动性住宿工具内临时住宿，须于 24 小时内向当地公安机关申报。为外国人的移动性住宿工具提供场所的机构或个人，须于 24 小时内向当地公安机关申报。

（5）持居留证件的外国人在中国变更居留地点，必须依照规定办理迁移手续。未持居留证件的外国人和来中国留学的外国人，未经中国政府主管机关允许，不得在中国就业。

五、关于外国人来华旅行

外国人持有效的签证或者居留证件，可以前往中国政府规定的对外开放的地方旅行。

外国人前往不对外国人开放的地区旅行，必须向当地公安机关申请旅行证件。申请旅行证须履行下列手续。

（1）交验护照或居留证件。

（2）提供与旅行事由有关的证明。

（3）填写旅行申请表。

外国人旅行证有效期最长为 1 年，但不得超过外国人所持签证或居留证件的有效期限。外国人领取旅行证后，如要求延长放行证有效期、增加不对外国人开放的旅游点、增加偕行人数，必须向公安机关申请延期或者变更。

外国人未经允许，不得进入不对外开放的场所。

六、关于外国人出境

（一）外国人出境的一般规定

依照各国对外国人离境的习惯做法，外国人出境大体上包括下列内容。

（1）办理出境签证。

（2）付清捐税。

（3）清理了结债务。

（4）了结刑事、民事案件。

（5）不准携带违禁物品。

（6）按外汇管理规定携出外汇。

（二）我国政府关于外国人出境的规定

我国政府关于外国人出境的规定包括以下内容。

（1）外国人出境，凭本人有效护照或者其他有效证件。

（2）有下列情形之一外国人，不准出境。

刑事案件的被告人和公安机关或者人民检察院或者人民法院认定的犯罪嫌疑人。

人民法院通知有未了结民事案件不能离境的。

有其他违反中国法律的行为尚未处理，经有关主管机关认定需要追究的。

有下列情形之一的外国人，边防检查机关有权阻止出境，并依法处理。

持用无效出境证件的。

持用他人出境证件的。

持用伪造或者涂改的出境证件的。

第三节　外国人出入境的检查制度

外国人出入境的检查包括海关检查、边防检查、安全检查、卫生检疫和动植物检疫,称为"一关四检"制度。

一、海关检查

(一)海关检查概述

1. 海关的概念

海关是由各主权国家设立的,为维护国家安全和利益,对进出货物、运输工具、行李物品、货币、金银等实施监督管理、稽查走私、征收关税的国家行政机关。海关一般设立在沿海口岸。设立在内陆的边境进出口岸,也称为陆关。随着近代交通的迅速发展,外贸商品、旅客行李、邮递物品等日益增多,并可从内地直接进出,所以,按国际惯例,凡执行对进出口商品、运输工具、旅客行李物品、货币、金银等进行监管和征税者,统称海关。海关是一个国家的门户,是国家出入境管理机构。

2. 海关的任务

海关的主要任务是对进出国的运输工具、货物、行李物品、邮递物品和其他物品(以下简称进出境运输工具、货物、物品)执行实际监督管理,征收关税和其他税,查缉走私,并编制海关统计和办理其他海关业务。

(1) 对进出境运输工具的监管。进出境运输工具到达或者驶离设立的地点时,运输工具负责人应向海关如实申报,交验单证,并接受海关监管和检查。停留在设立海关地点的进出境运输工具,未经海关同意,不得擅自驶离。

(2) 对进出境货物的监管。进口货物自进境起到办结海关手续止,出口货物自向海关报关起到出境止,过境、转运和通运货物自进境起到出境止,应当接受海关监管。

(3) 对进出境物品的监管。个人携带进出境的行李物品,邮寄出境的物品,应以自用、合理数量为限,并接受海关监管。

(4) 对进出境旅客行李物品的监管。根据《中华人民共和国海关对出入境旅客行李物品监管办法》(1989年11月1日海关总署令第九号发布,1989年12月1日起实施)的规定,对出入境旅客(居民、非居民)的行李物品实施监管。

(5) 海关对准予进出境货物、物品关税的监管。中国海关依《中华人民共和国海关法》规定,对准予进出口的货物、进出境的物品,除本法另有规定的外,依照进出口税则的规定征收关税。进口货物的收货人、出口货物的发货人、进出境物品的所有人是缴纳关税的义务人。

(6) 海关依法查禁走私。走私是指违反国家法律、法规的规定,私自将国家禁止进出境的货物、物品采用非法手段逃避海关监管进出境的行为。

我国海关和边防站,为保障旅游者生命和财产安全,禁止携带武器、凶器、爆炸物,采用通过安全门、使用磁性探测检查、红外线透视、搜身、开箱检查等方法,对旅游者进行安全检查。根据我国政府规定,为确保航空器及旅游者的生命、财产安全,要求旅游者做到:①严禁携带枪支、弹药、易爆、腐蚀、有毒和放射性危险品;②在登机前必须接受安全人员和仪器的检查;③拒绝接受检查者不准登机,损失自负。

(二)海关对入出境人员的行李物品监管的规定

海关检查主要指的是对进出国境的运输工具和个人携带的行李物品的检查。大部分国家海关设有红绿两种通道,没有要申报的物品,可以走绿色通道(无申报通道),否则要走红色通道(申报通道)。海关检查很严格,必要时需开箱检查,旅客必须严格遵守各国海关的规定。

我国海关对旅客限制进出境的物品主要有以下几种:烟、酒;旅行自用物品;金银及其制品;外汇;人民币;文物(含已故现代著名书画家的作品);中药材和中成药。

进出中国国境的旅游者应将个人携带的行李物品向海关如实申报,填写《海关进出境旅客行李物品申报单》或海关规定的其他申报单证,并接受海关查验。经海关验核签章的申报单据,旅客应妥善保管,以便回程时或进境后凭该申报单证办理有关手续。海关加封的行李物品,旅客不能擅自开拆或毁坏海关施加的封志。来我国居留不超过 6 个月的旅游者,携带海关认为必须复运出境的物品,由海关登记后放行,旅游者出境时必须将原物带出。

■ 小案例

香港旅客李某欲乘班机从北京国际机场出境返回香港,未向海关申报任何物品。首都机场海关在随机检查中发现其行李箱中有一画筒,内有一幅古画。首都机场海关将这幅古画暂扣,并提请国家文物出境鉴定北京站进行鉴定。经鉴定,李某携带的古画是明代大画家的画作,为国家禁止出境文物,首都机场海关依法将该画没收。

评析:李某携带国家禁止的文物出境,未按照《文物保护法》有关文物出境的规定办理文物出境许可证明,也未向海关如实申报,首都机场海关依据《海关行政处罚实施条例》第二十条的规定,依法将该画没收。

二、边防检查

边防检查是指各国为维护国家主权和安全、禁止非法出入境、便利进出境人员和交通运输畅通,在对外开放的港口、机场、国境车站和通道以及特许进出口岸设立边防检查站,对进出国境的人和物进行检查。

为维护中国主权、安全和社会秩序,便利一切离开、进入或者通过中国国(边)境的中国籍、外国籍、无国籍的人和交通运输工具通行,我国早在 1952 年 7 月 29 日就经由中央人民政府政务院批准实施了《出入国境治安检查暂行条例》,1965 年 4 月 30 日国务院发布了《边防检查条例》。1995 年 9 月 1 日起我国开始施行《中华人民共和国出境入境边防检查条例》,上述两项法规同时废止。

1. 边防检查的规定

我国在对外开放的港口、航空港、车站和边境通道等口岸设立出境、入境边防检查站,其工作由公安部主管。边防检查站的职责是：对出入境人员及其行李物品、交通运输工具及其载运的货物实施边防检查；按国家有关规定对出入境的交通运输工具进行监护；对口岸的限定区域进行警戒，维护出入境秩序；执行主管机关赋予的其他法律、行政法规规定的任务。

边防检查人员必须依法执行公务，任何组织和个人不得妨碍边防检查人员依法执行公务。出入境人员和交通工具，必须经对外开放的口岸或经主管机关特许的地点通行，接受边防检查、监护和管理。

2. 边防检查的主要内容

（1）对出入国境人员的检查。出入境人员必须按照规定填写出境、入境登记卡，向边防检查站交验本人的有效护照或者其他出境、入境证件，经查验批准后，方可出入境。

边防检查站对有下列情形之一的出入境人员，有权阻止其出入境：①未持出入境证件的；②持无效出入境证件的；③持其他人出入境证件的；④持伪造或涂改的出入境证件的；⑤拒绝接受边防检查的；⑥未在限定口岸通行的；⑦公安部门、国家安全部门通知不准出入境的；⑧法律、行政法规规定不准出入境的。

（2）对运输工具的检查。出入境的交通运输工具离抵口岸时，必须接受边防检查。对交通运输工具的出入境检查，在最先抵达的口岸进行。特殊情况下，经主管机关批准，对交通运输工具的出入境，也可在特许地点进行。

三、安全检查

安全检查是指中国海关和边防站，为保证旅游者生命和财产安全，禁止携带武器、凶器、爆炸物品，采用通过安全门使用磁性探测检查，红外线透视，搜身开箱等方法，对旅游者进行的旨在保障社会安全的检查。

四、卫生检疫

卫生检疫是指各国在入出境口岸依法对入出境人员、物品等采取的旨在防止传染病由国外传入或国内传出的，包括采用各种方法和手段的检查。

为防止传染病由国外传入或由国内传出，保护人身健康，我国制定了《国境卫生检疫法》，并依据《国境卫生检疫法》设立国境卫生检疫机关，在入出境口岸依法对包括旅游者在内的有关人员及其携带的动植物和交通运输工具等实施传染病检疫、检测和卫生监督。只有经过检疫，由国境卫生机关许可，方可入境。

五、动植物检疫

动植物检疫是指为保护农、林、副、牧、渔业的生产和人体健康，维护对外贸易信誉，履行国际间义务，防止危害动植物的病、虫、杂草及其他有害生物由国外传入或由国内传出，采用各种方法和手段进行的检查。

我国制定了动植物检疫的法律，对出入境的动物、动物产品，植物、植物产品及运载动植物的交通工具等执行检疫任务。旅游者应当主动接受动植物检疫，按相关规定出入境。

第四节　中国公民出国旅游管理法规制度

一、中国公民自费出境旅游概述

（一）出境旅游的含义、种类及方式

出境旅游是指公民持合法证件前往其他国家或地区的旅游。主要包括边境游、港澳游、出国游三个种类。根据旅游费用来源的不同，出境旅游可有以下三种形式：①公费；②自费；③其他方式。根据出境方式的不同又可将出境旅游划分为有组织的旅游、非组织的旅游两大类。

我国现阶段所指的出境旅游，特指中国公民自费出境旅游，即由中国旅游企业组织中国公民以团队形式自费赴国外观光、度假、娱乐等专项旅游活动，包括探亲、访友等其他短期因私出境活动。前往地区不同，所持证件也不同。

> **知识链接**
>
> **2014年11月中国内地公民当年出境旅游首次突破1亿人次**
>
> 截至2014年11月，我国内地公民当年出境旅游首次突破1亿人次，与首次有统计数据的1998年相比，增长10.8倍。《2014年中国旅游业统计公报》显示：经旅行社组织出境旅游的总人数为3914.98万人次，增长16.7%，其中，组织出国游2476.32万人次，增长18.7%；组织港澳游1059.87万人次，增长7.2%；组织台湾游378.79万人次，增长34.5%。出境旅游花费896.4亿美元。从出境旅游目的地分布来看，亚洲占89.5%。出境旅游超过百万人次的目的地国家有韩国、泰国、日本、美国、越南和新加坡等六国，其中，赴韩国、日本游客今年增幅最大，均超过40%。
>
> 资料来源：人民网 http://society.people.com.cn/n/2014/1203/c1008-26142972.html

（二）国家现阶段出境旅游的方针

出境旅游有利于带动投资、货物、服务"走出去"，带动旅游企业"走出去"，带动就业"走出去"。"国之交在于民相亲，民相亲在于心相通"，旅游作为增进民间交往、促进民众感情交流的重要载体，在国家外交中正在扮演着越来越重要的角色。过去由于国际旅游市场规模小，使得我们很少从大外交的角度来审视我国的入出境旅游。现在每年我国近2.5亿人次的入出境市场规模，已成为我们发出中国声音、讲好中国故事、加强与世界联系的重要平台，已成为新阶段我国对外交往合作的重要内容。旅游行业要在国家开放新格局中，主动作为、主动发声，服务国家整体外交、服务旅游产业发展、服务游客消费需求，努力开创旅游对外开放新局面。围绕"一带一路"战略开展国际旅游合作，按照"互联互通，旅游先通"这一总体思路，制定"丝绸之路经济带和21世纪海上丝绸之路"旅游合作发展战略规划，把握好规划内涵、路径和支撑体系，增强规划的操作性和有效性。

(三)中国公民自费出境旅游的国家和地区

截至 2016 年 2 月 1 日,已正式开展组团业务的出境旅游目的地国家(地区)有 120 个,如表 6-1 所示。

表 6-1 自费出境旅游组团业务开展情况

序号	国家/地区	启动时间	开展业务情况
1	香港	1983 年	全面开展
2	澳门	1983 年	全面开展
3	泰国	1988 年	全面开展
4	新加坡	1990 年	全面开展
5	马来西亚	1990 年	全面开展
6	菲律宾	1992 年	全面开展
7	澳大利亚	1999 年	北京、上海、广州开展
		2004 年 7 月	天津、河北、山东、江苏、浙江、重庆正式开展
		2006 年 8 月	全面开展
8	新西兰	1999 年	北京、上海、广州开展
		2004 年 7 月	天津、河北、山东、江苏、浙江、重庆正式开展
		2006 年 8 月	全面开展
9	韩国	1998 年	全面开展
10	日本	2000 年	北京、上海、广州试办
		2004 年 9 月 15 日	辽宁、天津、山东、江苏、浙江正式开展
		2005 年 7 月 25 日	全面开展
11	越南	2000 年	全面开展
12	柬埔寨	2000 年	全面开展
13	缅甸	2000 年	全面开展
14	文莱	2000 年	全面开展
15	尼泊尔	2002 年	全面开展
16	印度尼西亚	2002 年	全面开展
17	马耳他	2002 年	全面开展
18	土耳其	2002 年	全面开展
19	埃及	2002 年	全面开展
20	德国	2003 年	全面开展
21	印度	2003 年	全面开展
22	马尔代夫	2003 年	全面开展
23	斯里兰卡	2003 年	全面开展
24	南非	2003 年	全面开展
25	克罗地亚	2003 年	全面开展
26	匈牙利	2003 年	全面开展
27	巴基斯坦	2003 年	全面开展

续表

序号	国家/地区	启动时间	开展业务情况
28	古巴	2003 年	全面开展
29	希腊	2004 年 9 月	全面开展
30	法国	2004 年 9 月	全面开展
31	荷兰	2004 年 9 月	全面开展
32	比利时	2004 年 9 月	全面开展
33	卢森堡	2004 年 9 月	全面开展
34	葡萄牙	2004 年 9 月	全面开展
35	西班牙	2004 年 9 月	全面开展
36	意大利	2004 年 9 月	全面开展
37	奥地利	2004 年 9 月	全面开展
38	芬兰	2004 年 9 月	全面开展
39	瑞典	2004 年 9 月	全面开展
40	捷克	2004 年 9 月	全面开展
41	爱沙尼亚	2004 年 9 月	全面开展
42	拉脱维亚	2004 年 9 月	全面开展
43	立陶宛	2004 年 9 月	全面开展
44	波兰	2004 年 9 月	全面开展
45	斯洛文尼亚	2004 年 9 月	全面开展
46	斯洛伐克	2004 年 9 月	全面开展
47	塞浦路斯	2004 年 9 月	全面开展
48	丹麦	2004 年 9 月	全面开展
49	冰岛	2004 年 9 月	全面开展
50	爱尔兰	2004 年 9 月	全面开展
51	挪威	2004 年 9 月	全面开展
52	罗马尼亚	2004 年 9 月	全面开展
53	瑞士	2004 年 9 月	全面开展
54	列支敦士登	2004 年 9 月	全面开展
55	埃塞俄比亚	2004 年 12 月 15 日	全面开展
56	津巴布韦	2004 年 12 月 15 日	全面开展
57	坦桑尼亚	2004 年 12 月 15 日	全面开展
58	毛里求斯	2004 年 12 月 15 日	全面开展
59	突尼斯	2004 年 12 月 15 日	全面开展
60	塞舌尔	2004 年 12 月 15 日	全面开展
61	肯尼亚	2004 年 12 月 15 日	全面开展
62	赞比亚	2004 年 12 月 15 日	全面开展
63	约旦	2004 年 12 月 15 日	全面开展
64	北马里亚纳群岛联邦	2005 年 4 月 1 日	全面开展

续表

序号	国家/地区	启动时间	开展业务情况
65	斐济	2005年5月1日	全面开展
66	瓦努阿图	2005年5月1日	全面开展
67	英国	2005年7月15日	全面开展
68	智利	2005年7月15日	全面开展
69	牙买加	2005年7月15日	全面开展
70	俄罗斯	2005年8月25日	全面开展
71	巴西	2005年9月15日	全面开展
72	墨西哥	2005年9月15日	全面开展
73	秘鲁	2005年9月15日	全面开展
74	安提瓜和巴布达	2005年9月15日	全面开展
75	巴巴多斯	2005年9月15日	全面开展
76	老挝	2005年9月15日	全面开展
77	蒙古	2006年3月1日	全面开展
78	汤加	2006年3月1日	全面开展
79	格林纳达	2006年3月1日	全面开展
80	巴哈马	2006年3月1日	全面开展
81	阿根廷	2007年1月1日	全面开展
82	委内瑞拉	2007年1月1日	全面开展
83	乌干达	2007年1月1日	全面开展
84	孟加拉	2007年1月1日	全面开展
85	安道尔	2007年1月1日	全面开展
86	保加利亚	2007年10月15日	全面开展
87	摩洛哥	2007年10月15日	全面开展
88	摩纳哥	2007年10月15日	全面开展
89	叙利亚	2007年10月15日	全面开展
90	阿曼	2007年10月15日	全面开展
91	纳米比亚	2007年10月15日	全面开展
92	美国	2008年6月17日	北京、天津、上海、江苏、浙江、湖南、湖北、河北、广东正式开展
		2009年10月1日	山西、辽宁、吉林、黑龙江、安徽、山东、广西、海南、重庆、四川、云南、陕西正式开展
		2011年1月30日	内蒙古、宁夏、福建正式开展
		2012年1月30日	河南、江西、贵州正式开展
		2014年1月30日	青海、甘肃正式开展
93	中国台湾	2008年7月18日	全面开展
94	法属波利尼西亚	2008年9月15日	全面开展
95	以色列	2008年9月15日	全面开展

续表

序号	国家/地区	启动时间	开展业务情况
96	佛得角共和国	2009年9月15日	全面开展
97	圭亚那	2009年9月15日	全面开展
98	黑山共和国	2009年9月15日	全面开展
99	加纳共和国	2009年9月15日	全面开展
100	厄瓜多尔	2009年9月15日	全面开展
101	多米尼克	2009年9月15日	全面开展
102	阿拉伯联合酋长国	2009年9月15日	全面开展
103	巴布亚新几内亚	2009年9月15日	全面开展
104	马里共和国	2009年9月15日	全面开展
105	朝鲜	2010年4月12日	全面开展
106	密克罗尼西亚	2010年4月12日	全面开展
107	乌兹别克斯坦	2010年5月1日	全面开展
108	黎巴嫩	2010年5月1日	全面开展
109	加拿大	2010年8月15日	全面开展
110	塞尔维亚共和国	2010年8月15日	全面开展
111	伊朗伊斯兰共和国	2011年8月15日	全面开展
112	马达加斯加共和国	2012年2月1日	全面开展
113	哥伦比亚共和国	2012年2月1日	全面开展
114	萨摩亚独立国	2012年4月15日	全面开展
115	喀麦隆共和国	2012年12月1日	全面开展
116	卢旺达共和国	2013年7月1日	全面开展
117	乌克兰	2014年9月1日	全面开展
118	哥斯达黎加共和国	2015年8月1日	全面开展
119	格鲁吉亚	2015年8月1日	全面开展
120	马其顿	2016年2月1日	全面开展

资料来源：国家旅游局网站

（四）边境旅游

边境旅游只需要办一张2日左右就可以签出的边境通行证，不用耗费半个月时间办护照拿签证，就能参团畅游邻国，相当方便、快捷。边境旅游是出境旅游的一部分是指经批准和指定的旅游部门，组织和接待我国相毗邻国家的公民，在双方政府商定的边境地区进行的旅游活动。边境旅游的特点是：①由特定部门组织；②接待对象主要是邻近国家的公民；③通常有双边协议，并在规定区域内进行；④时间较短，通常不需亲友提供担保。发展边境旅游的意义有：①促进经济发展，带动相关行业，提高经济效益；②促进边境地区周边国家的友好交往；③有利于兴边富民、安定边疆；④有利于扩大对外影响。

> **知识链接**
>
> 由中国科学院地理科学与资源研究所编写的《中国边境旅游发展报告》(2014)(以下简称《报告》)指出,我国是陆地领土大国,陆地边境线长达 2.2 万多公里,沿线有内蒙古、辽宁、吉林、黑龙江、广西、云南、西藏、甘肃和新疆 9 个省(自治区)的 136 个陆地边境县(旗、市、市辖区),国土面积约 193 万平方公里,总人口约为 2200 万人,并与 14 个国家相接壤。神秘的国境线,独特的自然风光,悠久的历史遗存,奇异的民族风情以及和平友好的外交关系,使我国边境地区拥有发展旅游业的独特魅力。
>
> 《报告》指出,我国边境旅游兴起于 20 世纪 80 年代中后期。目前边境旅游发展主要呈现以下特征:旅游市场增长势头强劲,区域间差异较大;旅游资源汇集诸多名山大川,民族风情异彩纷呈;旅游产品以观光购物为主导,复合化转型不断提速;口岸城市类型多样,口岸旅游发展迅速;次区域旅游合作全面展开,逐步加深;优惠政策高度集聚,开放力度不断加大。
>
> 《报告》指出,未来我国边境地区要打造成为旅游产业体系完善、发展模式创新,集边境观光、生态休闲、边境商贸、文化体验、养生度假等于一体的,具有影响力、吸引力和竞争力的黄金旅游带,成为中国旅游业发展新的增长极。
>
> 《报告》分析说,边境旅游区域合作尤其要加强口岸城市的合作,实施边境旅游一体化战略,注重边境线的联动,构建东北"漠河—黑河—抚远—兴凯湖"、西北"喀纳斯湖—伊犁—阿图什—喀什"、西南"西双版纳—景洪—澜沧江—腾冲"等黄金旅游线路,形成全方位、多类型的区域旅游合作格局。
>
> 2016 年 1 月,国务院印发《关于支持沿边重点地区开发开放若干政策措施的意见》(以下简称《意见》)。《意见》从深入推进兴边富民行动、改革体制机制、调整贸易结构、促进特色优势产业发展、提升旅游开放水平、加强基础设施建设、加大财税支持力度、鼓励金融创新与开放等 8 个方面提出 31 条政策措施。《意见》强调,要加大对边境地区民生改善的支持力度,通过扩大就业、发展产业、创新科技、对口支援稳边安边兴边。加大简政放权力度,提高投资、贸易、人员往来和运输便利化水平。实行有差别的产业政策,支持沿边重点地区大力发展特色优势产业。改革边境旅游管理制度,在有条件的地区研究设立跨境旅游合作区,研究设立边境旅游试验区,提升旅游开放水平。《意见》强调,沿边重点地区开发开放事关全国改革发展大局,对于推进"一带一路"建设和构筑繁荣稳定的祖国边疆意义重大。国务院有关部门要不断加大对沿边重点地区开发开放的支持力度。沿边省(区)和沿边重点地区要充分发挥主体作用,确保促进开发开放的各项工作落到实处。

二、出境旅游管理制度

(一)总量控制、配额管理制度

根据"总量控制、入出挂钩"的原则,分配给有经营权的旅行社具体的出境配额。配额制是国家对出境旅游实施管理的一项具体措施。国家旅游局统一印制、发放中国公民的自费出境旅游"审核证明",主要包括:①参游人员基本情况;②团队名称;③参游路线;④收费标准;⑤实际交纳金额等。

（二）组团社审批制度

组团社是指经国家旅游局审批，经外交部、公安部、国家外汇管理局、国家工商行政管理局备案，并对外公布的特许经营中国公民自费出境旅游业务的国际旅行社。国家旅游局根据旅行社入境接待的业绩和出境旅行的经营情况，入出挂钩，并考虑地区合理分布，依照市场需求循序渐进、动态管理的原则，对组织经营中国公民自费出境旅游的旅行社实行审批制度。

（三）出境旅游目的地审批制度

出境旅游目的地必须是经我国政府批准，允许旅行社组织旅游团队前往的国家和地区。出境旅游目的地的国家和地区，由国家旅游局提出申请，经外交部、公安部同意后，报请国务院批准后，方可作为中国公民出国旅游目的地。出境旅游目的地的申请条件是：①对方是我国客源地，有利于双方旅游合作与交流；②政治上友好，并开展国民外交符合我国对外政策；③旅游资源有吸引力，并具备适合接待我国旅游者的接待服务设施；④对我国旅游者在政治、法律等方面没有歧视性、限制性和报复性政策；⑤旅游者有安全保障，具有良好的可进入性。

（四）以团队方式开展出境旅游制度

团队是指由有特许经营权的旅行社组织3人以上的出境旅游团。为保障参游人员的人身安全及合法权益，便于实施旅游服务质量监督管理，为防止旅游者非法滞留、涉足"三禁"（黄、赌、毒），我国规定现阶段公民自费出境旅游要以团队形式进行，且每团必须派遣领队，暂不办理散客出境旅游。

（五）领队制度

出境旅游实行领队制度，团队的旅游活动必须在领队的带领下进行。领队必须按照相关规定履行职责：①领队应当经省、自治区、直辖市以上旅游行政管理部门考核合格，并取得"海外领队证"后方可工作；②领队在带团时必须佩带《领队证》。领队的职责是：负责办理团队出入境手续；负责团队活动安排；代表组团社负责与境外接待社接洽；保证团队旅游服务的质量；处理突发事件并及时报告。

小案例

境外导游人员强迫旅游者参加额外付费导游项目

某具有出境游资格的国际旅行社打出广告，声称以"低廉的价格，优质的服务"为旅游者提供线路。某公司为增强和全国各地客户的感情联络，决定组织所有客户经理参加境外旅游。经过与旅行社的洽谈和协商，该公司决定全额支付旅游费用，并按照旅行社的要求，为每一位客户支付了500元的境外自费项目，同时书面约定，所有客户不需要在境外支付其他任何费用，除非客户们主动提出参加某些项目。组织的旅游团到达境外后，境外导游员给旅游者一份自费项目目录和价格，供每一位旅游者选择，境外导游员同时规定，每一位旅游者交纳自费项目费用1500元，否则就不再提供服务。在整个过程中，领队一言不发。由于身处异地他国,这些客户被迫按照境外导游员的要求,每人支付了1500元自费项目的费用。回国后,旅游者向组团社提出返还1500元的要求被拒绝,遂向旅游管理部门投诉。

评析:①根据《中国公民出国旅游管理办法》的规定,由于领队没有及时制止境外导游人员强迫旅游者参加额外付费项目,由旅游行政部门对组团社处组织该旅游团队所收取费用2倍以上5倍以下的罚款,并暂停其出国旅游业务经营资格,对旅游团队领队暂扣其领队证;造成恶劣影响的,对组团社取消其出国旅游业务经营资格,对旅游团队领队吊销其领队证。②该国际旅行社应当全额退还旅游者交纳的1500元。因为旅游者的消费是出于被迫,而不是自愿的,境外导游人员的行为剥夺了旅游者的自主选择权,该国际旅行社是组团社,必须对此承担责任。

三、团队、组团社、公安机关的职责及法律责任

(一)团队的职责

团队应履行如下职责。

(1)团队活动在领队的带领下进行。

(2)按要求或规定,通过国家开放口岸出入中国国境,公安边防机关有特殊规定的,按规定办理。

(3)整团出境,在境外确需分团的,组团社应事先报经有关省级公安边防机关批准。

(二)组团社的职责

组团社应履行如下职责。

(1)按国家旅游局核定的人数组织出入境旅游,办理相关手续,填写中国公民自费出境旅游团队名单表。

(2)为旅游者开具旅游费用发票。

(3)与旅游者签订旅游合同,并派专职领队全程随团。

(4)出境前已确定在境外分团的,须先报经公安边防机关批准。

(5)明确要求境外接待社按照双方商定的团队活动计划安排旅游活动,不得拒接、漏接或安排参加色情、赌博、毒品以及危险性活动。

(6)当团队在境外遇到特殊困难和安全问题时,应及时向国内旅游行政管理部门及公安部门报告,领队须及时向我驻外使领馆、旅游办事处报告。

(7)当出现旅游者在境外滞留不归时,应及时向公安机关和旅游行政管理部门报告,对有关查询、遣返等事项,应予以协助并负责垫付相关费用,事后由被遣返人员偿还。

(8)协助有关部门做好团队行李验收等管理工作。

(三)公安机关的职责

公安机关应履行如下职责。

(1)查验旅游者提交的旅游发票。

(2)确认组团社和旅游者的合法资格,并在法定期限内做出批准或不批准的决定后通知旅游者。

(3) 对符合出境条件的旅游者,公安机关出入境管理部门颁发护照,并附发"团队旅游"事由出境登记卡。

(4) 依法查处违反法规的旅行社和个人。

(四) 法律责任

各职责主体应严格遵照法律规定履行自己的职责,如未按照规定履行职责,也应承担相应的法律责任。

(1) 未经批准经营出境旅游业务的,应由旅游行政管理部门会同公安机关、工商部门依法查处。

(2) 对违反组团社职责的,由旅游行政管理部门给予通报批评、暂停经营出境旅游业务直至取消经营出境旅游业务资格的处罚。

(3) 接待社造成旅游者损害的,旅游者可要求组团社给予赔偿。

(4) 组团社未经许可在境外分团的,入境时由边防检查机关对组团社的有关责任人员进行处罚。

(5) 旅游者滞留不归被遣返回国的,由发证机关吊销护照,并依法予以处罚。

(6) 以自费出境旅游名义弄虚作假、骗取出境证件,用于擅自越国(边)境的,或者为组织、运输他人偷越国(边)境使用的,依法进行处罚。

本 章 小 结

本章从中国公民出入境管理法律制度出发,介绍中国公民出入境的要求、流程以及相关法律规定,同时阐述外国人出入境管理法律制度,介绍外国人出入境的相关手续和流程以及外国人在中国境内居住和停留的相关规定。最后介绍外国人出入境的检查制度以及中国公民出国旅游管理法规制度。

思 考 题

1. 简述海关对出入境人员的行李物品监管的规定。
2. 团队、组团社、公安机关的职责及法律责任。

第七章

文物保护法律制度

【学习目标】
1. 了解文物保护的概念和特征。
2. 熟悉文物保护的相关法律规定。
3. 掌握文物保护相关法律规定对展会举办和组织的影响。

【重点难点】
1. 重点了解文物保护的相关法律规定。
2. 掌握文物展品出国(境)展览的法律制度相关规定及操作流程。

第一节 文物及文物保护法概述

一、文物保护法概述

《中华人民共和国宪法》第二十二条规定,国家保护名胜古迹、珍贵文物和其他重要历史文化遗产。

我国专门针对文物保护的法律有《中华人民共和国文物保护法》《中华人民共和国水下文物保护法》,涉及文物保护的法律法规有《中华人民共和国环境保护法》《中华人民共和国海关法》《中华人民共和国城市规划法》《关于惩治盗掘古文化遗址古墓葬犯罪的补充规定》《治安管理处罚条例》等。国务院颁布的行政法规包括《全国重点文物保护单位名单》《中华人民共和国文物保护法实施细则》《关于进一步加强环境保护的决定》《河道管理条例》《国务院关于进一步加强文物工作的通知》等,以及文化部颁布的《文物出境、鉴定管理办法》;国家计委、国家环境保护委员会《建设项目环境保护设计规定》和国家文物局《全国重点文物保护单位保护范围、标志说明、记录档案和保管机构工作规范(试行)》等法律法规。

此外,我国还参加了《保护世界文化和自然遗产公约》《关于武装冲突情况下保护文化遗产的公约》《关于禁止和防止非法进口文化遗产和非法转让其所有权的方法的公约》等国际上通用的公约。

二、文物及其所有权

(一) 文物的分类

文物是指遗留在社会上或埋藏在地下的历史文化遗产。

文物的分类方法比较多,主要有:时代分类法、区域分类法、存在形态分类法、质地分类法、功能分类法、属性分类法、来源分类法等。

1. 时代分类法

时代分类法是以文物制作的时代为标准,对文物进行分类的方法。所有的文物均是时代的产物,它蕴含该时代的政治、经济、军事、文化、艺术、科学等多方面信息,这是文物依时代分类的依据。

在以时代为标准对文物进行分类时,要注意世界各国的共性和特性。如有的国家分石器时代文物、铜器时代文物、铁器时代文物。中国分古代文物、近现代文物。

(1) 古代文物中史前文物又分旧石器时代文物、新石器时代文物,为便于研究,还可再详细划分为早、中、晚期文物。历史时期文物中的古代文物,一般是按朝代划分,而不是按纪年划分。这与文物分类只注意相对年代,而不像研究某一件文物只注重绝对年代有密切关系。因此,历史时期的古代文物,一般分为夏代文物、商代文物、周代文物、战国文物、秦代文物、汉代文物、三国文物、魏晋南北朝文物、隋代文物、唐代文物、五代十国文物、宋代文物、辽代文物、金代文物、元代文物、西夏文物、明代文物、清代文物。其中还可以以王朝进一步详细划分,以利于研究和宣传。

(2) 近代文物,一般指1840—1919年间的文物。

(3) 现代文物,一般指1919年至当代的文物。

2. 区域分类法

区域分类法是以文物所在地点为标准,对文物进行分类的方法。此法以文物(出土、收藏、保存)所在区域为依据进行分类。通过区域分类,使人们对某个区域的文物有较全面的了解,为研究该地区的历史提供较全面的资料,且对文物实行区域性管理大有裨益。

一般而言,以区域分类法对文物进行归类,有以下三种方法。

(1) 以所处的自然地理位置进行分类,如中原文物、边疆文物等。

(2) 以山系、水系为区域划分进行分类,如泰沂山系、燕山南北、黄河流域、长江流域等。

(3) 以国家行政区划为区域范围作标准进行分类,如北京文物、河北文物、河南文物等。

3. 存在形态分类法

存在形态分类法可以把文物划分为可移动的文物和不可移动的文物两大类。

(1) 可移动的文物是指收藏(主要是馆藏)文物和流散文物,种类多,体量小,可根据收藏、保管、陈列、研究、教学需要随意移动、变换地点。可移动的文物主要有:石器、玉器、陶器、骨器、角器、牙器、蚌器、铜器、铁器、金器、银器、瓷器、漆器、工艺品、艺术品、装饰品、书画、古文献等。

(2) 不可移动的文物,一般来说,凡属文物史迹统归此类。种类多,体量大,不能或不宜整体移动是其特点。如古遗址中的旧石器时代北京猿人遗址;新石器时代姜寨仰韶文化聚落遗址、牛河梁红山文化"女神庙"遗址;古墓葬中的秦始皇陵;历史时期的古建筑、石窟寺、石刻及近现代的纪念建筑、纪念地等。

4. 质地分类法

质地分类法是以文物载体的质地(材料)为标准,对文物进行分类的方法。这一方法主要运用于古器物的分类。当今世界各国博物馆对馆藏文物的分类大多采用此法。此法在中国的运用,其渊源可以追溯到宋代。宋代吕大临所撰《考古图》是按质地对古器物进行分类的,是已知现存世界上年代最早的按质地分类撰就的比较系统的古器物图录,所收录的古器物中,除铜器外,主要是玉器。

按质地分类法对古器物进行分类,可分为玉器、石器、骨器、角器、牙器、木器、竹器、蚌器、陶器、瓷器、漆器、铜器、铁器、金器、银器、铅器、锡器、珐琅器、玻璃器、纺织品、纸类等。

5. 功能分类法

功能分类法是以文物的用途为标准,对文物进行分类的方法。此法也是世界各国从事文物学、考古学研究常用的方法之一。

按功能对文物进行分类,可不受文物的年代和质地的限制,可把不同时代不同质地而功能相同的文物划归为一类。这有助于对文物进行更深层次的研究。如古器物中的农具类,按质地可分为石、木、骨、角、蚌、陶、铜、铁农具等,各类农具中依用途可分为耕地、播种、中耕、收割等农具。不同质地的各类农具中,其产生的年代既有相同的又有不同的,因而运用功能分类法把农具类从各类文物中划分出来,再把农具类中时代不同用途相同的农具作进一步分类。这对研究其产生、发展、变化以及在不同历史时期的地位与所起的作用,研究农业发展史都具有重要价值。

6. 属性分类法

属性分类法是以文物的社会属性、科学文化属性为标准,对文物进行分类的方法。按属性对文物进行分类,大致可划分以下几类。

(1) 工具类是指为适应生产活动的需要而制造的器具,包括农业工具、渔猎工具和手工业工具等。

(2) 生活用具类是指为适应生活需要而制造的器具,包括烹饪器(鼎、鬲、甗等)、饮食用具(盆、罐、碗、杯等)、酒器(觚、爵、尊等)、盥洗器(盘、匜)、家具(几、案、桌、椅等)及其他(灯、镜、熏炉)类等。

(3) 建筑类是指古代建筑、民族建筑、宗教建筑、民居建筑等。

(4) 交通工具类是指为方便交通和贸易而制造的车、船、车马器等交通工具。

(5) 兵器类是指为防御或战争而制造的兵器,其中包括杀伤武器(戈、矛、戟、钺、刀、弓箭等)及防御用的盔、甲等。

(6) 礼器类是指专供大典、祭祀使用而制造的器物,如大型青铜鼎、玉琮、玉璧等。

(7) 明器类又名"冥器",是指专为死者制造的随葬品。随葬品中除有实用生活工具、生活用具、礼器、兵器、乐器、车马器及死者生前所用装饰品类外,还有仿各类实用器制作的各种器物,房屋、家具、车、船模型等,均属明器类。自新石器时代中、晚期以来,迄至明清,历代均有发现。

(8) 俑类是指为随葬而模拟人物、动物雕塑的人物像、动物像。俑是为取代残忍的殉葬人和牲畜而发明和制作的,这是一种进步现象。人物俑中有侍俑、仪仗俑、乐仗俑等,动物俑中有猪、狗、牛、马、羊、鸡、鸭、鱼、龟、鳖等。

(9) 科技类是指直接表现科学技术为内容的器物,不是泛指包含科技信念的文物。如天文图、建筑图、圭表、漏壶、日晷、浑天仪、简仪、古地图、医针、帛画《导引图》《灸法图》、针灸、铜人、医疗器械、医书及其他科技类古籍。

(10) 宗教类是指供宗教活动的场所、崇拜偶像、祭典用具及其他以宗教为内容而创作的物品或建筑,如祭坛、宫观寺庙、法器、宗教绘画和雕塑。

(11) 民俗类是指反映民间风俗习惯的实物,这类文物范围较为广泛,涉及社会生活和文化、娱乐的各个领域。如中国婚姻嫁娶用的轿、裹脚妇人穿的三寸金莲鞋、吸烟用的烟鼻壶、水烟斗、民族服饰、民间工艺品等。

(12) 乐器类是指用于吹、拉、弹和敲击用的乐器,如笛、笙、二胡、五弦琴、古筝、琵琶、钟、鼓等。

(13) 戏剧类是指民间戏剧用品,如皮影戏、木偶戏中的偶像等。

(14) 艺术类是指供观赏的陈设艺术品,如绘画、书法、雕塑等。

(15) 体育类是指体育用具和反映体育的艺术品、工艺品,如相扑铜牌、围棋盘及棋。

(16) 纪念类是指具有纪念意义、教育意义和史料价值的文化遗存。

(17) 革命类是指在近现代革命斗争中遗留下来的具有重要纪念意义、教育意义和史料价值的建筑物、遗址和纪念物品。

(18) 礼品类是指国家间、友好城市间、各国领导人间,或者各国体育代表队、团体间相互赠送的礼物。

7. 来源分类法

来源分类法是以文物藏品来源为标准,对文物进行分类的方法。此法仅适用于博物馆、纪念馆等文物保管机构和研究机构等文物收藏单位对文物藏品的分类。按来源分类法可以将藏品分为以下几类。

(1) 发掘品。考古发掘发现的大量文物,是文物藏品的主要来源。而记述文物来源时必须注明详细的出土地点,这类文物来源最可靠、最重要。

(2) 采集品。考古调查采集的文物也是文物藏品的来源之一,记述来源时,也应注明采集地点。

(3) 征集品。征集文物也是增加藏品的重要渠道之一。文物征集工作,主要是征集流散文物(包括生产中发现和其他方式得到被私人收藏的出土文物和传世品)和革命文物、纪念品等。征集方式有收购、自愿上缴、赠送(可适当奖励)、动员交出本应归国家所有而被私人收藏的文物等。记述时就应注明征集的地点、收藏人的姓名等。

(4) 拨交品。拨交品是指单位间互通有无或一个单位支援另一个单位的文物,记述时应注明单位信息。

(5) 拣选品。拣选品是指从废品收购站(文物被当废品收购)、银行(金、银质文物流入银行)、冶炼厂和造纸厂中拣选出来的文物,记述时应注明拣选地点。

(6) 挑选品。挑选品是指在进行存档资料整理时,注意发现挑选出来的文物。

(7) 交换品。交换品是指文物收藏单位根据国家文物法规所允许而开展单位间的文物交换,以相互调节余缺。

(8) 捐赠品。捐赠品是指文物收藏单位接受的文物鉴赏家、文物收藏者及工程中发现和私藏者的捐赠品。

8. 价值分类法

价值分类法是以文物价值为标准,对文物进行分类的方法,即以文物具有的历史、艺术、科学价值、纪念价值为标尺进行分类。

依中国文物法规对文物价值高低的评估,即对文物史迹和文物藏品的评估,均采用分三级评定。对文物史迹价值的评估,包括对古遗址、古墓葬、古建筑(含桥、塔、亭)、石窟、石刻、纪念建筑等价值的评估,经鉴定依其价值高低,分为三级,即全国重点文物保护单位(现已公布 500 处)、省(自治区、直辖市、特区)文物保护单位和县(市)文物保护单位。对文物藏品价值的评估,即对石器、玉器、陶器、漆器、青铜器、金器、银器、铁器、瓷器、书画等价值的评估,经鉴定,依其价值高低分为一级文物、二级文物、三级文物。

9. 综合分类法

综合分类法是指以两种以上标准对文物进行分类,如以文物的性质和用途进行分类。依此法把文物分为以下几类。

(1) 遗址类。这类遗址包括古代文化遗址、作坊遗址、城址、采矿遗址等。如中国旧石器时代的元谋人遗址、北京人遗址、山顶洞人遗址、汉长安城遗址、楼兰古城遗址、汉魏洛阳城、唐长安城等。

(2) 墓葬类。这类遗迹依墓结构可分为土坑竖穴墓、洞穴墓、土堆墓、崖墓;依葬具可分为悬棺葬、瓮棺葬、船棺葬、棺椁葬;依墓壁装饰可分为画像石墓、画像砖墓、壁画墓;依墓主身份又分为帝王陵寝、士大夫墓、贵族墓、平民墓。

(3) 建筑类。这类文物包括遗迹和实体。依建筑用途可分为宫殿建筑、道观、寺庙、祭坛、石窟、衙署、祠堂、民居、亭、台、榭、阁、塔、桥、经幢、牌坊、华表等。

(4) 农业类。这类文物包括农业工具(石斧、铲、镢、木耒、骨耜等)、农田与水利设施(田、渠、堰、井等)、灌溉用具(桔槔、辘轳、龙骨车等)、收割具(石镰、蚌镰、青铜镰等)、储粮的粮仓、粮食加工工具(石磨棒、磨棒、杵、臼等)以及有关反映农业生产的陶塑、石刻等。

(5) 纺织类。这类文物包括纺织工具、缝纫工具、纺织品(葛、麻、棉、丝、毛等织品)、染料等。

(6) 冶金类。这类文物包括用铜、铁、金、银、铅、锡锻打或铸造而成的礼器、乐器、烹饪器、工具、用具、符节、工艺品、艺术品、装饰品等。

(7) 陶瓷类。这类文物包括陶器、瓷器、三彩器、紫砂器。除日用器皿外,还有雕塑、玩具、工艺品、艺术品(雕塑人物、动物、植物)梅瓶、魂瓶、明器、俑(人物、动物、生肖俑等)、枕、砚等。

(8) 货币类。这类文物包括贝币、铜钱币(如布币、刀币、蚁鼻、秦半两、汉五铢等)、金币(如郢爰等)、银币(如银元等)、皮币(如白鹿皮币)、纸币(如交子等)及压胜钱。

(9) 绘画类。这类文物依载体不同可分为陶画、石画、地画、帛画、岩画、壁画、帛画、绢画、纸画等。

(10) 石刻类。这类文物包括碑、碣、墓志、摩崖石刻、画像石、石经、经幢、石造像等。

(11) 天文类。这类文物包括星图、表、日晷、滴漏、浑天仪、简仪、水运仪像台、观星台、观象台等。

（二）文物的所有权

2002年10月28日新修订的《文物保护法》第五条规定,中华人民共和国境内地下、内水和领海中遗存的一切文物,属于国家所有。古文化遗址、古墓葬、石窟寺属于国家所有。国家指定保护的纪念建筑物、古建筑、石刻、壁画、近现代代表性建筑等不可移动文物,除国家另有规定的以外,属于国家所有。

另有相当部分文物属于集体（如民居、祠堂、牌坊等）和个人所有（如祖传文物、私人购置等）。

三、对文物保护单位的法律保护

（一）文物保护单位的分级

《文物保护法》第三条规定,古文化遗址、古墓葬、古建筑、石窟寺、石刻、壁画、近代现代重要史迹和代表性建筑等不可移动文物,根据它们的历史、艺术、科学价值,可以分别确定为全国重点文物保护单位、省级文物保护单位和市、县级文物保护单位。

（二）文物保护管理机关及其职责

《文物保护法》第八条规定：国务院文物性质部门主管全国文物保护工作,地方各级人民政府负责本行政区内的文物保护工作。文物管理机关具体职责包括以下几个方面。

（1）划定必要的保护范围。
（2）提出有效的保护措施。
（3）确定历史文化名城和其他历史文化单位。
（4）明确文物保护单位的迁移、修缮原则。
（5）保护文物保护单位在综合利用过程中的原状。

四、考古发掘制度

（一）文物发掘报批制度

国家文物局于1998年7月15日颁布的《考古发掘管理办法》规定,国家文物局统一管理全国考古发掘工作,一切考古发掘工作都必须履行报批手续,包括在中国境内地下、内水和领海所进行的一切考古发掘和水下考古活动。

（二）文物发现报告制度

《文物保护法》第三十二条规定,发现文物应该保护现场,及时报告文物行政部门,接到报告后,文物保护部门应在24小时内赶赴现场,7日内提出处理意见。

（三）文物发掘管理禁令

关于文物发掘管理禁令包括以下内容。

(1) 非经国务院文物行政部门报国务院特别许可,任何外国人或者外国团体不得在中华人民共和国境内进行考古调查、勘探、发掘。

(2) 考古调查、勘探、发掘的结果,应当报告国务院文物行政部门和省、自治区、直辖市人民政府文物行政部门。

(3) 考古发掘的文物,应当登记造册,妥善保管,按照规定移交给各省、自治区、直辖市人民政府文物行政部门或指定的国有博物馆或图书馆或国有收藏单位。

(4) 考古发掘的文物,任何单位和个人不得侵占。

五、对文物的管理

(一) 馆藏文物的管理

对于馆藏文物,要建立区分等级、建立档案、妥善保管、依法调用的管理制度。

(二) 民间文物的管理

1. 文物来源合法

《文物保护法》第五十条规定,文物来源包括以下几种合法途径。

(1) 依法继承或者接受赠与。

(2) 从文物商店购买。

(3) 从经营文物拍卖的拍卖企业购买。

(4) 公民个人合法所有的文物相互交换或者依法转让。

(5) 国家规定的其他合法方式。

2. 禁止买卖的文物

根据《文物保护法》第五十一条的规定,公民、法人和其他组织不得买卖下列文物。

(1) 国有文物,但是国家允许的除外。

(2) 非国有馆藏珍贵文物。

(3) 国有不可移动文物中的壁画、雕塑、建筑构件等,但是依法拆除的国有不可移动文物中的壁画、雕塑、建筑构件等不属于《文物保护法》第二十条第四款规定的应由文物收藏单位收藏的除外。

(4) 来源不符合《文物保护法》第五十条规定的文物。

3. 法律责任

根据《文物保护法》第七十一条的规定,买卖国家禁止买卖的文物或者将禁止出境的文物转让、出租、质押给外国人,尚不构成犯罪的,由县级以上人民政府文物主管部门责令改正,没收违法所得,违法经营额一万元以上的,并处违法经营额二倍以上五倍以下的罚款;违法经营额不足一万元的,并处五千元以上二万元以下的罚款。同时根据我国《刑法》第三百二十六条关于倒卖文物罪的规定,以牟利为目的,倒卖国家禁止经营的文物,情节严重的,处五年以下有期徒刑或者拘役,并处罚金;情节特别严重的,处五年以上十年以下有期徒刑,并处罚金。单位犯前款罪的,对单位判处罚金,并对其直接负责的主管人员和其他直接责任人员,依照前款的规定处罚。

4. 民间文物的流通

（1）文物的捐赠。国家鼓励公民或社团组织捐赠文物给国有文物收藏部门或借给文物收藏单位。

（2）文物的经营。未经文物行政部门批准设立的文物商店不得从事文物拍卖经营活动。依法设立的文物拍卖企业，应该取得文物行政部门的文物拍卖许可证。经营文物拍卖的拍卖企业不得从事文物购销经营活动，不得设立文物商店。文物管理单位、文物收藏单位不得举办文物商店或经营文物拍卖的企业。禁止设立中外合资、中外合作、外商独资的文物商店或者文物拍卖企业。

（3）文物的回收。银行、冶炼厂、造纸厂以及废旧物资回收单位，应当与文物行政部门共同负责拣选文物。

（三）文物出入境的管理

1. 不准出境的文物

随着我国改革开放的深化和对外文化交流的扩大，文物出国（境）展览呈现出日益繁荣的局面。但是也由此加大了文物遭受损害的可能性，对文物的安全构成了潜在威胁。对此，国家文物局根据地方文物部门和有关方面专家的意见，根据我国《文物保护法实施条例》第六章第四十九条，即"一级文物中的孤品和易损品，禁止出境展览。禁止出境展览文物的目录，由国务院文物行政主管部门定期公布。未曾在国内正式展出的文物，不得出境展览"的规定，于2002年1月18日印发《首批禁止出国（境）64件禁止出国（境）文物图集1(20张)展览文物目录》，确定了首批禁止出国（境）展览的重要文物，包括中国国家博物馆珍藏1978年在河南省临汝县出土的新石器时代文物彩绘鹳鱼石斧图陶缸，1958年在陕西省华县出土的新石器时代文物陶鹰、鼎，1939年在河南省安阳出土的商代文物后母戊、铜鼎等共64件（组）。2012年6月26日发布《第二批禁止出国（境）展览文物目录（书画类）》，其中37件（组）一级文物自即日起禁止出境展出。2013年8月19日，国家文物局发布《第三批禁止出境展览文物目录》，共有94件（组）一级文物列入第三批禁止出境展览文物目录，含青铜器、陶瓷、玉器、杂项等四类。为加强文物出境展览的规范管理，切实保证珍贵文物尤其是一级文物中的孤品和易损品安全，目录中除了藏于国家博物馆的商子龙鼎和商四羊方尊外，还有藏于首都博物馆的西周伯矩鬲、上海博物馆的战国商鞅方升等。这些目录中列出的文物禁止出境展览。

小案例

被告人袁某，于2014年11月16日上午9时许，准备乘坐CA925航班前往日本，并选择无申报通道出境，在北京首都机场海关旅检处工作人员对其行李进行检查时，发现装有大量化石，部分化石疑似文物，经有关部门对上述化石进行鉴定，该批化石中有9件视同国家一级文物，有76件视同国家二级文物，有11件视同国家三级文物。被告人袁某被当场抓获。

公诉机关认为袁某的行为已构成走私文物罪，且情节特别严重，向北京市第二中级人民法院提起公诉。

2. 文物出入境手续

《文物保护法》规定：文物出境，应当经国务院文物行政部门指定的文物进出境审核机构审核。经审核允许出境的文物,由国务院文物行政部门发给文物出境许可证,从国务院文物行政部门指定的口岸出境。任何单位或个人运送、邮寄、携带文物出境,都应当向海关申报;海关凭文物出境许可证放行。

文物临时进境,需要向海关申报并对其审核、登记;文物复出境时,需要审核查验,符合条件的发放文物行政部门出境许可证。

第二节 文物展品出境展览法律制度

一、文物展品出境展览的基本规定

(一)相关法律及规定

按照《中华人民共和国文物保护法实施条例》第六章第四十九条的规定, 级文物中的孤品和易损品,禁止出境展览。禁止出境展览文物的目录,由国务院文物行政主管部门定期公布。未曾在国内正式展出的文物,不得出境展览。第四十五条规定,文物进出境审核机构审核文物,应当有3名以上文物博物专业技术人员参加;其中,应当有2名以上文物进出境责任鉴定员。第四十七条规定,经审核不允许出境的文物,由文物进出境审核机构发还当事人。

为规范文物出境展览的管理,根据《中华人民共和国文物保护法》和《中华人民共和国文物保护法实施条例》,国家文物局于2005年5月27日发布了《文物出境展览管理规定》(文物办发〔2005〕13号)。该规定在总则部分对文物出境展览的类型、可展文物和展览方式以及管理部门都做了规定。

(二)可展文物及展览方式

出境展览的文物应当经过文物收藏单位的登记和定级,并已在国内公开展出。
根据《文物出境展览管理规定》第十二条的规定,下列文物禁止出境。
(1)古尸。
(2)宗教场所的主尊造像。
(3)一级文物中的孤品和易损品。
(4)列入禁止出境文物目录的。
(5)文物保存状况不宜出境展览的。
根据《文物出境展览管理规定》第十三条的规定,下列文物限制出境展览。
(1)简牍、帛书。
(2)元代以前的书画、缂丝作品。
(3)宋、元时期有代表性的瓷器孤品。
(4)唐写本、宋刻本古籍。
(5)宋代以前的大幅完整丝织品。
(6)大幅壁画和重要壁画。
(7)唐宋以前的陵墓石刻及泥塑造像。
(8)质地为象牙、犀角等被《濒危野生动植物物种国际贸易公约》列为禁止进出口物品种类的文物。

二、文物展品出国(境)展览的管理部门及职责

(一)管理部门

根据《文物出境展览管理规定》第四条和第五条的规定,国家文物局和省级文物行政部门分别负责国家和本行政区域文物出国(境)展览的归口管理。

(二)管理部门的职责

1. 国家文物局

国家文物局负责全国文物出境展览的归口管理,其职责是:
(1) 审核文物出境展览计划,制订并公布全国文物出境展览计划。
(2) 审批文物出境展览项目。
(3) 组织或指定专门机构承办大型文物出境展览。
(4) 制定并定期公布禁止和限制出境展览文物的目录。
(5) 监督和检查文物出境展览的情况。
(6) 查处文物出境展览中的违法、违规行为。

2. 省级文物行政部门

省级文物行政部门负责本行政区域文物出境展览的归口管理,其职责是:
(1) 核报文物出境展览计划。
(2) 核报文物出境展览项目。
(3) 协调文物出境展览的组织工作。
(4) 核报禁止和限制出境展览文物的目录。
(5) 核报展览协议书及展览结项有关资料。
(6) 监督和检查文物出境展览的情况。
(7) 查处文物出境展览中的违法、违规行为。

三、文物出国(境)展览组织者的资格

根据《文物出境展览管理规定》第二条的规定,文物出境展览必须是下列机构在境外(包括外国及我国香港、澳门特别行政区和台湾地区)举办的各类文物展览。
(1) 国家文物局。
(2) 国家文物局指定的从事文物出境展览的单位。
(3) 省级文物行政部门。
(4) 境内各文物收藏单位。

四、文物出国(境)展览项目的审批

(一)审批权限

根据《文物出境展览管理规定》第八条的规定,文物出境展览,应当报国家文物局批准。

其中一级文物展品超过 120 件(套),或者一级文物展品超过展品总数的 20%的,由国家文物局报国务院审批。

(二)项目报批程序

1. 年度计划的报批程序

从事文物出境展览的单位应将下一年度文物出境展览计划报批,年度计划的报批程序如下。

(1)国家文物局指定的从事文物出境展览的单位,各省级文物行政部门以及境内文物收藏单位,应在每年的 5 月底前向国家文物局书面申报下一年度文物出境展览计划。地方各级文物行政部门所辖的文物收藏单位的出境展览计划,应经省级文物行政部门提出意见后报国家文物局。

(2)国家文物局应于每年的 6 月底前制订并公布下一年度全国文物出境展览计划。

2. 文物出境展览项目的报批

计划报批后,根据《文物出境展览管理规定》第十条的规定,从事文物出境展览的单位应按规定程序报批文物出境展览项目。

(1)国家文物局指定的从事文物出境展览的单位,各省级文物行政部门以及境内文物收藏单位,应在展览项目实施的 6 个月前提出项目的书面申请报国家文物局审批。地方各级文物行政部门所辖的文物收藏单位举办出境展览,应经省级文物行政部门提出意见后报国家文物局审批。

(2)国家文物局应自收到申请之日起 30 个工作日内做出批准或者不批准的决定。决定批准的,发给批准文件;决定不批准的,应书面通知当事人并说明理由。

(三)申报项目的内容

申报项目必须包括下列内容。

(1)合作各方的有关背景资料、资信证明和境外合作方的邀请信。

(2)经过草签的展览协议书草案,内容包括:举办展览的机构、所在地及国别;展览的名称、时间、出展场地;展品的安全、运输、保险及赔偿责任和费用;展品的点交方式及地点;展览派出人员的安排及所需费用;展览有关费用和支付方式;有关知识产权问题。

(四)展品目录和经核准的展品估价

展品目录、文物出境展览展品申报表和展品估价。文物出境展览展品申报表应按国家文物局制定的统一格式填写,并附汇总登记表。上述书面申请应另附电子文本一份。

(五)其他事项

1. 项目更改程序

根据《文物出境展览管理规定》的规定,未经批准,任何单位和个人不得对外做出文物出境展览的承诺或签订有关的正式协议书。经批准的文物出境展览协议书草案、展品目录、展品估价等,如需更改应重新履行报批程序。

2. 备案程序

文物出境展览的承办单位应于展览协议书签订之日起1个月内将展览协议书报送国家文物局备案。文物出境展览的承办单位应于展览结束之日起2个月内向国家文物局提交文物出境展览结项备案表、结项报告及展览音像资料。

3. 出境展览的文物复进境程序

出境展览的文物出境,应持国家文物局的批准文件,向文物进出境审核机构申请,由文物进出境审核机构审核、登记,并从国家文物局指定的口岸出境。海关凭国家文物局的批准文件和文物进出境审核机构出具的证书放行。出境展览的文物复进境,应向海关申报,经原文物进出境审核机构审核查验后,凭原文物进出境审核机构出具的证书办理海关结项手续。

4. 展览期限

文物出境展览的期限不得超过1年。因特殊需要,经原审批机关批准可以延期;但是,延期最长不得超过1年。

五、文物出境展览的展品安全

文物出境展览的承办单位应对出境展览的文物进行严格的安全检查,不能保证安全的文物一律不得申报出境展览。

出境展览的文物应当按照经批准的展品估价保险。出境展览文物保险的险种至少应包括财产一切险和运输一切险。

文物出境展览的点交应当在符合文物保管条件和安全条件的场地进行。点交现场应当采取有针对性的安全保卫措施,严格规定点交流程。点交记录应详尽准确。

出境展览文物的包装工作应严格按照技术规范执行。由包装公司承担文物出境展览的包装工作时,包装公司应具备包装中国文物展品的资信和能力,承办单位负责对包装工作进行监督和指导。

文物出境展览的运输工作应由具备承运中国文物展品的资信和能力的运输公司承担。承办单位负责对运输工作进行监督和指导。

文物出境展览的承办单位应确保境外展览的场地、设施和方式符合中国文物陈列的安全要求。

制作展览图录的照片原则上由出境展览的承办单位提供,不得允许外方合作者自行拍摄。重要文物展览的电视和广告宣传需要摄录展品的,由出境展览的承办单位根据《文物拍摄管理暂行办法》的规定执行。

六、文物出境展览的人员派出及其相关规定

(一)文物出境展览派出人员的工作职责

文物出境应派出代表团参加展览开幕活动,并配备工作组参与展品点交,监督和指导陈列的布置和撤除,监督展览协议书的执行情况。根据展览工作的需要,展览承办单位应派出工作组评估境外展览的场地和设施是否符合中国文物陈列的要求。

（二）文物出境展览派出人员的任职要求

文物出境展览工作人员应热爱祖国，维护国家的主权和利益，维护民族尊严，严格遵守外事纪律，熟悉展览及展品情况。工作组应由具有中级以上专业技术职务的人员（或从事文物保管等工作五年以上的人员）参加。大型文物展览工作组组长应由具有高级专业技术职务的人员担任。

（三）文物出境展览派出人员的工作保障

出境展览的承办单位应当为文物出境展览工作人员在境外工作期间安排人身安全及紧急医疗保险。

七、法律责任

根据《文物出境展览管理规定》第三十条的规定，违反本规定，有下列行为之一的，由国家文物局根据情节轻重，给予警告、通报批评、暂停文物出境展览等处罚，情节严重者，应追究有关人员的刑事责任。

(1) 未经批准，签订文物出境展览协议书的。
(2) 未如实申报文物出境展览项目有关内容的。
(3) 工作人员玩忽职守，造成文物灭失、损毁，或其他恶劣影响的。
(4) 未经批准，延长文物出境展览时间或在境外停留时间的。
(5) 未在规定期限内报送文物出境展览协议书、结项备案表和结项报告，或未如实填写文物出境展览展品申报表及结项备案表的。

暂停文物出境展览的时间视情节轻重确定，最短时间为1年。

第三节　出境文物展品包装、运输法律规定

一、出境文物展品包装法律规定

（一）基本要求

出境文物展品包装工作基本要求是：结构合理、坚固耐用、拆卸方便、复位容易、简洁美观。

（二）包装技术要求

包装技术要求包括包装材料的运用、外包装箱制作要求、内包装箱（盒）制作要求。包装材料的运用可以是夹芯板或泡沫、塑料。包装常用的方式有悬空减震法、捆扎法、点式固定、紧压法、镟挖法等。

（三）包装单位和人员要求

举办出境文物展览的单位，必须指定专门的从事文物展品包装工作的单位或由专人负

责包装工作。国家文物局认定有能力的单位可以从事专门的文物展品包装工作。从事包装工作的人员,必须经过国家文物局(或由国家文物局指定的培训机构)举办的专业技术培训班培训,并经考核获得资格证书后,方能从事文物展品包装工作。包装工作人员应热爱本职工作,爱护文物,具有强烈的责任心。

知识链接

未经国家文物局特别许可,外国团体、法人、自然人不得在文物展览单位从事文物包装工作。

(四)包装质量监督

国家文物局可指定或委托有关单位为文物展品的指导、检查和质量监督单位,对出国(境)文物展览的展品包装进行质量检查,符合本规范要求的,方可出国(境)展览。凡违反本规定操作使展品存在安全隐患的,一经查出,即令其重新包装;对仍达不到规范要求的,则禁止其出国(境)展览。

对不采纳检查人员意见,或弄虚作假而使不合乎包装规范的展品出国(境)展览,并导致展品损伤或损毁、给国家造成损失的,要追究单位责任人和有关人员的行政责任,给予处罚,情节严重者,应追究有关人员的刑事责任。

二、出境文物展览展品运输法律规定

(一)展品承运人

国家文物局《出国(境)文物展览展品运输规定》规定,展品运输实行承运人负责制并通过合同管理制度实现。展品承运人的资格由国家文物局根据本规定认定并颁发资格证书,国家文物局定期向社会公布展品承运人名单。

(二)展品承运人的资格

展品承运人分为展品国内运输承运人和国际运输承运人。国内运输承运人不得从事国际运输业务。

展品国内运输承运人必须具有以下资格。

(1) 在中国境内注册的能够独立承担经济责任和民事责任的企业。

(2) 必须具备多年从事文物展览运输工作经验,可以确保文物运输的安全,并可承担由于运输而造成展品损坏的法律责任和经济责任。

(3) 有固定的营业场所和健全的组织机构,有对文物运输业务熟悉的经营管理人员、专业技术人员及相应的运输设备。

展品国际运输承运人除必须具有展品国内运输承运人的资格外,还须具有以下资格。

(1) 具有国家经济贸易部核发的国际货物运输代理企业批准证书。

(2) 具有国家海关总署核发的代理报关企业注册登记证书及海关批准的展品货物进出口代理报关资格证书。

(3) 具有国家交通管理部门和民航管理部门核发的运输经营许可证书。

境外展览方或国内参展单位委托没有展品承运人资格的单位运输展品,或不与承运人签订展品运输合同,由国家文物局取消其举办展览或参加展览的资格。由此造成展品损失的,应依照法律追究其民事和刑事责任。

(三)出境文物展览展品委托运输合同

出境文物展览展品委托运输合同应包括以下内容。
(1) 展品的名称、数量、重量。
(2) 展品委托方、接收方的名称,运输的起始和目的地及时间。
(3) 使用的运输工具。
(4) 展品运输需要办理的审批、检验和报关等手续。
(5) 展品的内、外包装。
(6) 押运人员的派出及责任。
(7) 委托方、承运人及接收方对展品的点交和检验。
(8) 保险及承运人的违约责任。
(9) 其他相关内容。

(四)展品运输过程中应遵守的要求

展品运输过程中应遵守如下要求。
(1) 运输工具的选择以保障展品安全为前提。
(2) 使用汽车或火车的运输,应有武装人员押运。
(3) 国际运输过程中应有中方人员随行。
(4) 运送展品的汽车在高速公路上的车速不应超过 90 千米/小时。
(5) 装卸作业中,展品包装箱的倾斜角不得超过 30°。

本 章 小 结

本章主要介绍文物以及文物相关分类知识,同时阐述我国文物出国境展览的相关规定,以及对出国境展览的文物展品的包装法律规定和运输法律规定。

思 考 题

1. 我国文物分类主要有哪几种?
2. 关于文物展品进出口的规定主要包括哪些内容?

展品进出口管理制度

【学习目标】

1. 了解展品出入境的基本海关制度。
2. 熟悉我国对外贸易管理制度。
3. 熟练操作展品的出入境报关业务。

【重点难点】

1. 了解中小展览企业参与国际市场时开拓资金的应用相关规定。
2. 掌握展品进出口的相关操作流程。

第一节 海关概述

一、我国海关的性质和任务

海关是国家主权的象征,体现国家的权力和意志。

《海关法》第二条规定,中华人民共和国海关是国家的进出关境(简称进出境)监督管理机关。海关依照本法和其他有关法律、行政法规,监管进出境的运输工具、货物、行李物品、邮递物品和其他物品(简称进出境运输工具、货物、物品),征收关税和其他税、费,查缉走私,并编制海关统计和办理其他海关业务。

(一)海关的性质

(1)海关是国家的监督机关,代表国家依法独立行使监督管理权,是国家上层建筑的组成部分,海关的权力授自于国家。海关对外维护国家的主权和利益,对内体现国家、全社会的整体利益。

(2)海关实施监督管理的范围是进出关境的活动。海关进行监督管理的对象是所有进出关境的运输工具、货物、物品。

关境是世界各国海关通用的概念,适用于同一海关法或实行同一关税制度的领域。

一般情况下,关境等于国境。但有些国家关境不等于国境。国境是指一个国家行使全部过节主权的国家空间,包括领陆、领海、领空。第二次世界大战后,关税同盟和自由区、自由港大量出现,国境等于关境的原则被突破,国家政治国境和关境有时不完全一致。几个国家结成关税同盟,组成一个共同关境,实施统一的海关法规和关税制度,其成员国的货物在彼此之间的国境进出不征收关税,此时关境大于其成员国的各自国境。自由港、自由区虽在国境之内,但从征收关税看,它可以被视为在该国境之外,进出自由港(区)可以免征关税,此时关境小于国境。针对原为殖民地的国家或地区,《关税及贸易总协定》第二十四条规定,经其宗主国的统一并用发表声明和证实等方法,可以单独成为《关税及贸易总协定》一个成员。此条对关境定义为:在对外贸易方面独立实行关税和贸易管理制度的地区,即所谓的单独关境。香港便是通过这种形式,于1986年由英国发表声明,作为单独关税地区为《关税及贸易总协定》的一个成员。中国也同时发表声明,承诺在1997年7月1日香港归还中国后,保持其自由港地位,成为一个单独关税地区,可以"中国香港"的名义继续成为《关税及贸易总协定》的一个成员。此时,中国的国境大于关境。从1981年起,有关文件或教材中陆续出现"关境"的概念。中国现行关境是适用《中华人民共和国海关法》的中华人民共和国行政管辖区域,不包括香港、澳门和台澎金马3个单独关境地区。

(3) 海关是一个行政执法部门。海关执法的依据是《海关法》。1987年1月22日第六届全国人民代表大会常务委员会第十九次会议通过,同年7月1日起实施。2000年7月8日第九届全国人民代表大会常务委员会第十六次会议审议通过了《关于修改〈中华人民共和国海关法〉的决定》。修正后的《海关法》于2001年1月1日起实施。

海关事务立法属于中央立法权,地方人民代表大会和人民政府不得制定海关法律规范,地方法规、规章不是海关执法的依据。

(二) 海关的任务

海关有四项基本任务:监管进出境的运输工具、货物、行李物品、邮递物品和其他物品,征收关税和其他税费,查缉走私和编制海关统计。

1. 监管

监管是四项任务的基础。监管根据对象的不同可分为货物监管、物品监管和运输工具监管。

海关除了审单、查验、放行等方式对进出境运输工具、货物、物品的进出境活动实施监管外,海关监管还要执行或监督执行国家其他对外贸易管理制度的实施,如进出口许可制度、外汇管理制度、进出口商品检验检疫制度、文物管理制度等,从而在政治、经济、文化道德、公众健康等方面维护国家利益。

2. 征税

关税是国家财政收入的重要来源,也是国家宏观经济调控的重要工具。海关征税工作的基本法律依据是《海关法》《关税条例》等。

3. 查缉走私

走私是指进出境活动的当事人或相关人违反《海关法》及有关法律、行政法规,逃避海关监管,偷逃应纳税款,逃避国家有关进出境的禁止性规定或者未经海关许可并且未缴应纳税款、交验有关许可证件,擅自将保税货物、特定减免税货物以及其他海关监管货物、物品、进境的境外运输工具在境内销售的行为。

海关是打击走私的主管机关,查缉走私是海关的一项重要任务。为严厉打击走私犯罪活动,根据党中央、国务院的决定,我国组建了海关缉私警察队伍,专司打击走私犯罪,负责对走私犯罪案件的侦查、拘留、执行逮捕和预审工作。

4. 编制海关统计

海关统计是以实际进出口货物作为统计和分析的对象,通过搜集、整理、加工处理进出口货物报关单或经海关核准的其他申报单证,对进出口货物的品种、数(重)量、价格、国别(地区)、经营单位、境外目的地、境内目的地、境内货源地、贸易方式、运输方式、关别等项目分别进行统计和综合分析,全面、准确地反映对外贸易的运行态势,及时提供统计信息和咨询,实施有效的统计监督,开展国际贸易统计的交流与合作,促进对外贸易的发展。

1992年1月1日,海关总署以国际通用的《商品名称及编码协调制度》为基础,编制了《中华人民共和国海关统计商品目录》,把税则与统计目录的归类编码统一起来,规范了进出口商品的命名和归类,使海关统计进一步向国际惯例靠拢,适应了我国对外开放和建立社会主义市场经济体制的需要。

二、海关机构的设置和权力

(一)海关机构的设置

中华人民共和国海关是国家的进出关境监督管理机关,实行垂直管理体制,在组织机构上分为3个层次:第一层次是海关总署;第二层次是广东分署,天津、上海两个特派员办事处,41个直属海关和两所海关学校(上海海关学院和秦皇岛海关学校);第三层次是各直属海关下辖的562个隶属海关机构。此外,在布鲁塞尔、莫斯科、华盛顿以及香港等地设有派驻机构。目前,共有国家批准的海、陆、空一类口岸253个,此外还有省级人民政府原来批准的二类口岸近200个。

1. 海关总署

海关总署是中国海关的领导机关,是中华人民共和国国务院下属的正部级直属机构,统一管理全国海关。海关总署机关内设15个部门,并管理6个直属事业单位、4个社会团体和3个驻外机构。中央纪委监察部在海关总署派驻纪检组监察局。

2. 直属海关

直属海关是指直接由海关总署领导,负责管理一定区域范围内海关业务的海关。目前我国共有41个直属海关,除香港、澳门、台湾地区外,分布在全国31个省、自治区、直辖市。直属海关就本关区内的海关事务独立行使职权,向海关总署负责。直属海关承担着在关区内组织开展海关各项业务和关区集中审单作业,全面有效地贯彻执行海关各项政策、法律、法规、管理制度和作业规范的重要职责,在海关三级业务职能管理中发挥着承上启下的作用。

3. 隶属海关

隶属海关是指由直属海关领导,负责办理具体海关业务的海关。隶属海关共有562个。

4. 海关缉私警察机构

1998年,由海关总署、公安部联合组建走私犯罪侦查局,设在海关总署。走私犯罪侦查局既是海关总署的一个内设局,又是公安部的一个序列局,实行海关总署和公安部双重领导,海关领导为主的体制。

（二）海关机构的权力

（1）许可审批权。海关机构的许可审批权包括对企业报关权以及从事海关监管货物的仓储、转关运输货物的境内运输、报税货物的加工等业务的许可审批，对报关员的报关从业审批等。

（2）税费征收及减免权。

（3）行政强制权。海关机构的行政强制权包括检查权、查验权、复制权、查问权、扣留权、滞纳金征收权、提取货样、提取货物变卖等。

（4）行政处罚权。海关机构的行政处罚权包括对尚未构成走私罪的违法当事人处以行政处罚。

（5）配带和使用武器权。

（6）其他行政处理权。海关机构还拥有一些其他行政处理权，如行政命令权、限期改正、责令退还、行政奖励权等。

第二节　报　　关

一、报关管理制度

报关管理制度是指海关依法对报关人及代表报关单位报关的报关员报关资格审定、批准及对其报关行为进行规范和有效管理的业务制度。

1. 报关的主体

进出境运输工具负责人、进出口货物收发货人、进出境物品的所有人或者他们的代理人是报关行为的承担者，是报关的主体，也就是报关人。报关人包括报关单位和报关员两类。

2. 报关的对象

报关的对象是进出境运输工具、货物和物品。报关的内容是办理运输工具、货物和物品的进出境手续及相关海关手续。

3. 报关单位和报关员

报关单位包括直接报关企业和代理报关企业。报关单位在经海关审批并办理注册登记后，可直接向海关办理进出境报关手续。只有海关注册登记的进出口货物收发货人和报关企业才可以向海关办理报关纳税手续，而具有这样报关资格的单位应指定专职报关员向海关报关。

二、报关单位与报关员的注册登记程序

报关单位与报关员的注册登记程序包括申请、审查、发证等，登记注册后取得《自理报关单位注册登记证明书》《专业报关企业注册登记证书》《代理报关企业注册登记证书》等证书。

三、异地报关备案制度

异地报关备案制度是指已经在所在地海关办理了报关注册登记的企业,为取得在其他海关所辖关区报关的资格,而在有关海关备案审批手续的海关管理制度。

四、报关的分类管理

(一) 进出境运输工具的报关

进出境运输工具报关时,应向海关直接交验随附的、符合国际商业运输惯例、能反映运输工具进出合法性及其所承运货物、物品情况的合法证件、清单和其他运输单证。

(二) 进出境货物的管理

进出境货物管理应遵从以下规定。
(1) 货物收发人接到运输公司或邮递公司寄交的"提货通知单"。
(2) 准备好报关单证,在海关规定的时间地点和报关时限内以书面和电子数据方式向海关申报,填写《进(出)口货物报关单》。
(3) 经海关对报关电子数据或者书面报关单进行审核后,在海关认为必要的情况下,报关人员要配合海关进行货物的查验。
(4) 属于应纳税、应缴费范围的进出口货物,报关单位应在海关规定的期限内缴纳进出口税费。

进出口货物的报关有自理报关和代理报关两种形式。

(三) 进出境物品的报关

按照规定,个人携带进出境的行李物品、邮寄进出境的物品,应当以自用合理的数量为限。世界上大多数国家的海关法律都规定,旅客携带物品适用"红绿通道"制度。我国海关也采用该制度。

我国海关规定,进出境旅客在向海关申报时,可以在两种分别以红色和绿色作为标记的通道中进行选择。"红色通道"为申报通道,"绿色通道"为无申报通道。

具有以下情况之一的出境旅客应该选择"红色通道"通关,填写申报单,并将申报单交由海关办理物品出境手续。
(1) 携带需复带入境的照相机、便携式收录机、小型摄影机、手提式摄录机、手提式文字处理机等旅行自用物品。
(2) 未将应复带出境物品原物带出,或携带入境的暂时免税物品未办结海关手续者。
(3) 携带外币、金银及其制品,但未取得有关出境许可或携带外币、金银及其制品数额超出原进境申报数额的。
(4) 携带现钞进出境有限制。进、出境可携带人民币均为不超过 2 万元。可携带的外币额度则分三种情况:当天进出境一次及一次以上,携带外币折合不超过 500 美元;15 日内进出境一次及以上,携带外币折合不超过 1000 美元;非以上情况携带外币折合不超过 5000 美元。超出额度的应向海关书面申报。同时,出境人员携带外币现钞在等值 5000 美元以上至

10 000美元的,应向外汇指定银行申领《携带外汇出境许可证》,海关凭证验放。

(5) 携带文物、货物、货样以及其他需办理出境验放手续的物品的。

(6) 携带出境物品超出海关规定的限量、限值或其他限制规定的。

(7) 携带中国检疫法规管制的动植物及其产品以及其他须办理特殊验收手续的物品者。

(8) 对海关规定不明确或不知如何选择通道的,应选择"绿色通道"的出境者包括以下两种:①未选择"红色通道"的出境者;②持外交、礼遇签证的旅客和免验旅客。

如果进出境的物品是邮递的,其申报方式不同于普通物品。我国是《万国邮政公约》的签约国,根据《万国邮政公约》的规定,进出口邮包必须由寄件人填写"报税单",列明所寄物品的名称、价值、数量,向邮包寄达国家的海关申报。

五、与海关相关的其他海关监管制度

(一)查验制度

查验以已经审核的法定申报单为依据,在海关监管场所,对货物进行实际的检查,即检查"单"与"证件"是否相符,"单"与"货"是否相符。

(二)海关年审制度

海关年审制度是指报关企业和自理报关单位每年在海关规定的期限内,向海关递交规定的文件资料,由海关对其进行报关资格进行年度审核,以确定其是否具备继续开展报关业务条件的海关管理制度。报关单位申报年审的时间为每年的1月1日至4月30日。

(三)经设关地点进出境制度

《海关法》第八条规定,进出境运输工具、货物、物品必须通过设立海关的地点进境或出境。

(四)后续管理制度

后续管理制度是指海关先放货,事后进行监督管理,如核销制度、海关驻厂监管制度等。

(五)征税制度

进口税、出口税及其他税费都在进出口环节征收。

(六)放行制度

放行是指海关在对进出境运输工具、货物、物品进行查验后,在有关单据上盖章、以示放行。

(七)结关制度

结关就是办结海关手续的意思。一般进出口货物,放行就是结关。但是对特定减免税、临时减免税和保税货物来说,只有在其补税、复运出口、超过规定的海关监管年限并向海关销案时,经海关核准解除监管时才被视为结关。

(八) 保税进出口通关制度

保税货物是指经海关批准未办理纳税手续进境,在境内储存、加工、装配后复运出境的货物。货物在进口时暂缓办纳税手续,进口后按规定储存或加工,在直接复出口或重新办理进口报关纳税手续后,经核销解除海关监管。

六、关税法律制度

1. 关税的概念

关税(tariff)是指由设在边境、沿海口岸或国家指定的其他水陆空国际交往通道的海关,依法对进出国境或关境的货物和物品征收的一种流转税。

2. 关税的特点

现代关税除了具有按金额征税、实行比例税率等流转税的一般特点外,还有以下特点。

(1) 关税是国境或关境上的统一的、一次性征税。

(2) 关税以进出口的货物或物品为征税范围。

(3) 关税由海关机关统一征收管理。

(4) 关税采用复式税则,即关税税率有进口税率和出口税率两类。

(5) 关税具有涉外性,是执行对外经济政策的重要手段。

3. 关税的种类

(1) 按征收对象不同,关税可分为进口税、出口税和过境税。进口税是指海关在外国货物进口时所课征的关税。出口税是指海关在本国货物出口时所课征的关税。过境税是指对外国货物通过本国国境或关境时征收的一种关税,早期关税是欧洲各国为增加收入而设立的,随着社会的发展,各国相继废止。

(2) 按征收目的不同,关税可分为财政关税和保护关税。财政关税是指为增加国家财政收入为主要目的而课征的关税。现逐渐被保护关税所代替。保护关税是指以保护本国经济发展为主要目的而课征的关税,主要是进口税。

(3) 按税率制定不同,关税可分为自主关税和协定关税。自主关税是指国家基于主权,独立自主制定的、并有权修订的关税。协定关税是指两个或两个以上的国家,通过缔结关税贸易协定而制定的关税税率。

(4) 按差别待遇和特定的实施情况不同,关税可分为进口附加税、差价税、特惠税和普遍优惠制。进口附加税是指在一般进口税之外,还根据某种目的再加征额外的关税,如反贴补税和反倾销税。差价税又称差额税,是指当某种本国生产的产品国内价格高于同类的进口商品价格时,为削弱进口商品的竞争能力,保护国内生产和国内市场,按国内价格与进口价格之间的差额征收关税。特惠税又称优惠税,是指对某个国家或地区进口的全部或部分商品,给予特别优惠的低关税或免税待遇,特惠税有的是互惠的,有的是非互惠的。普遍优惠制,简称普惠制,是指发展中国家在联合国贸易与发展会议上经过长期斗争取得的,普惠制的原则是发达国家承诺对从发展中国家或地区输入的商品,特别是制成品和半成品,给予普遍的、非歧视性的和互惠的优惠关税待遇。

七、我国关税法律法规

我国关税相关的法律法规主要有1985年3月7日国务院发布的《中华人民共和国进出口关税条例》,1987年1月22日《中华人民共和国海关法》第五章《关税》,1987年9月12日修订的《中华人民共和国进出口关税条例》,1994年10月24日海关总署颁布、同年12月1日施行的《中华人民共和国海关对专业报关企业的管理规定》,2001年9月13日海关总署颁布、同年10月1日施行的《关于加工贸易边角料、节余料件、副产品和受灾保税货物的管理办法》,2001年10月31日国务院颁布、2002年1月1日施行的《中华人民共和国反倾销条例》,2003年12月2日国务院颁布、2004年3月1日施行的《中华人民共和国知识产权海关保护条例》,2007年1月4日海关总署颁布、同年3月1日施行的《中华人民共和国海关加工贸易单耗管理办法》等。

八、关税征收管理

(一)关税缴纳

关税缴纳应遵照以下规定。

(1)申报时间:进口货物自运输工具申报进境之日起14日内;出口货物在运抵海关监管区后装卸的24小时以前。

(2)纳税期限:在海关填发税款缴纳证之日起15日内向指定银行缴纳。

(3)不能按期缴纳税款,经海关总署批准,可延期缴纳,但最长不得超过6个月。

(二)税收保全措施

税收保全措施包括两方面:一是书面通知纳税义务人开户银行或者其他金融机构暂停支付纳税义务人相当于应纳税款的存款;二是扣留纳税义务人价值相当于应纳税款的货物或者其他财产。

(三)关税强制执行

关税强制执行有两种形式:一是征收关税滞纳金;二是强制征收。

(四)关税退还

因海关误征、多征的,进出口货物的收发人或代理人可自缴纳税款之日一年内,递交书面申请,连同纳税收据向海关申请退税。

(五)关税补征和追征

关税补征是非因纳税人违反海关规定造成的少征或漏征关税。关税追征是因纳税人违反海关规定造成少征或漏征关税。

(六)关税纳税争议

在纳税义务人同海关发生纳税争议时,可以向海关申请复议,申请复议的同时也应在规定期限缴纳关税。纳税人对上一级海关复议决定不服的,可以在收到复议决定书之日15日内,向人民法院起诉。

第三节 对外贸易管理制度

一、进出口许可证制度

进出口许可证制度是指对进出口经营权、经营范围、贸易国别、进出口商品品种及数量等实行管制的制度。我国有权签发进出口许可证的机构包括国家商务部下属的配额许可证事务局、商务部驻各地特派员办事处。

根据《海关法》的规定,凡属于实行许可证管理的商品和其他限制进出口的商品,如进口机电产品、化工产品、进出口金银产品等,在向海关申报时必须交验国家主管部门签发的进出口许可证或其他相关批准文件。

(1) 进出口经营权及经营范围的审批。

(2) 国家限制进出口商品的配额管理和许可证管理。配额管理是指国家在一定时期对于某种商品的进出口数量或金额直接加以限制的管理措施。我国目前采用的是配额许可证管理的措施,即配额与许可证结合使用,需要配额管理的商品必须要申领许可证。

进口货物许可证由商务部代表国家统一签发。出口货物许可证的审核和签发在我国实现分级管理,由各地方商务厅局办理。

(3) 进出口贸易经营管制。2001年对外贸易经济合作部(商务部前身)发布了《货物进口制定经营管理办法》。少数关系国计民生、国际市场垄断性强、价格敏感的大宗原材料等,由商务部指定的专业外贸公司专营。

(4) 对外贸易国别政策。对外贸易国别政策包括优惠措施和歧视性政策,其中优惠措施有国民待遇和最惠待遇两种。

二、外汇管理制度

目前,我国外汇管理体制基本上属于部分外汇管制,即对经常项目的外汇交易不实行或基本不实行外汇管制,但对资本项目的外汇交易进行一定的限制。

(一) 经常项目

经常项目是指本国与外国进行经济交易而经常发生的项目,是国际收支平衡表中最主要的项目,包括对外贸易收支、非贸易往来和无偿转让三个项目。对外贸易收支是指通过本国海关进出口货物而发生的外汇收支。非贸易往来又称劳务收支或无形贸易收支,包括货运、港口供应与劳务、旅游收支、投资收支和其他非贸易往来收支。无偿转让包括本国与国际组织、外国政府之间相互的无偿援助和捐赠以及私人的侨汇和居民的其他收入。

(二) 资本项目

资本项目是指资本的输出输入,所反映的是本国和外国之间以货币表示的债权债务的变动,换而言之,就是一国为某种经济目的在国际经济交易中发生的资本跨国界的收支项目。在国际收支统计中,资本项目亦称资本账户,包括各国间股票、债券、证券等的交易,以及一国政府、居民或企业在国外的存款,分为长期资本和短期资本。长期资本是指合同规定偿还期超过1年的资本或像公司股本一样未定偿还期资本,短期资本即期付款的资本和合同规定借款期为1年和1年以内的资本。我国国际收支平衡表中的资本项目按期限划分为长期资本往来和短期资本往来。长期资本往来,指合同偿还期在一年或一年以上或未定偿还期的资本往来,主要有直接投资、证券投资、国际组织贷款、外国政府贷款、银行借款、地方部门借款、延期付款、延期收款、加工装配补偿贸易中应付客商作价设备款、租赁和对外贷款等。短期资本往来,指即期付款或合同规定的偿还期为1年以内的资本往来,主要有银行借款、地方部门借款、延期收款、延期付款等项。

(三) 外债管理

根据国际货币基金和世界银行的定义,外债是指在任何特定时间内,一国居民对非居民承担的具有契约性偿还责任的债务,包括本金的偿还和利息的支付。根据国家外汇管理局的定义,外债是指在中国境内的机关、团体、企业、事业单位、金融机构或其他机构对中国境外的国际金融组织、外国政府、金融机构、企业或其他机构用外国货币承担的具有契约性偿还义务的债务。外债管理主要包括外债总量管理、外债结构管理和外债营运管理三个方面内容。

三、进出口商品检验制度

国家出入境检验检疫局及其设立在全国各地的分支机构是主管我国出入境卫生检疫、动植物检疫和商品检验的行政执法机构。国家出入境检验检疫局归口海关总署领导。

我国对进出口商品检验实行的是官方机构与民间机构相结合,我国政府承认的民间进出口商品检验机构是中国商品检验公司,全称是中国进出口商品检验总公司。进出口商品检验制度包括包装检验、品质检验、卫生检验、安全性能检验、法定检验等。

知识链接

进出口商品检验鉴定报告应客观真实

【案情简介】

2015年7月,江苏江阴检验检疫局在对某公司一批进口苯乙烯实施检验监管时,发现该公司报检材料中所附的第三方检验鉴定机构出具的检验报告中"船舱计量报告"存在严重数据差错。经调查发现,该检验鉴定机构接受进口收货人委托,对某进境外轮所载苯乙烯进行品质及数重量检验。该检验机构委派一名检验员实施检验,该检验员实施取样操作后,并未现场开展船舱测量,而是直接抄袭了船方进行船舱测量的数据。由于检验员在抄袭过程中未核对船舱序号,将两个船舱测量数据抄反,导致该检验机构据此出具的检验报告中"船舱计量报告"部分数据发生严重差错。江阴局在查明事实的基础上,对检验机构责任人及负责人进行了严厉的批评教育,责令检验机构向客户收回检验报告,消除影响;同时,没收其违法所得即本次收取的4500元检验费用,并处以罚款1000元。

资料来源:中国质量新闻网 http://www.cqn.com.cn/news/zggmsb/diliu/1095522.html

【案件分析】

根据《中华人民共和国进出口商品检验法》及《进出口商品检验鉴定机构管理办法》的相关规定,进出口商品检验鉴定机构是经国家质检总局许可,接受对外贸易关系人等委托,办理进出口商品检验鉴定业务的机构。检验机构应当严格内部管理,根据国家技术规范及标准的要求,规范开展检验鉴定活动,其出具的检测鉴定证书应当真实、客观、公正,严禁出具虚假的检验结果、证明或者重大失实的报告,应当通过诚信规范经营,营造公平公正的检验鉴定市场环境。

【案例启示】

在目前检验鉴定市场竞争日益激烈的环境下,部分检验鉴定机构通过压缩检验鉴定人员数量等方式节约成本,导致检验工作无法在有限的时间内保质保量完成,从而滋生出了抄袭数据、造假数据等违法违规行为。这些行为可能进一步导致检验鉴定行业的低价恶性竞争,从而扰乱整个检验鉴定市场的正常秩序。检验检疫部门必须加强对检验鉴定机构的日常行为监管和处罚警示力度,确保第三方检验鉴定市场健康有序发展。

【相关法规】

《中华人民共和国进出口商品检验法实施条例》

第五十五条 从事进出口商品检验鉴定业务的检验机构超出其业务范围,或者违反国家有关规定,扰乱检验鉴定秩序的,由出入境检验检疫机构责令改正,没收违法所得,可以并处10万元以下罚款,国家质检总局或者出入境检验检疫机构可以暂停其6个月以内检验鉴定业务;情节严重的,由国家质检总局吊销其检验鉴定资格证书。

《进出口商品检验鉴定机构管理办法》

第二十八条 进出口商品检验鉴定机构出具的检验鉴定证书应当由取得从业资格的人员签字,结果应当真实、客观、公正。对经举报、投诉或者其他途径发现涉嫌违法违规行为的,检验检疫机构可以进行调查,并可以对其检验鉴定结果进行复查。

第四节 我国展品进出境的海关监管规定

一、我国展品进出境海关监管概述

目前,我国展品的进出境要纳入海关的监管,其法律依据主要为中华人民共和国海关总署第212号令发布的、自2014年2月1日起施行的《中华人民共和国海关暂时进出境货物管理办法》(以下简称《管理办法》)和《中华人民共和国海关暂时进出境货物监管操作规程》(试行)(以下简称《操作规程》)。

根据《管理办法》第三条的规定,该办法所称暂时进出境货物包括以下种类。

(1) 在展览会、交易会、会议及类似活动中展示或者使用的货物。

(2) 文化、体育交流活动中使用的表演、比赛用品。

(3) 进行新闻报道或者摄制电影、电视节目使用的仪器、设备及用品。

(4) 开展科研、教学、医疗活动使用的仪器、设备和用品。

(5) 在本款第(1)项至第(4)项所列活动中使用的交通工具及特种车辆。

(6) 货样。

(7) 慈善活动使用的仪器、设备及用品。
(8) 供安装、调试、检测、修理设备时使用的仪器及工具。
(9) 盛装货物的容器。
(10) 旅游用自驾交通工具及其用品。
(11) 工程施工中使用的设备、仪器及用品。
(12) 海关批准的其他暂时进出境货物。使用货物暂准进口单证册暂时进境的货物限于我国加入的有关货物暂准进口的国际公约中规定的货物。

二、展品进出境的手续

（一）进境展览品的通关流程

进境展览品的通关流程包括以下几个方面。

1. 备案

接待来华举办展览会的单位，应当将有关的批准文件，事先抄送展出地海关，并向展出地海关办理备案手续。

2. 担保

展览品进境时，展览会主办单位、参展商或其代理人，应向海关提供担保。担保形式可为相当于税款金额的保证金、银行或其他金融机构的担保书，以及经海关认可的其他方式的担保。在海关指定场所或海关派专人监管的场所举办展览会，可免于向海关提供担保。

3. 报关地点

展览会的主办单位或其代理人应在展出地海关办理展览品进口申报手续。从非展出地海关进口的展览品，应当在进境地海关办理转关手续。主办单位或其代理人申报进口展览品时，应向海关提交展览品清单，清单内容填写应完整、准确，并译成中文。

4. 查验

展览会主办单位或其代理人应当于展览品开箱前通知海关，以备海关到场查验。海关对展览品进行查验时，展览品所有人或其代理人应当在场，并负责搬移、开拆、重新封货包装等协助查验的工作。

展览会期间展出或使用的印刷品、音像制品及其他海关认为需要审查的物品，应经过海关审查同意后，方能展出或使用。对我国政治、经济、文化、道德有害的以及侵犯知识产权的印刷品和音像制品，不得展出或使用，并由海关根据情况予以没收、退运出境或责令展出单位更改后使用。

5. 驻场监管

海关派员进驻展览场所执行监管任务时，展览会的主办单位或承办单位应当提供办公场所和必需的办公设备，并向海关支付规费。未经海关许可，展览品不得移出展览品监管场所，因故需要移出的，应当报经海关核准。

6. 复出境

展览会结束后，展览会主办单位或其代理人应向展出地海关办理海关核销手续。展览品实际复运出境时,展览会的主办单位或其代理人应向海关递交有关的核销清单和运输单据,办理展览品出境手续。对需要运至其他设关地点复运出境的展览品,经海关同意后,按照海关对转关运输的有关规定办理转关手续。

展览品自进境之日起 6 个月内复运出境。如需延长复运出境期限应报经主管海关批准,延长期限最长不超过 6 个月。举办为期半年以上的展览会,应由主办单位或其代理人事先报海关总署审核。

7. 核销

展览会闭幕后,展览会主办单位或其代理人应及时向展出地主管海关交验展览品核销清单一份。对于未及时退运出境的展览品,应存放在海关指定的监管场所或监管仓库,并接受海关监管。对于不复运出境的展览品,海关按照有关规定办理进口手续,展览会主办单位应及时向海关办理展览品进口结关手续,负责向海关缴纳参展商或其代理人拖欠未缴的各项税费。

(二) 出口展览品的通关流程

出口展览品的通关流程包括以下几个方面。

1. 出口

展览品出口时,组织出国展览的单位(或者它委托的代办单位)应当将列有唛码、件数、名称、规格、数量、价格等内容的展览品清单一式二份,注明批准机关及批准文号,连同有关的运输单据,向出境地海关申报。

2. 复进口

展览品复运进口的时候,组织出国展览的单位应当将展览品清单一式二份,注明原出境日期、地点、运输工具名称、展出国家或地区以及在国外展出期间对展览品的出售、赠送、放弃、消耗或者留给我驻外机构使用等处理情况,连同有关运输单据,向入境地海关申报。

如果组织出国展览的单位,要求将展览品运至它所在地的海关办理海关手续时,入境地海关可以按照"海关监管货物"办理转关手续。

3. 核销

出境和入境地海关,应当将查验放行展览品的情况和日期,在清单上注明后,一份留存,一份寄给组织出国展览单位所在地的海关,办理审核销案工作。

三、展品进出境的税费

进境展品留在国内销售的,应向主办单位或有关购买单位向展出地海关办理正式进口手续。

作为礼品或样品赠送的展品,主办单位应向展出地海关提供列明品名、数量、价值、受赠对象等内容的展品赠送确认书,由受赠对象向海关办理进口手续。

废弃的展品,有接收单位的,由接收单位向海关办理手续;无接收单位的,由主办单位将废弃展品交由海关处理。

因损坏、丢失不能复运出境的,主办方应向海关申报。损坏的根据损坏程度征税,丢失的按进口同类产品征税,因不可抗力损坏或灭失的,海关根据受损情况减征或免征进口环节税。

海关根据展览会的性质、参展商的规模、观众人数等情况,在数量和总值合理的范围内,对下列进口后不复运出境的货物,免征进口关税和进口环节税。

(1) 在展出活动中能够代表国外货物的小件样品,包括原装进口的或在参展期间用进口的散装原料制成的食品或饮料(不含酒精)的样品,但应符合以下条件:①由参展商免费提供并在展出期间专供免费分送给观众个人使用或消费的;②显示单价很小的广告样品;③不适用于商业用途,且单位容量明显小于最小的零售包装容量的;④食品及饮料的样品虽未按本项规定的包装分发,但确系在活动中消耗掉的。

(2) 在展览会中专为展出的机器或器件进行操作示范所进口的并在示范过程中被消耗或损坏的物料。

(3) 展出者为修建、布置或装饰展出台而进口的一次性廉价物品,如油漆、涂料及壁纸。

(4) 参展商免费提供并在展出期间专门用于向观众免费散发的与活动有关的宣传性印刷品、商业目录、说明书、价目单、广告招贴、广告日历及未装框照片等。

(5) 进口供各种国际会议使用或与其有关的档案、记录、表格及其他文件。

以上规定不适用于含酒精饮料、烟叶制品及燃料。

第五节　中小企业国际市场开拓资金的应用

中小企业国际市场开拓资金是指国家财政用于支持中小企业开拓国际市场各项业务与活动的政府性预算基金和地方财政自行安排的专项资金。

目前,我国会展企业多为中小企业,为鼓励中小企业积极参与国际市场竞争,促进中小企业的健康发展,发挥中小企业在国民经济和社会发展中的重要作用,自2001年起,国家正式设立"中小企业国际市场开拓资金",该项政策以广大中小企业为扶持对象,专用于支持中小企业开拓国际市场的各种活动。原外经贸部(现商务部)和财政部于2001年联合颁布《中小企业国际市场开拓资金管理(试行)办法》和《中小企业国际市场开拓资金管理办法实施细则(暂行)》,对市场开拓资金的相关政策做出具体规定。2006年中小企业国际市场开拓资金政策做了修改,规定中小企业申请项目数在一年不得超过10个项目,每个中小企业得到国家的资金支持在5年内不得超过50万元至70万元。2010年商务部联合财政部新发布了《中小企业国际市场开拓资金管理办法》(财企〔2010〕87号),将申请企业项目的中小企业由原来的"上年度海关统计出口额1500万美元以下",调整为"上年度海关统计进出口额4500万美元以下"。新管理办法发布实施起,原管理办法(试行)和实施细则废止。

开拓资金支持中小企业和为中小企业服务的企业、社会团体及事业单位开展开拓国际市场的相关活动。主要支持11个方面的内容,分别是:参加境外展览会、管理体系认证、产品认证、国际市场宣传推介、创建企业网站、广告商标注册、境外市场考察、国际市场分析、境外投(议)标、境外展览会(团体)项目、企业培训。

一、申请条件

中小企业申请国际市场开拓资金应满足如下条件：需要具有企业法人资格,拥有进出口经营权或对外经济合作经营资格(拥有海关编码);上年度出口额在4500万美元以下;近两年在外经贸业务管理、财务管理、税收管理、外汇管理、海关管理等方面无违法行为。

二、支持内容

(一)境外展(企业)项目

境外展(企业)项目最高支持限额为6万元。支持内容为展位费(场地、基本展台、桌椅、照明),计算方式为定额支持,首个标准展位(按9平方米计算,下同)支持3万元,传统市场按50%支持,新兴市场按70%支持,最高支持限额为6万元。

(二)管理体系认证项目

管理体系认证项目包括质量管理体系、环境管理体系等其他企业管理体系认证,支持比例为50%,最高支持限额为1.5万元/个,每个企业不同管理体系认证只支持一次。企业管理体系认证只对认证费按比例和限额予以支持,不支持咨询培训等费用。

(三)产品认证项目

产品认证项目支持内容为产品检验检测费用,其他费用不予支持,支持比例为50%,最高金额为3万元/个。产品认证必须由国外认证公司或经我国认监委和工商行政管理部门审核、注册的分支机构并被授权的代理公司(仅限直接授权)进行。每个企业每种产品在一个国家只支持一次认证。

(四)境外广告和商标注册

经商务部认可的海外平面媒体如环球资源广告,补贴比例为50%,最高支持3.5万元/个。

(五)境外市场考察项目

境外市场考察项目支持内容为境外交通费和生活补贴。其中,赴新兴市场的考察项目支持比例为70%,其他国别(地区)的考察项目支持比例为50%;考察国别(地区)中支持比例既有70%又有50%的项目,统一按50%支持。交通费是指出国人员的经济舱费用,生活补贴是指国家规定的考察国(地区)的生活补贴标准。

赴亚洲国家(地区)的交通费最高支持金额为4000元/人,南美、非洲(地区)交通费最高支持金额为8000元/人,其他国家(地区)的交通费最高支持金额为6000元/人。

每个境外市场考察项目,支持国别(地区)不超过3个,每个国别(地区)支持天数不超过6天,两个国别(地区)累计不超过10天,三个国别(地区)累计不超过12天。此项目仅支持企业申报,不支持项目组织单位申报。经批准的中小企业进行境外市场考察,每个项目最多可支持两人费用。

(六) 网站推广项目

网站推广项目支持内容为中小企业在第三方电子商务平台如环球资源、阿里巴巴国际网、中国制造网等开拓国际市场购买服务所发生的费用,支持比例为50%,最高支持1亿元/年。

(七) 国际市场宣传推介项目

国际市场宣传推介项目支持内容为宣传材料及宣传光盘,支持比例为50%,最高支持限额为1万元/个,宣传材料数量不少于5000份,光盘不少于2000份。

宣传材料的制作单位应在政府采购印刷定点企业;宣传光盘的制作单位在政府采购定点企业。宣传材料、宣传光盘必须具有一种或多种外国语言及文字,如无中文对照的应将主要内容翻译成中文。

(八) 企业网站建设项目

企业网站建设项目支持内容为网站的设计、软件开发、通信线路租用所发生的费用,支持比例为50%,最高支持金额为2万元/个。购买机器、设备等费用不予支持。

网站制作单位应在政府采购网站定点企业。创建的企业网站必须具有一种或多种外国语言及文字、形象页、首页、产品展示、在线订单、在线购物、供求信息系统、留言簿、独立域名、ICP备案证明等内容。虚拟空间租用期应超过一年。

三、展会补贴的申报流程

企业确定符合展会补贴申报条件,在中小企业国际市场开拓资金网络管理系统(www.smeimdf.org)完成注册中小企业资金补助网站并且公示之后,可于每年规定时段向外经贸部门提出当年展会项目补贴申请。具体申报时间则由商务局通知,一年一次或者两次不定,逾期则错过。

申报企业在规定时段内登录中小企业国际市场开拓资金网络管理系统,单击"在线申报"进行计划申报。要认真填写项目计划申请,因为项目计划申请的内容一旦生成,将很难修改。

经主管部门对计划申请项目批复并公示后,企业可点击"在线申报"进行资金拨付申请的相关操作。在完成资金拨付申请后,企业应将打印好的"项目计划申请表""资金拨付申请表"连同该项目要求提供的其他相关凭证。

(1) 展会组委会邀请函复印件。
(2) 国家有关部委批准参展的批复文件复印件(上海、天津以及团体项目)。
(3) 参展人员的出国任务批件复印件(因私人员也可提供护照及签证页复印件)。
(4) 与展会组织方签订的展位的合同复印件。
(5) 支出外汇的银行水单复印件(加盖申请单位财务章)。
(6) 项目实际发生费用的合法凭证(发票)复印件。
(7) 展会期间工作照片、展商证(胸牌)。
(8) 参展人员往返机票。

所有资料一式二份并加盖公章整理装订后报送至当地外经贸主管部门（注：以上材料为全国一般性材料，具体材料仍应以当地商贸局发布材料清单为准）。

中小企业补贴的时间跨度为一年，即申报审批通过之后，将于一月左右拨付至企业账户，具体时间以网站通知为准。

本章小结

本章主要介绍我国海关基本制度以及报关的基本知识，同时对我国对外贸易制度进行了全面的阐述，最后介绍中小企业国际市场开拓资金的应用规定。

思 考 题

1. 简述我国展品进出境的海关监管规定。
2. 简述对外贸易管理制度。

第九章

会展知识产权法律制度

【学习目标】
1. 了解我国知识产权法律体系有关法律制度。
2. 了解我国著作权法基本法律规定。
3. 了解我国商标权法基本法律规定。
4. 了解我国专利权法基本法律规定。
5. 掌握有关会展著作权、商标权和专利权的保护法律制度。

【重点难点】
1. 掌握构成侵犯著作权、商标权和专利权的条件以及应承担的法律责任。
2. 掌握侵犯会展知识产权的构成条件和法律后果。

第一节 知识产权法律制度概述

一、知识产权的概念和特征

(一) 知识产权的概念

知识产权英文为"intellectual property",通常认为是人们对自己的智力活动创造的成果和经营管理活动中的标记、信誉依法享有的权利。

1. 广义知识产权

广义知识产权包括著作权、邻接权、商标权、商号权、商业秘密权、产地标记权、专利权、集成电路布图设计权等各种权利,其已被 1967 年签订的《成立世界知识产权组织公约》和 1994 年关贸总协定(WTO 前身)缔约方签订的《知识产权协定》所认可。

2. 狭义知识产权

狭义知识产权仅指著作权(含邻接权)、专利权、商标权。

(二) 知识产权的特点

和其他财产权利相比,知识产权表现为知识产品的非物质性。知识产权的特征有:专有性、地域性、时间性。

(1) 专有性。专有性是指知识产权的独占性和排他性。

(2) 地域性。知识产权具有严格的地域性。只在本国领土内发挥法律制约效用。

> **小贴士**
>
> 关于域外保护，当今国际知识产权保护体系形成了以主权国家独立决定是否保护为主，国际公约是否赋予国民待遇为辅的框架。

(3) 时间性。知识产权具有有效期限。有效期限一过，这一权利就自行消灭，相关知识产品就成为社会的共同财富，为全人类所共同使用。

> **小贴士**
>
> 商业秘密权不受时间性限制，产地标记权也不具有严格的独占性。

二、知识产权的主体与客体

知识产权的主体是指知识产权的所有人，包括自然人、法人和非法人组织，甚至包括国家。

知识产权的客体是指人们在科学、技术、文化等知识形态领域中所创造的精神产品，即知识产品。

三、我国会展知识产权法律体系

我国会展知识产权法律体系也遵从三层法律体系制度，包括国际公约层面、我国一般法律层面及专门的会展知识产权。我国的知识产权法律保护，自改革开放以来，已经得到较大的发展和完善。《著作权法》《商标法》《专利法》和《反不正当竞争法》等法律的制定和实施，标志着我国知识产权法律体系的基本形成。

按照智力活动成果的不同，知识产权可以分为著作权、商标权、专利权、发明权、发现权等。对于上述知识产权，我国《民法通则》第五章第三节作了明确规定。此外，我国的《著作权法》及其《实施条例》《商标法》及其《实施细则》《专利法》及其《实施细则》《科技进步法》《农业技术推广法》《发明奖励条例》《自然科学奖励条例》《科学技术进步奖励条例》《计算机软件保护条例》《实施国际著作权条约的规定》《知识产权海关保护条例》等法律法规及一系列部门规章对此都有规定。

知识产权国际保护的主要形式是通过订立国际公约、地区性条约、多边条约、双边条约等来实现缔约国之间的知识产权保护。目前，影响比较大的条约或公约主要有《世界知识产权组织公约》(1980年加入)、《世界版权公约》(1992年加入)、《保护文学艺术作品的伯尔尼公约》《保护表演者、唱片制作和广播组织公约》《保护录音制品制作者防止未经许可复制其录音制品公约》《关于播送由人造卫星传播的节目信号公约》《录像制品国际注册公约》《保护工业产权巴黎公约》(1985年加入)、《制止产品来源虚假或欺骗性标记马德里协定》《商标国际注册马德里协定》《工业品外观设计国际保护海牙协定》《商标注册用商品与劳动国际分类尼斯协定》《建立工业品外观设计国际分类洛迦诺协定》《专利合作条约》(1994年加入)、《商标注册条约》等。

我国已经加入了部分条约或公约，这些条约和公约也同样是我国知识产权法律保护体系的重要组成部分。

第二节　著作权法律制度

一、著作权法律制度概述

（一）著作权的概念

著作权又称为版权,是指自然人、法人或者其他组织对文学、艺术或科学作品依法享有的财产权利和人身权利的总称。著作财产权是无体财产权,是基于人类智慧所产生的权利,故属智慧财产权,是知识产权的一种。著作权自作品创作完成之日起产生,在中国实行自愿登记原则。著作权分为著作人格权与著作财产权。

1. 著作人格权

著作人格权包括公开发表权、姓名表示权及禁止他人以扭曲、变更方式利用著作损害著作人名誉的权利。

2. 著作财产权

著作财产权是无形的财产权,是基于人类知识所产生的权利,故属知识产权的一种,包括重制权、公开口述权、公开播送权、公开上映权、公开演出权、公开传输权、公开展示权、改作权、散布权、出租权等。

（二）著作权法律制度的发展

著作权过去称为版权。版权最初的含义是 copyright(版和权),也就是复制权。这是因为过去印刷术的不普及,当时社会认为附随于著作物最重要的权利就是将其印刷出版的权利权。

随着时代演进及科技的进步,著作的种类逐渐增加。世界上第一部版权法英国《安娜法令》开始保护作者的权利,而不仅仅是出版者的权利。1791 年,法国颁布了《表演权法》,开始重视保护作者的表演权利。1793 年又颁布了《作者权法》,作者的精神权利得到了进一步的重视。

版权一词已渐渐不能涵盖所有著作物相关的权利内容。19 世纪后半叶,日本融合大陆法系的著作权法中的作者权以及英美法系中的版权,制定了《日本著作权法》,采用了"著作权"的称呼。

中文最早使用"著作权"一词,始于中国第一部的著作权法律《大清著作权律》。清政府解释为:"有法律不称为版权律而名之曰著作权律者,盖版权多于特许,且所保护者在出版,而不及于出版物创作人;又多指书籍图画,而不是以贱刻模型等美术物,故自以著作权名之适当也。"

此后中国著作权法律一直沿用这个称呼。1986 年 4 月 12 日,《中华人民共和国民法通则》第一百一十八条提到著作权保护的条款。1990 年 9 月 7 日,我国通过了《中华人民共和国著作权法》(2001 年修订),同年 6 月 3 日颁布了《中华人民共和国著作权法实施条例》。

> **小贴士**
> 虽然在海外的华人社会通常还是使用版权一词,不过大陆及台湾地区对于著作相关权利的正式称呼均已不再使用版权。

二、著作权主体

著作权主体也称著作权人。根据《著作权法》第九条的规定,著作权人包括自然人、法人和非法人组织,甚至包括国家。特殊情况下,秘书或代言人代表法人或组织发布的作品,将法人或组织视为作者。不论著作是否发表,都依法享有著作权。

著作权人(公民)死亡的,在保护期内,依照继承法的规定转移。但是,转移的是财产权利,人身权利不得被继承。此外,著作权可以通过合同进行赠与和转让。

三、著作权客体

著作权客体即《著作权法》所称的作品,主要包括以下几种类型。

(一) 文字作品

文字作品是指以文字、数字或符号表现的作品,如小说、诗词、散文、论文等以文字形式表现的作品,是最为普遍、数量最多、运用最为广泛的一类作品。

(二) 口述作品

口述作品是指以口头语言组成而尚未以文字或录音形式固定下来的已公开的作品,如老师的讲学、某人的报告、即席致辞、诉讼中的辩护词等口头语言创作。

(三) 音乐、戏剧、曲艺、舞蹈、杂技艺术作品

1. 音乐作品

音乐作品是指以乐谱形式或未以乐谱形式出现的能演奏或配调演唱的作品,其基本表现手段为旋律和节奏,如交响乐、歌曲等。音乐作品中需要注意的一个问题是:配词的乐曲,如果调和乐曲连在一起使用,则配调包括在音乐作品之内,如果配调未和乐曲连在一起使用,也可以包括在文字作品之内。

2. 戏剧作品

戏剧作品是指以剧本等形式表现的作品,如话剧、京剧、广播剧等。有些国家如日本、联邦德国将戏剧作品列入文学作品,有些国家如法国、美国在文字作品之外单列戏剧作品。

3. 曲艺作品

曲艺作品是指可供说唱演出的作品,它可以文字形式出现,也可以口述形式出现,如相声、大鼓、琴书、弹调、评话等。

4. 舞蹈作品

舞蹈作品是指以舞谱形式或未以舞谱形式出现的仅可通过经提炼、组织和艺术加工的

人体动作、姿态、节奏、表情来表达思想感情的作品,如秧歌舞、芭蕾舞、迪斯科等。

5. 杂技艺术作品

因为我国有丰富的杂技艺术作品资源,在修改著作权法时,明确了杂技艺术作品作为著作权保护的客体。

小贴士

音乐、戏剧、曲艺、舞蹈、杂技艺术作品,不包括表演者对上述作品的表演,表演者在传播作品时付出的创造性劳动,由著作权法通过邻接权即与著作权有关的权益给予保护。

(四) 美术、建筑作品

1. 美术作品

美术作品是指通过视觉给人以美感的作品,通常包括绘画、书法、雕塑、工艺美术等。

小贴士

《著作权法》所保护的工艺美术,只保护工艺美术品中具有创造性的造型或美术图案,不保护生产过程中的那一部分工艺;只保护实用艺术品中所具有创造性的造型艺术,不保护日常生活使用中的那一部分实用功能。首创的新工艺,首创的具有实用功能的实用品,可以受到其他有关法律的保护。

知识链接

实用艺术品是否属于美术作品?

《伯尔尼保护文学和艺术作品公约》第二条第一款规定文学艺术作品包括实用艺术作品。第二条第七款规定,实用艺术品的法律保护,由各国自定,如果不给予工业产权保护,则至少要给予著作权保护。世界知识产权组织对"实用艺术作品"定义为:"具有实际用途的艺术作品,无论这种作品是手工艺品还是工业生产的产品。"我国国务院颁布的《实施国际著作权条约的规定》将"实用艺术作品"定义为艺术成分和实用成分不可分的艺术作品。由此可以看出,只有同时具备实用性和艺术性两个方面,才属于实用工艺品。如雕刻精美的花瓶就属于实用艺术作品,因为花瓶的艺术造型同其实用成分无法分离。相反,印有图案的壁纸则不属于实用艺术品,因为壁纸的图案与纸分离后并不影响壁纸的实用性。这也是实用艺术作品同纯美术作品的区别所在。在著作权立法和修改过程中曾考虑到实用工艺品的法律保护问题。但是由于以下的原因,未将实用艺术作品明确列为著作权法保护客体:①实用艺术作品同纯美术作品不易区分,有些美术作品创做出来的时候属于纯美术,但是可以用在工业产品上,比如齐白石的画最初是纯美术作品,以后可能印在茶杯上,如果印有美术作品的茶杯也由著作权法保护,就会混淆文学艺术作品与工业产品的界线,而工业产品本应由工业产权调整,不应由著作权法调整。②实用艺术品同工业产权中的外观设计不易区分,工业产权保护在手续和保护期方面显然不具备著作权保护的优势,如果都用著作权保护,将会严重影响工业产权保护体系的发展。③实用艺术品同工艺美术作品不好区分。但是,国务院在我国加入《伯尔尼保护文学和艺术作品公约》前颁布了《实施国际著作权条约的规定》,其中第六条规定了伯尔尼公约成员国的实用艺术品在我国可以受到著作权法保护。

2. 建筑作品

建筑作品是指以建筑物或构筑物形式表现的有审美意义的作品。

知识链接

世界知识产权组织和联合国教科文组织认为：建筑作品应当包括两项内容：①建筑物本身（仅仅指外观、装饰或设计上含有独创性成分的建筑物）；②建筑设计图与模型。《伯尔尼保护文学和艺术作品公约》第二条规定，与建筑有关的设计图和立体作品应当作为文学和艺术作品给以著作权保护。立体作品应当包括建筑物和建筑模型。原著作权法未明确规定建筑作品的保护。

现实的做法是把建筑物本身作为美术作品给予保护，而工程设计图、模型与产品设计图作为单独著作权客体给以保护。建筑作品作为著作权保护的客体，即建筑物本身是受本法保护的作品。工程设计图与建筑模型仍然作为单独客体给予保护。

（五）摄影作品

摄影作品是指借助器械在感光材料上记录人、物形象的作品，如照片、电影电视片中单独予以取出的镜头等。需要指出的是，属于翻拍照片、翻拍文件、书刊等纯复制性的照片，不是摄影作品，因为它不是一种创作。

（六）电影作品及以类似摄制电影的方法创作的作品

这是指摄制在一定物质上由一系列相关联的画面或加上伴音组成并且借助机械装置能放映、播放的作品，包括故事片、科教片、美术片等。电影是一种特殊作品，它是由众多作者创作的综合性艺术作品，如由小说作者、将小说改编成剧本的作者、将剧本改编成"分镜头剧本"的作者（导演）、拍摄影片的摄影作者、配曲配调的词曲作者、美工设计的作者等共同创作合成的。

（七）工程设计图纸及其说明、产品设计图纸及其说明、地图、示意图等图形作品和模型作品

1. 工程设计图纸及其说明

工程设计图纸及其说明是指在工厂、矿山、铁路、桥梁及建筑工程建设之前，所创作的能为建设施工提供依据的设计图纸及其说明，一般包括初步设计、技术设计和施工图设计的图纸及其说明。

2. 产品设计图纸及其说明

产品设计图纸及其说明是指生产企业为确定产品的构成、成分、规格和各项应达到的技术经济指标而设计的图纸及其说明，一般包括设计任务书、技术设计和工作图设计及其说明。需要指出的是，著作权法保护工程设计、产品设计图纸及其说明，仅指以印刷、复印、翻拍等复制形式使用图纸及其说明，不包括按照工程设计、产品设计图纸及其说明进行施工、生产工业品，后者的使用适用其他有关法律的规定。

3. 地图

地图是指运用符号和地图制图原则表示地表面自然和社会现象的图。按内容可分为普

通地图(如地理图、地形图、政区图)、专门地图(如地质图、气候图、水文图、土壤图、交通图、人口图、民族图);按比例尺分可分为大、中、小比例尺图;按表现形式可分为线划图、立体地图等。

4. 示意图

示意图是指用简单的线条或符号来显示某一概念和现象的图,如人体针灸穴位图、植物构成图、猪的解剖图等。除地图、示意图外,还包括其他以线条、符号来显示某一概念和现象的图形作品,如与科技有关的指示图、图表等。

5. 模型作品

模型作品是指依照实物的形状和结构按比例制成的物品,如建筑模型等。

(八)计算机软件

计算机软件是指计算机程序及其文档。计算机程序是指为了得到某种结果而可以由电子计算机等具有信息处理能力的装置执行的代码化指令序列,或可以被自动转换成代码化指令序列的符号化指令序列或符号化语句序列,以及有关的数据。文档是指在程序创作过程中用自然语言或形式化语言所编写的用来描述程序的内容、组成设计、功能规格、测试结果及使用方式的文字资料和图表,如程序设计说明书、流程图、用户手册等。受著作权保护的软件必须是由开发者独立开发,并已固定在某种有形的物体上,就是说该计算机程序已经相当稳定,相当持久地固定在某种载体上,而不是一瞬间的感知、复制、传播程序。

(九)法律、行政法规规定的其他作品

这是指除了上述八项著作权的客体外,由法律、行政法规规定的著作权的其他客体。

小贴士

不适用著作权保护的作品。

(1)内容违反了有关法律、法规的规定,法律禁止其出版和传播的。

(2)虽有合法性,但因欠缺独创性或进入公有领域而不能享受著作权保护的材料。材料合法但不适用著作权法保护的包括:法律、法规及官方文件,时事新闻,历法,通用数表、通用表格和公式。

四、著作权内容

(一)著作人身权

《著作权法》被称为作者享有的人身权,具体包括:

(1)发表权。发表权是指公之于众的权利。

(2)署名权。署名权是指表明作者身份,在作品上署名的权利。

(3)修改权。修改权是指修改或授权他人修改作品的权利。

(4)保护作品完整权。保护作品完整权是指保护作品不受歪曲、篡改的权利。

（二）著作财产权

著作财产权又称经济权利,是指著作权人自己使用或授权他人以一定方式使用作品而获取物质利益的权利。具体包括以下内容。

（1）复制权。复制权是指以印刷、复印、拓印、录音、录像等方式将作品制成一份或者多份的权利。它是著作财产权最基本的权能。

（2）表演权。表演权是指著作权人公开表演自己创作的作品或许可他人表演其创作的作品的权利。

（3）广播权。广播权是指著作权人有权以无线、有线、扩音器等类似工具广播作品的权利。

（4）展览权。展览权是指公开陈列展出美术作品、摄影作品的原件或复印件的权利。

（5）发行权。发行权是指以出售或赠与方式向公众提供作品的原件或复制件的权利。

（6）改编权。改编权是指在原作品基础上,通过改变作品的表现形式,创做出具有独创性的新作品的权利。

（7）翻译权。翻译权是指将一种语言文字转换成另一语言文字的权利。

（8）汇编权。汇编权是指将作品或片段通过选择或者编排,汇集成新作品的权利。

（9）摄制权。摄制权是指以摄制电影或者以类似摄制电影的方法将作品固定在载体上的权利。

（10）出租权。出租权是指有偿许可他人临时使用电影作品或类似摄制电影的方法创作的作品、计算机软件的权利。计算机软件不是出租的主要标的的除外。

（11）信息网络传播权。信息网络传播权是指以有线或者无线方式向公众提供作品,使公众可以在其个人选定的时间和地点获得作品的权利。

（12）放映权。放映权即通过放映机、幻灯机等技术设备公开再现美术、摄影、电影和以类似摄制电影的方法创作的作品等的权利。

（13）应当由著作权人享有的使用作品的其他权利。

五、邻接权

"邻接权"一词译自英文 neighboring right,又称作品传播者权,是指与著作权相邻近的权利,作品传播者对其传播作品过程中所做出的创造性劳动成果所享有的权利。邻接权是在传播作品中产生的权利。作品创作出来后,需在公众中传播,传播者在传播作品中有创造性劳动,这种劳动亦应受到法律保护。传播者传播作品而产生的权利被称为著作权的邻接权。

邻接权与著作权既有联系,又有区别。邻接权和著作权的区别主要包括以下几个方面。

（1）主体不同。著作权保护作品的创作者,邻接权保护传播者。

（2）客体不同。著作权的客体是作品,而出版者、表演者、录音录像制作者、广播组织者的客体分别是出版物、表演活动、录音录像制品、制作的广播电视节目。

（3）权利内容不同。著作权人享有发表权、署名权、修改权、保护作品完整权、使用权和获得报酬权等。出版者享有出版合同所约定的专有出版权。

表演者享有表明其身份的权利,许可他人录音录像并获得报酬的权利,广播组织者享有播放权、许可他人播放并获得报酬的权利。

(4) 保护期限不同。作者的署名权、修改权、保护作品完整权的保护期限不受限制。公民的作品，其发表权、使用权和获得报酬权等权利的保护期为作者终生及其死后50年。法人或非法人单位的作品、著作权(署名权除外)保护期为50年。

邻接权的保护从出版物的首次出版、表演者的表演活动首次发生、录音录像制品和广播电视节目制作完成起计算，享受50年的保护。

六、著作权的保护

(一) 侵犯著作权的行为

侵犯著作权的行为是指未经作者或其他著作权人同意，又无法律上的根据，擅自利用著作权作品或以其他非法手段行使著作权人专有权利的行为。

依照我国《著作权法》第四十七条、第四十八条的规定，侵犯著作权的行为有：未经著作权人许可发表其作品的；未经合作作者许可，将与他人合作创作的作品当作自己单独创作的作品发表；没有参加创作，为谋取个人名利，在他人作品上署名；歪曲篡改他人作品的；剽窃他人作品的；未经著作权人许可，以展览、摄制电影或类似摄制电影的方法使用作品，或者以改变、翻译、注释等方法使用作品的，《著作权法》另有规定的除外；使用他人作品，应当支付报酬而未支付的；未经电影作品和以类似摄制电影的方法创作的作品、计算机软件、录音录像制品的著作权人或者与著作权有关的权利人的许可，出租其作品或录音录像制品的，《著作权法》另有规定的除外；未经出版者许可，使用其出版的图书、期刊的版式设计的；未经表演者许可，从现场直播或者公开传送其现场表演，或者录制其表演的；其他侵犯著作权以及与著作权有关的权益行为。

(二) 侵犯著作权的法律责任

1. 民事责任

我国《著作权法》第四十七条规定的民事责任方式主要有：①停止侵害；②消除影响；③公开赔礼道歉；④赔偿损失。

2. 行政责任

对著作权侵权行为给予行政处罚的机关只能是著作权行政管理部门。著作权行政管理部门可以责令停止侵权行为，没收违法所得，没收、销毁侵权复制品，并可处以罚款；情节严重的，著作权行政管理部门还可以没收主要用于制作侵权复制品的材料、工具、设备等。

3. 刑事责任

我国刑法明确规定严重侵犯著作权的行为应当承担刑事责任，即根据情节不同，对犯罪行为人处以有期徒刑或者拘役，并处或者单处罚金。

小案例

张某生前与王某创作一部《生物学》，并与某出版社签订图书出版合同。王某认为这部著作是他和张某的合作作品，著作权应由他俩共同享有，现在张某去世，著作权就应该由其一人享有了。于是，他独得了出书的稿酬。张某的子女得知后，起诉王某侵犯了他们作为张某的继承人所应享有的著作权。

问题：张某的子女的起诉理由是否合法？

评析：《著作权法》第十三条规定，两人以上合作创作的作品，著作权由合作作者共同享有。本案中，《生物学》一书是张某和王某共同创作的，张某和王某同样享有著作权中的人身权和财产权。《著作权法》第十九条规定，著作权属于公民的，公民死亡后，其作品的使用权和获得报酬权在本法规定的保护期内，依照继承法的规定转移。《实施条例》第二十条规定，作者死亡后，著作权中的署名权、修改权和保护作品完整权由作者的继承人或者受遗赠人保护。根据上述规定，张某对《生物学》一书的财产权由其继承人按继承法规定继承，其人身权由其继承人保护。王某仅享其作为合作作者所应享有的著作权的人身权和部分财产权。所以，张某子女的起诉理由是合法的。

第三节 商标权法律制度

一、商标法律制度概述

（一）商标概念

商标（trademark）是生产经营者在其商品或服务项目上使用的，由文字、图形或其组合构成的，具有显著特征，便于识别商品或服务来源的专用记号。商标制度与商品经济的本质联系在于区分商品、印制于商品包装。

关于商标的法律法规主要有1982年8月23日《中华人民共和国商标法》，该法1993年2月22日第一次修订，2001年10月27日第二次修正，2013年8月30日十二届全国人大常委会第四次会议《关于修改〈中华人民共和国商标法〉的决定》第三次修正。同时还有《中华人民共和国商标法实施条例》，该条例于2002年8月3日中华人民共和国国务院令第358号公布，2014年4月29日中华人民共和国国务院令第651号修订。此外，国家工商行政管理总局2014年7月3日颁布的《驰名商标认定和保护规定（2014年修订）》于2014年8月2日实施。

（二）商标权的取得

根据《商标法》第三条的规定，经商标局核准注册的商标为注册商标，包括商品商标、服务商标、集体商标、证明商标；商标注册人享有商标专用权，受法律保护。

大多数商标的专用权采用注册取得原则。驰名商标的专用权还特别享有"因驰名而取得"的特权。认定驰名商标的因素有：

（1）相关公众对该商标的知晓程度。

（2）该商标的使用的持续时间。

（3）该商标的任何宣传工作的持续时间、程度和地理范围。

（4）该商标作为驰名商标受保护的记录。

（5）该商标驰名的其他因素。

根据《商标法》第三十一条的规定，不得以不正当手段抢先注册他人已经使用并有一定影响的商标。我国的驰名商标几乎都是注册商标,《商标法》对驰名商标的保护主要针对的是外国的驰名商标。对外国驰名商标的专用权采取"因驰名而取得"原则符合《巴黎工业产权国际公约》和世界贸易组织的《知识产权协定》的要求。

知识链接

《商标法》2001年第二次修正后,新增第十三条明确规定了对外国驰名商标的特殊保护,就相同或者类似商品申请注册的商标是复制、模仿或者翻译他人未在中国注册的驰名商标,容易导致混淆的,不予注册并禁止使用。就不相同或者不相类似商品申请注册的商标是复制、模仿或者翻译他人已经在中国注册的驰名商标,误导公众,致使该驰名商标注册人的利益可能受到损害的,不予注册并禁止使用。

国家工商行政管理总局2014年7月3日颁布的《驰名商标认定和保护规定(2014年修订)》于2014年8月2日实施。根据该《规定》第九条,以下材料可以作为证明符合商标法第十四条第一款规定的证据材料。

(一)证明相关公众对该商标知晓程度的材料。

(二)证明该商标使用持续时间的材料,如该商标使用、注册的历史和范围的材料。该商标为未注册商标的,应当提供证明其使用持续时间不少于五年的材料。该商标为注册商标的,应当提供证明其注册时间不少于三年或者持续使用时间不少于五年的材料。

(三)证明该商标的任何宣传工作的持续时间、程度和地理范围的材料,如近三年广告宣传和促销活动的方式、地域范围、宣传媒体的种类以及广告投放量等材料。

(四)证明该商标曾在中国或者其他国家和地区作为驰名商标受保护的材料。

(五)证明该商标驰名的其他证据材料,如使用该商标的主要商品在近三年的销售收入、市场占有率、净利润、纳税额、销售区域等材料。

前面所称"三年""五年",是指被提出异议的商标注册申请日期、被提出无效宣告请求的商标注册申请日期之前的三年、五年,以及在查处商标违法案件中提出驰名商标保护请求日期之前的三年、五年。

(三)商标续展注册

申请商标的续展注册,应当在注册商标有效期届满前6个月内办理,这6个月为续展期。到期后还可以享有6个月的宽展期,在此期限内商标权人仍可以申请续展注册。如果在宽展期仍未提出续展申请,则在宽展期届满后,商标局注销该注册商标,该商标所有人丧失所有商标权。

(四)商标权的撤销

商标权有可能因为以下原因丧失或终止,包括被注销或撤销。

1. 商标权因注销而终止

逾期未注册、主动放弃、破产死亡而无继承人等情况,商标权丧失或终止。

2. 商标权因撤销而终止

撤销是指商标权人不遵守使用注册商标的规定而被商标局撤销其注册商标。可被撤销的情形包括：①自行改变注册商标；②自行转让注册商标；③自行改变注册商标的注册人名义、地址或其他注册事项；④连续3年停止使用；⑤使用注册商标的商品粗制滥造，以次充好，欺骗消费者。

此外，根据《商标法》第四十六条规定，注册商标被撤销或者期满不再续展的，自撤销或者注册之日起一年内，商标局对与该商标相同或者近似的商标注册申请，不予核准。

二、商标权的保护

《商标法》第五十二条对商标侵权行为进行了列举。对商标侵权的本质在于未经商标所有人的同意而损害商标所有人的正当权益。

因侵犯商标权引起纠纷的，先由当事人协商解决，不愿协商或协商不成的，可以向法院起诉，也可以请求工商行政管理部门处理。纠纷处理和司法救济两种途径可由当事人自由选择。

工商行政管理部门在受理商标权纠纷案件过程中发现侵权人涉嫌犯罪的，依法需要追究刑事责任的，其必须向司法机关移送。移送不影响行政处罚的执行。

小案例

北京某酒厂是"华灯"注册商标的商标权人，该商标使用在白酒商品上，河北某酒厂亦在白酒商品上使用未注册商标"华表"牌，且其酒瓶包装使用与"华灯"注册商标图样相似的装潢，北京某仓储运输公司帮助河北某酒厂运输，存储"华表"牌白酒并在北京某商场销售。北京某酒厂曾发函给河北某酒厂、北京某仓储运输公司及北京某商场，要求停止侵权，但这三家单位均未予理睬。现北京某酒厂诉河北某酒厂，北京某仓储公司及北京某商场侵犯其"华灯"商标权。

资料来源：http://wenda.so.com/q/1365032537065237

问题：北京某酒厂的主张是否成立？

评析：华表与华灯不近似，华表与华灯都是名词，华灯在中文里指灯光的意思，华表则是物品。不能说他侵犯了华灯的商标权，他们所做的只是与华灯的包装近似，误导消费者；仓储不承担责任，商场有责任不卖假货。华表商标是四川省宜宾五粮液集团有限公司的注册商标，他们如果在明知是假货的情况下还进行销售，工商就可以对其进行罚款。并且，四川省宜宾五粮液集团有限公司有权告假华表生产商，要求索赔。

第四节　专利权法律制度

一、专利权法律制度概述

专利，英文表述为"patent"。在我国，"专利"与"专利权"往往是同一含义，即指法律赋予专利权人对其获得专利的发明创造在一定范围内依法享有的专有权利。

专利权是指专利局依照法定程序审查批准授予专利人的垄断性权利。专利权人在取得专利权的同时，其将申请的发明创造向社会公开也是必须付出的代价。

专利权受到地域和时间的限制，无商业目的的个人行为往往不被看作是对专利权的侵犯。

专利制度在保护和鼓励发明创造、促进发明创造的推广应用、促进科学技术的进步创新、促进国际技术的交流与合作等方面都发挥了不可替代的重要作用。

我国的《专利法》于1984年3月12日第六届全国人民代表大会常务委员会第四次会议通过。根据1992年9月4日第七届全国人民代表大会常务委员会第二十七次会议《关于修改〈中华人民共和国专利法〉的决定》第一次修正。根据2000年8月25日第九届全国人民代表大会常务委员会第十七次会议《关于修改〈中华人民共和国专利法〉的决定》第二次修正。根据2008年12月27日第十一届全国人民代表大会常务委员会第六次会议《关于修改〈中华人民共和国专利法〉的决定》第三次修正。1985年1月19日国务院批准颁布了《中华人民共和国专利法实施条例》。2001年6月15日中华人民共和国国务院令第306号公布实施《中华人民共和国专利法实施细则》，并于2002年12月28日公布《国务院关于修改〈中华人民共和国专利法实施细则〉的决定》，进行第一次修订，2010年1月9日公布《国务院关于修改〈中华人民共和国专利法实施细则〉的决定》，进行了第二次修订。

二、专利权的客体

根据《专利法》第二条的规定，专利法所称的发明创造是指发明、实用新型和外观设计。

（一）发明

《专利法实施条例》第二条第一款规定，专利法所称发明，是指对产品、方法或者其改进所提出的新的技术方案。发明可以被分为产品发明、方法发明、改进发明三种类型。

（二）实用新型

《专利法实施条例》第二条第二款规定，专利法所称实用新型，是指对产品的形状、构造或者其结合所提出的适于实用的新的技术方案。

（三）外观设计

《专利法实施条例》第二条第三款规定，专利法所称外观设计，是指对产品的形状、图案或者其结合以及色彩与形状、图案的结合所做出的富有美感并适于工业应用的新设计。

（四）不授予专利权的规定

《专利法》第五条规定，对违反国家法律、社会公德或者妨碍公共利益的发明创造，不授予专利权，如吸毒的器具、带有淫秽图片的设计、防盗装置会造成盗贼的死亡的装置等。

同时，根据《专利法》第二十五条规定，对下列各项情形不授予专利权：①科学发现；②智力活动的规则和方法；③疾病的诊断和治疗方法；④动物和植物品种；⑤用原子核变换方法获得的物质。

三、专利权的主体

专利权主体即专利权人，是指依法享有专利权并承担与此相应义务的人。专利权具有独占性,同样的发明创造智能被授予一项专利权。若两人申报,国务院专利行政部门应按照先申请在先的原则。专利权是民法上的财产权,故其可以转让、继承或赠与方式予以转移。

(一) 发明人或设计人

发明人是指发明或实用新型的完成人,而设计人是指外观设计的完成人。二者被统称为发明创造人。发明人或设计人只能是自然人,只要自然人完成了发明创造,无论年龄与身体条件,都应被认定为发明创造人。发明人或设计人享有署名权。对于基于共同发明创造所获得的专利权,共同发明创造人应严格按照共同共有的原则分享。

(二) 发明人或设计人的工作单位

根据《专利法》的规定,执行本单位的任务或者主要利用本单位的物质技术条件所完成的发明创造为职务发明创造。职务发明创造申请专利的权利属于该单位;申请被批准后,该单位为专利权人。

被授予专利权的单位应当对职务发明创造的发明人或者设计人给予奖励;发明创造专利实施后,根据其推广应用的范围和取得的经济效益,对发明人或者设计人给予合理的报酬。

(三) 外国人

外国人是指外国国籍的自然人和依照外国法律成立并在外国登记注册的法人或其他组织。对于在中国有经常居所或营业所的外国人,《专利法》对该类外国人申请专利权给予国民待遇。对于没有经常居所或者营业所的外国人、外国企业,必须委托国务院专利行政部门制定的代理代办机构办理申请专利和其他专利事务。

四、专利权授权条件

(一) 授予专利权的实质条件

授予专利权的实质条件也称专利性,指申请专利的发明创造自身必须具备的条件。授予专利权应当具备三个条件。

1. 新颖性

新颖性是指发明创造在申请专利以前是现有技术中没有的、未被公知公用的。

2. 创造性

根据《专利法》第二十二条第三款的规定,创造性是指同申请日以前已有的技术相比,该发明有突出的实质性特点和显著的进步,该实用新型有实质性特点和进步。

3. 实用性

《专利法》第二十二条第四款规定,实用性是指该发明或者实用新型能够制造或者使用,并且能够产生积极效果。

(二) 授予专利权的形式条件

专利权具有授权性特点,不能自动取得。形式条件指发明创造自身以外的,获得专利必须具备的程序方面的要件,散见于专利权取得的整个程序。

形式条件就是专利申请人必须满足专利申请、审查和授权的全部程序要件。

1. 专利申请

《专利法》第二十九条规定,申请人自发明或者实用新型在外国第一次提出专利申请之日起十二个月内,或者自外观设计在外国第一次提出专利申请之日起六个月内,又在中国就相同主题提出专利申请的,依照该外国同中国签订的协议或者共同参加的国际条约,或者依照相互承认优先权的原则,可以享有优先权。申请人自发明或者实用新型在中国第一次提出专利申请之日起十二个月内,又向国务院专利行政部门就相同主题提出专利申请的,可以享有优先权。

小贴士

只有发明和实用新型能够享有国内优先权,而外观设计则不能享有。

2. 申请专利需要提交的材料

申请专利需要提交的材料包括请求书、说明书及摘要和权利要求书。

(1) 请求书。写明发明或者实用新型的名称,发明人或者设计人的姓名,申请人姓名,地址,以及其他事项。

(2) 说明书。对发明或者实用新型做出清楚、完整的说明,以所属技术领域的技术人员能够实现为准,必要时应有附图。

(3) 摘要。应当简要说明发明或者实用新型的技术要点。

(4) 权利要求书。应当以说明书为依据,说明要求专利保护的范围。

外观设计专利保护的对象是产品的外表形状、图案或者结合以及色彩与形状、图案的结合的设计,所以不需要提交以文字叙述的说明书及摘要和权利要求书。需要提交外观设计的图片或者照片等文件,并且应当写明使用该外观设计的产品及其所属的类别。

小贴士

递交专利的方式:直接递交北京的中国国家专利局;递交给专利局指定的专利代办处;挂号邮件邮寄给中国国家专利局或代办处。

3. 专利审查与授权

根据《专利法》第四十条的规定,实用新型和外观设计专利申请经初步审查没有发现驳回理由的,由国务院专利行政部门做出授予实用新型专利权或者外观设计专利权的决定,发给相应的专利证书,同时予以登记和公告。实用新型专利权和外观设计专利权自公告之日起生效。此外,发明专利申请还需要经过"早期公开""实质审查"先后两个阶段才能被授予专利权。

五、专利权的期限、无效和终止

根据《专利法》第四十二条的规定,发明专利权的保护期限为二十年,实用新型专利权和外观设计专利权的保护期限为十年,均自申请日起计算。

专利权届满而终止是正常消灭,在保护期届满前终止是非正常消灭,非正常消灭主要有两种:①没有按期缴纳年费;②专利权人以书面声明方式放弃专利权。

专利权一旦被宣布无效,其从授权之日起就不产生法律拘束力。无效的原因主要理由有:不符合实质条件;违反法律、社会公德、申请文件不符合规定;专利权人无权取得该专利权等。

六、专利权的内容

专利权包括人身权与财产权。人身权是与权利人人身不可分离的权利。财产权包括制造权、使用权、许诺销售权、销售权、进口权、转让权、许可权等。

七、专利权的法律保护

专利侵权行为是指在有效期内他人未经专利权人许可而以营利为目的实施该专利的行为。根据《专利法》第五十七条的规定,对于侵权行为,权利人可以寻求司法援助和行政纠纷处理。此外,《专利法》第五十八条、第五十九条还规定,假冒他人专利,责令改正,没收违反所得,可处违法所得三倍以下罚款,没有违法所得,可处五万元以下罚款。

小案例

甲公司委托乙大学设计一台仪器,有委托合同但没有明确研究成果的专利申请归属问题。乙大学又指派丙教授担任这一项目,研究生丁某也参加了研发,并撰写研究报告,还有一名老师对该项目进行评审和验收,并提出改进意见。项目结束后,丙教授申请了专利,署名是丙教授与研究生丁某,但甲公司与乙大学对此有异议,甲公司认为专利应属自己所有,乙大学认为该项目属于职务发明,应该属于丙教授、丁某,还有一位老师共同所有。

资料来源:http://wenda.so.com/q/1365032537065237

问题:

(1) 这一项目的专利申请权应该属于谁?为什么?

(2) 谁是发明人?为什么?

评析:

(1)《专利法》第六条规定,执行本单位的任务或者主要是利用本单位的物质技术条件所完成的发明创造为职务发明创造。职务发明创造申请专利的权利属于该单位;申请被批准后,该单位为专利权人。从以上第六条可以看出,申请权不会是"丙教授,丁某,那位老师共同所有"。

《合同法》第三百三十九条规定,委托开发完成的发明创造,除当事人另有约定的以外,申请专利的权利属于研究开发人。研究开发人取得专利权的,委托人可以免费实施该专利。研究开发人转让专利申请权的,委托人享有以同等条件优先受让的权利。据此,专利申请权是归乙大学所有。

(2)《专利法实施细则》第十三条规定,专利法所称发明人或者设计人,是指对发明创造的实质性特点做出创造性贡献的人。在完成发明创造过程中,只负责组织工作的人、为物质技术条件的利用提供方便的人或者从事其他辅助工作的人,不是发明人或者设计人。从上述法规可看出,丙教授和丁某是发明人。另一位老师提出的是改进意见(前面的评审和验收无视),个人认为所谓的改进意见可以理解为提出了一个研究方向,但是没有做出实质的研究,因此,不属于发明人。

第五节　展会知识产权法律制度

我国自加入 WTO 以来,会展业蓬勃发展,会展经济全面形成,并以每年 20% 以上的速度递增。中国展览项目数仅次于美国居全球第二,展览场馆数量则居世界第三,年度各类展会规模也屡创新高。尽管我国展会规模在日渐扩大,但与德国等会展业大国以及国际先进经验相比,我国展会在知识产权保护方面仍存在诸多问题,亟待重视和改善。

一、展会知识产权保护存在的问题

会展知识产权包括展会本身的知识产权和展品知识产权。展览会本身的知识产权包括展览会的设计理念,展台搭建设计,展览会的 Logo 及名称。展品知识产权包括展品的专利权、商标权、著作权等。

会展业的发展,会展经济的繁荣,随之产生了许多相关的问题,其中之一就是我国参展企业普遍不重视的知识产权问题。会展中常见的知识产权问题如下。

(一)利用会展进行品牌移植的知识产权纠纷问题

从外国展会组织者角度看,他们利用展会向中国进行移植名牌产品的时候,往往需要寻找国内的合作伙伴。这样在继续使用原品牌展览会名称、标记的过程中,就有对原展会品牌知识产权给予认定的问题。不能排除一旦合作破裂,会引发知识产权的纠纷。实践经验表明,这个问题正是双方在合作时应当给予明确规定的一个重要的、关键的法律内容。

(二)品牌交易缺乏标准

随着会展经济的不断发展,会展行业资本运作会频繁产生,展会项目的买卖交易必将逐渐增多。对于这种会展项目所有权的转移和交易,要涉及会展项目的品牌知识产权的转移和交易。在我国尽管已经出现了一些这样的交易行为和具体案例。但是由于操作的程序与规范还没有及时出台,特别是市场交易价值的标准制定其参考依据不足,而使得市场显得比较混乱。

(三)出国展览组展商被投诉

作为出国展览组展商,比较注重的是在国外参加展览会时,如何处理中国参展商被外商投诉展品侵权或软件及著作权侵权而引发的知识产权纠纷。这样的事件已有明显上升的趋势。对此,他们普遍认为,对出展企业提出一般性的关于遵守知识产权的要求并不难,真正难点在于很难保证和控制所有参展展品都不出问题。所以,他们希望划定责任界限,一旦出现这方面的纠纷,要由有关参展商承担责任,而不要追溯到组展商。

（四）国内展会参展商被组展商欺骗

作为国内展会参展商，最害怕的是被组展商欺骗性的宣传所误导，从而参加了一些名不副实的冒牌展览会，甚至被骗展，结果是白花钱、没效果。

（五）展台设计搭建商的设计方案被抄袭

作为展台设计搭建商，他们在展台设计投标时可能出现参展商以种种借口不让他们的方案中标，然后又转手将扣留下来的设计图纸或方案提交给第三方抄袭使用或略有改动使用。

（六）具专利权的新型展具被仿制

一些已经广泛使用的标准展具和一些近期开发出来的新型展具进行了专利注册登记，如果仿制这些展具，就会涉及侵权的问题。但是从本质看，这种侵权只是一种与会展业有着间接关系的制造业方面的知识产权的问题。

（七）国家主管部门尚未有效解决被外商投诉问题

作为国家有关知识产权的主管部门，他们除了负责在总体上的宣传、教育和管理工作以外，更应关注如何减少外商的指责和投诉。因此政府部门应针对展览会发生的投诉事件进行整治，采取措施，防止发生类似事件。由于会展业知识产权保护的许多工作还有待深入调查和研究，所以主管部门尚需提出一个全面的和具体的管理办法。

（八）管理依据不清楚

一些地方性的会展业行业协会组织已经陆续建立，并且有的协会已经开始重视会展业知识产权保护的相关问题。但是关于会展业的知识产权保护的管理依据、管理范围、管理手段等诸多方面，还没有澄清和值得研讨。

二、与展会知识产权保护相关的法律规定

展会过程中可能发生的知识产权纠纷如果处理不当，不但影响企业的参展效果，而且损害展会本身的形象。因此不论国内国外，都对预防和处理此类的纠纷有严格的要求。我国有关会展的主要法律法规如下。

（一）国际公约

展会行业在国际上的划分属于服务贸易。目前，涉及展会知识产权问题的国际法律文件主要有服务贸易总协定 GATS，与贸易有关的知识产权协定 TRIPS 以及世界知识产权组织公约等。

（二）国内法律法规

1. 有关会展知识产权保护的一般法律

关于知识产权的保护，我国已经制定的相关法律主要有《著作权法》《专利权法》《商标

法》《合同法》《民法通则》。这些法规对会展知识产权起到一定的调整保护作用。①对会展设计的保护。从法理上说,对会展设计方案、设计图纸应当是具有著作权性质的保护对象,因此可以比照《著作权法》进行规范。②关于对专利的保护。在展览会上如果发生参展商的展品侵犯他人专利等知识产权的纠纷,从本质上说这仍属于产品本身侵权的问题,展览会只不过成为一个侵权行为被利用的平台而已。作为展览会的组织者,对于参展商展品的侵权问题,应该积极协助有关部门按照法律、法规进行处理。③关于对会展品牌的保护。由于目前会展项目的品牌并不能进行商标注册,所以单独地对会展品牌进行保护是比较困难的,但是在涉及会展项目品牌的使用、合作、交易等相关环节上通过具体的协议、合同对当事双方的行为加以规定和管理,按照《合同法》和《民法通则》对协议、合同进行约束。

2. 有关展会知识产权保护的部门规章

有关知识产权的保护的部门规章主要有：2004年8月,国务院印发了《保护知识产权专项行动方案》;2005年8月,中国国际贸促会纺织行业分会和中国家用纺织品行业协会以我国现行知识产权有关法律、法规为依据,制定了《中国国际贸易促进委员会纺织行业分会展览会知识产权规则》及其配套措施;2005年12月,国家知识产权局发布了《国家知识产权局展会管理办法》;2006年1月,国家商务部、国家工商总局、国家版权局、国家知识产权局联合发布了《展会知识产权保护办法》,并于2006年3月1日开始实施,展览和展品的知识产权保护问题,从此有法可依。

小贴士

《展会知识产权保护办法》的主要内容

《展会知识产权保护办法》是国内会展行业的涉及会展中的知识产权保护的最为全面、最为权威和详细的法规,对于会展的知识产权保护,具有重大的意义。

(1) 明确了展会中各方的责任。该办法明确了展会管理部门应加强对展会期间知识产权保护的协调、监督、检查责任;展会主办方应当依法维护知识产权权利人的合法权益;参展方应当合法参展,不得侵犯他人知识产权,并应对知识产权行政管理部门或司法部门的调查予以配合。这样会展中的知识产权保护的执法就有了法律基础。

(2) 明确了知识产权的投诉的程序。办法中明确了设立知识产权投诉机构的规定,展会主办地知识产权行政管理部门应当派员进驻规定展会,同时规定了对知识产权侵权的投诉程序,规定了权利人投诉所需要提交的材料、受理程序、答辩以及处理程序。

(3) 根据专利、商标和版权保护的不同特点,规定了各自的不同的处理方式。对于专利侵权的投诉,涉及发明和实用新型专利侵权的,按照专利法有关许诺销售的规定和停止侵权行为的规定,责令被请求人从展会上撤出侵权展品,销毁介绍侵权展品的宣传材料,更换介绍侵权项目的展板。对于侵犯外观设计专利权的,令侵权人立即停止侵权行为的规定做出处理决定,责令被请求人从展会上撤出侵权展品。可以看出,对于侵权的处罚仅仅限于展会期间停止许诺销售的行为,对于展会以外的空间的制造销售和许诺销售行为则没有约束力。对于构成商标侵权的,可以直接依照《商标法》以及《商标法实施细则》的相关规定处罚,因此,该处理的结果效力不限于展会期间。对于著作权的侵权行为,应当根据著作权法第四十七条的规定进行处罚,没收、销毁侵权展品及介绍侵权展品的宣传材料,更换介绍展出项目的展板。

3. 会展知识产权地方性法规

有关会展知识产权保护的地方性法规主要有：2001年第90届广交会制定的《中国出口商品交易会保护知识产权管理暂行规定》；2002年第92届广交会将《保护知识产权管理规定》修改为《涉嫌侵犯知识产权的投诉及处理办法》，并拟定了《展会提请投诉书》及《承诺书》；2006年9月28日，广州市工商局、广州市知识产权局及广州市版权局制定并发布了《广州市展会知识产权保护工作实施意见》；2007年4月，再次修订了《广交会涉嫌侵犯知识产权的投诉及处理办法》；2007年11月19日北京市人民政府第76次常务会议审议通过的《北京市展会知识产权保护办法》，自2008年3月1日起施行；2012年广东省商务厅发布了《广东省展会专利保护办法》，同时2012年6月16日广州市人民政府令第72号通过了《关于修改〈广州市展会知识产权保护办法〉的决定》，对2009年8月18日以广州市人民政府令第21号发布的《广州市展会知识产权保护办法》进行了修正，该《办法》共二十八条，自2009年10月1日起实施；此外，烟台市2012年发布了《烟台市展会知识产权保护办法》。

三、展会知识产权保护法律规定

（一）适用范围

根据《展会知识产权保护办法》第二条的规定，该办法适用于在中华人民共和国境内举办的各类经济技术贸易展览会、展销会、博览会、交易会、展示会等活动中有关专利、商标、版权的保护。

（二）展会知识产权保护办法投诉处理

展会时间在三天以上（含三天）、展会管理部门认为有必要的，展会主办方应在展会期间设立知识产权投诉机构。设立投诉机构的，展会举办地知识产权行政管理部门应当派员进驻，并依法对侵权案件进行处理。未设立投诉机构的，展会举办地知识产权行政管理部门应当加强对展会知识产权保护的指导、监督和有关案件的处理，展会主办方应当将展会举办地的相关知识产权行政管理部门的联系人、联系方式等在展会场馆的显著位置予以公示。

该办法中的知识产权行政管理部门是指专利、商标和版权行政管理部门，展会管理部门是指展会的审批或者登记部门。

1. 展会知识产权投诉机构的组成人员及其职责

展会知识产权投诉机构应由展会主办方、展会管理部门、专利、商标、版权等知识产权行政管理部门的人员组成，其职责包括：

(1) 接受知识产权权利人的投诉，暂停涉嫌侵犯知识产权的展品在展会期间展出。

(2) 将有关投诉材料移交相关知识产权行政管理部门。

(3) 协调和督促投诉的处理。

(4) 对展会知识产权保护信息进行统计和分析。

(5) 其他相关事项。

2. 展会知识产权投诉申请

知识产权权利人可以向展会知识产权投诉机构投诉,也可直接向知识产权行政管理部门投诉。权利人向投诉机构投诉的,应当提交以下材料。

(1) 合法有效的知识产权权属证明:涉及专利的,应当提交专利证书、专利公告文本、专利权人的身份证明、专利法律状态证明;涉及商标的,应当提交商标注册证明文件,并由投诉人签章确认,商标权利人身份证明;涉及著作权的,应当提交著作权权利证明、著作权人身份证明。

(2) 涉嫌侵权当事人的基本信息。

(3) 涉嫌侵权的理由和证据。

(4) 委托代理人投诉的,应提交授权委托书。

不符合本办法第八条规定的,展会知识产权投诉机构应当及时通知投诉人或者请求人补充有关材料。未予补充的,不予接受。如果投诉人提交虚假投诉材料或其他因投诉不实给被投诉人带来损失的,应当承担相应法律责任。

3. 展会知识产权投诉受理

展会知识产权投诉机构在收到符合本办法第八条规定的投诉材料后,应于 24 小时内将其移交有关知识产权行政管理部门。地方知识产权行政管理部门受理投诉或者处理请求的,应当通知展会主办方,并及时通知被投诉人或者被请求人。

在处理侵犯知识产权的投诉或者请求程序中,地方知识产权行政管理部门可以根据展会的展期指定被投诉人或者被请求人的答辩期限。被投诉人或者被请求人提交答辩书后,除非有必要作进一步调查,地方知识产权行政管理部门应当及时做出决定并送交双方当事人。被投诉人或者被请求人逾期未提交答辩书的,不影响地方知识产权行政管理部门做出决定。

展会结束后,相关知识产权行政管理部门应当及时将有关处理结果通告展会主办方。展会主办方应当做好展会知识产权保护的统计分析工作,并将有关情况及时报展会管理部门。

(三) 展会期间专利保护

1. 地方知识产权局在展会期间专利保护的工作

展会投诉机构需要地方知识产权局协助的,地方知识产权局应当积极配合,参与展会知识产权保护工作。地方知识产权局在展会期间的工作主要包括:

(1) 接受展会投诉机构移交的关于涉嫌侵犯专利权的投诉,依照专利法律法规的有关规定进行处理。

(2) 受理展出项目涉嫌侵犯专利权的专利侵权纠纷处理请求,依照《专利法》第五十七条的规定进行处理。

(3) 受理展出项目涉嫌假冒他人专利和冒充专利的举报,或者依职权查处展出项目中假冒他人专利和冒充专利的行为,依据《专利法》第五十八条和第五十九条的规定进行处罚。

2. 地方知识产权局对投诉或处理请求的受理

地方知识产权局对侵犯专利权的投诉或者处理请求应及时妥善,但是有下列情形之一的,地方知识产权局对侵犯专利权的投诉或者处理请求不予受理。

(1) 投诉人或者请求人已经向人民法院提起专利侵权诉讼的。

(2) 专利权正处于无效宣告请求程序之中的。

(3) 专利权存在权属纠纷,正处于人民法院的审理程序或者管理专利工作的部门的调解程序之中的。

(4) 专利权已经终止,专利权人正在办理权利恢复的。

地方知识产权局在通知被投诉人或者被请求人时,可以即行调查取证、查阅、复制与案件有关的文件,询问当事人,采用拍照、摄像等方式进行现场勘验,也可以抽样取证。

地方知识产权局收集证据应当制作笔录,由承办人员、被调查取证的当事人签名盖章。被调查取证的当事人拒绝签名盖章的,应当在笔录上注明原因;有其他人在现场的,也可同时由其他人签名。

(四) 展会期间商标保护

1. 地方知识产权局在展会期间的商标保护工作

展会投诉机构需要地方工商行政管理部门协助的,地方工商行政管理部门应当积极配合,参与展会知识产权保护工作。地方工商行政管理部门在展会期间的工作主要包括:

(1) 接受展会投诉机构移交的关于涉嫌侵犯商标权的投诉,依照商标法律法规的有关规定进行处理。

(2) 受理符合《商标法》第五十二条规定的侵犯商标专用权的投诉。

(3) 依职权查处商标违法案件。

2. 地方知识产权局对投诉或处理请求的受理

地方知识产权局对侵犯商标权的投诉或者处理请求应及时妥善,但是有下列情形之一的,地方工商行政管理部门对侵犯商标专用权的投诉或者处理请求不予受理。

(1) 投诉人或者请求人已经向人民法院提起商标侵权诉讼的。

(2) 商标权已经无效或者被撤销的。

地方工商行政管理部门决定受理后,可以根据商标法律法规等相关规定进行调查和处理。

(五) 展会期间著作权保护

1. 地方著作权行政管理部门在展会期间著作权保护的工作

展会投诉机构需要地方著作权行政管理部门协助的,地方著作权行政管理部门应当积极配合,参与展会知识产权保护工作。地方著作权行政管理部门在展会期间的工作包括:

(1) 接受展会投诉机构移交的关于涉嫌侵犯著作权的投诉,依照著作权法律法规的有关规定进行处理。

(2) 受理符合《著作权法》第四十七条规定的侵犯著作权的投诉,根据著作权法的有关规定进行处罚。

2. 地方著作权行政管理部门对投诉或处理请求的受理

地方著作权行政管理部门在受理投诉或请求后,可以采取以下手段收集证据。

（1）查阅、复制与涉嫌侵权行为有关的文件档案、账簿和其他书面材料。

（2）对涉嫌侵权复制品进行抽样取证。

（3）对涉嫌侵权复制品进行登记保存。

（六）法律责任

1. 参展方涉嫌侵犯知识产权的法律责任

对涉嫌侵犯知识产权的投诉，地方知识产权行政管理部门认定侵权成立的，应会同会展管理部门依法对参展方进行处理。

（1）对涉嫌侵犯发明或者实用新型专利权的处理请求，地方知识产权局认定侵权成立的，应当依据《专利法》第十一条第一款关于禁止许诺销售行为的规定以及《专利法》第五十七条关于责令侵权人立即停止侵权行为的规定做出处理决定，责令被请求人从展会上撤出侵权展品，销毁介绍侵权展品的宣传材料，更换介绍侵权项目的展板。

（2）对涉嫌侵犯外观设计专利权的处理请求，被请求人在展会上销售其展品，地方知识产权局认定侵权成立的，应当依据《专利法》第十一条第二款关于禁止销售行为的规定以及第五十七条关于责令侵权人立即停止侵权行为的规定做出处理决定，责令被请求人从展会上撤出侵权展品。

（3）在展会期间假冒他人专利或以非专利产品冒充专利产品，以非专利方法冒充专利方法的，地方知识产权局应当依据《专利法》第五十八条和第五十九条规定进行处罚。

（4）对有关商标案件的处理请求，地方工商行政管理部门认定侵权成立的，应当根据《商标法》《商标法实施条例》等相关规定进行处罚。

（5）对侵犯著作权及相关权利的处理请求，地方著作权行政管理部门认定侵权成立的，应当根据《著作权法》第四十七条的规定进行处罚，没收、销毁侵权展品及介绍侵权展品的宣传材料，更换介绍展出项目的展板。

（6）经调查，被投诉或者被请求的展出项目已经由人民法院或者知识产权行政管理部门做出判定侵权成立的判决或者决定并发生法律效力的，地方知识产权行政管理部门可以直接做出第二十六条、第二十七条、第二十八条和第二十九条所述的处理决定。

（7）请求人除请求制止被请求人的侵权展出行为之外，还请求制止同一被请求人的其他侵犯知识产权行为的，地方知识产权行政管理部门对发生在其管辖地域之内的涉嫌侵权行为，可以依照相关知识产权法律法规以及规章的规定进行处理。

（8）参展方侵权成立的，展会管理部门可依法对有关参展方予以公告；参展方连续两次以上侵权行为成立的，展会主办方应禁止有关参展方参加下一届展会。

2. 主办方对展会知识产权保护不力的法律责任

主办方对展会知识产权保护不力的，展会管理部门应对主办方给予警告，并视情节依法对其再次举办相关展会的申请不予批准。

（七）展会结束时案件尚未处理完毕案件的移交

展会结束时案件尚未处理完毕的，案件的有关事实和证据可经展会主办方确认，由展会举办地知识产权行政管理部门在15个工作日内移交有管辖权的知识产权行政管理部门依法处理。

小案例

华强县商业局和供销社联手举办商品展销会,李某在展销会上以 2500 元的价格购买了 A 厂展销的电冰箱一台。将冰箱拉回家后,李某按照说明书的要求安放,接通电源,但是过了很长时间仍然没有动静,打开冰箱发现里面很热。第二天,甲来到展销会,请 A 厂的技术人员到家维修,经过两个多小时检修,冰箱恢复正常。但是用了一周后,冰箱再也不制冷了,此时展销会已经结束。甲写信到 B 厂要求维修更换,但被告知 A 厂已经被合并到 B 厂,A 厂已被注销。

资料来源:http://wenda.so.com/q/1372478694063865

问题:李某应向谁提出修理、更换或退货的要求?

评析:《消费者权保护法》第三十八条规定:"消费者在展销会、租赁柜台购买商品或者接受服务,其合法权益受到损害的,可以向销售者或者服务者要求赔偿。展销会结束或者柜台租赁期满后,也可以向展销会的举办者、柜台的出租者要求赔偿。展销会的举办者、柜台的出租者赔偿后,有权向销售者或者服务者追偿。"由于商品展销会由华强县商业局和供销社联手举办,因此李某有权向展销会举办方索赔。由于所提问题是向谁提出修理等要求,根据法律规定,企业主体发生合并或分立的,原主体所应承担的法律责任由合并或分立后的主体承担。因此,李某应向 B 厂提出修理、更换或退货的要求。

本 章 小 结

本章首先介绍知识产权的概念、种类和主体客体等基本知识,然后介绍著作权、商标权、专利权的概念、内容和法律保护规定。最后从会展活动中对知识产权的保护方式和途径等方面介绍会展知识产权保护规定。

思 考 题

1. 被注销或撤销的商标,有其他人再来注册该怎么办?
2. 国内展会组展商展会项目被仿冒怎么办?

第十章

会展市场管理法律制度

【学习目标】
1. 掌握反不正当竞争法律制度有关规定。
2. 掌握消费者权益保护法律制度的内容和消费者的相关权利。

【重点难点】
1. 熟练掌握反不正当竞争行为的类型及其在展会实践活动中的运用。
2. 掌握消费者权益的具体内容和其在展会实践活动中的具体体现。

第一节 反不正当竞争法律制度

一、反不正当竞争法律制度概述

(一)《反不正当竞争法》的制定

反不正当竞争(anti-unfair competition)是调整市场竞争过程中因规则不正当竞争行为而产生的社会关系的法律规范的总称。

反不正当竞争法最早产生于19世纪末20世纪初的西欧资本主义国家,在资本主义国家已发展成经济法的核心。在一些国家里,反不正当竞争法及其辅助性法和法规在维护国家的经济秩序和保护市场的公平竞争方面发挥了极其重要的作用。最早使用不正当竞争概念的是1883年《保护工业产权巴黎公约》,该公约第十条规定,在工业或商业中任何违反诚实习惯的竞争行为都是不正当的竞争行为。1896年德国制定了第一个专门禁止不正当竞争行为的法律——《反不正当竞争法》,这是世界上最早关于反不正当竞争的特别法。

我国于1993年9月2日第八届全国人民代表大会常务委员会第三次会议通过了《中华人民共和国反不正当竞争法》(以下简称《反不正当竞争法》),并于1993年12月1日起施行。该法共分五章三十三条,主要内容包括不正当竞争的概念、不正当竞争行为的法律界限、不正当竞争行为的监督检查以及违法者应承担的法律责任。

(二)《反不正当竞争法》的立法目的

1. 制止不正当竞争行为

《反不正当竞争法》的制定和实施,对市场竞争行为进行了法律规范,对一切公平竞争进行鼓励和保护，对各种不正当竞争行为进行制止和惩罚。法律保障经营者在市场活动中公开、公平地进行竞争，鼓励诚实的经营者通过自己的努力，取得市场优势，获得良好的经济效益，使市场活动始终保持竞争的公平性和有效性，使竞争始终成为企业发展的动力，带动整个社会生产力的不断提高。

2. 保护经营者和消费者的合法权益

不正当竞争行为既损害其他经营者的合法权益，同时也往往间接甚至直接损害消费者的合法权益。《反不正当竞争法》的制定和实施，在保护经营者的合法权益的同时，也起到了保护消费者权益的重要作用。

3. 鼓励和保护公平竞争，保障社会主义市场经济的健康发展

实行市场经济就要遵循商品活动的价值规律，从而实现对社会资源有效、合理的配置，而价值规律的实现是离不开竞争机制的。价值规律调节资源和经济活动的作用是通过竞争来实现。因此，竞争是市场活动的核心，是市场经济中占主导地位的最重要的调节器。竞争是市场经济最活跃、最核心的因素。竞争机制是市场经济最基本的运行机制。如果社会经济生活中竞争遭到排斥或者削弱，那么市场机制就要出现结构性的、全局性的障碍，市场经济秩序就将发生混乱，市场经济就不能顺利发展。因此，通过制定《反不正当竞争法》，维护和促进竞争，保障社会主义市场经济的健康发展是十分必要的。

二、不正当竞争行为及其法律责任

（一）不正当竞争行为概述

1. 不正当竞争行为的概念及特征

根据《反不正当竞争法》的规定，不正当竞争是指经营者违反《反不正当竞争法》的规定，损害其他经营者的合法权益，扰乱社会经济秩序的行为。不正当竞争行为具有以下特征。

（1）不正当竞争行为的主体是经营者。

（2）不正当竞争行为是违法行为。

（3）不正当竞争行为侵害的客体是我国反不正当竞争法保护的，而为不正当竞争行为人所损害、扰乱的其他经营者的合法权益和正常的社会经济秩序。

2. 不正当竞争行为的危害

不正当竞争行为的危害主要体现在侵犯竞争者和消费者的权利、损害市场机制、破坏市场秩序、危害信用和社会公德等方面。

（二）不正当竞争行为的种类

不正当竞争行为是我国《反不正当竞争法》的调整对象。具体包括以下几种类型。

1. 采用假冒或仿冒等混淆手段从事市场交易、损害竞争对手的行为

采用假冒或仿冒等混淆手段从事市场交易、损害竞争对手的行为主要包括：①假冒他人的注册商标；②与知名商品相混淆；③擅自使用他人的企业名称或者姓名，引人误认为是他人的商品；④在商品上伪造或者冒用认证标志、名优标志等质量标志，伪造产地，对商品质量作引发误解的虚假表示。

> **小贴士**
>
> 在商品上伪造或冒用认证标志的不正当竞争行为主要有两种：①伪造该类产品的认证；②企业使用没有申请的认证。

> **知识链接**
>
> **名 优 标 志**
>
> 名优标志是指经国家或者国际有关组织依据具有国际先进水平的标准，经过对产品内在质量的检验，证明产品质量达到了规定的标准要求，颁发给生产企业的一种荣誉标记的统称。
>
> (1) 产品的名优称号和名优标志是指经消费者、有关社会组织或者行政机关评选，对达到一定产品质量条件和质量保证能力的生产者，允许其使用的证明产品质量水平良好的产品质量称号或者标志。
>
> 国家承认的产品名优称号和产品名优标志是专指依据原《国家优质产品评选条例》以及国务院有关部门和省、自治区、直辖市人民政府制定的优质产品评选规章中所规定的荣誉称号、荣誉标志，其中荣誉标志包括金质奖章、银质奖章。另外，一些国际公认的产品名优标志，我国政府也予以承认。
>
> 按照中共中央、国务院有关禁止社会乱评比、评奖的有关规定，民间组织的各类质量奖评选、一些中介机构擅自组织的产品质量奖评选，未经过国务院审批，因此，这些评选活动授予的名优称号和名优标志，均不符合法定的程序，不能作为受法律、法规保护的名优称号和名优标志。
>
> (2) 产品的名优称号和名优标志对奖励产品质量达到国际先进水平的企业，引导企业贯彻执行标准，提高产品质量，提高我国产品的质量信誉和市场竞争能力，满足人民群众日益增长的物质需求，有着巨大的推动作用。但是，名优称号和名优标志的取得，一贯坚持的是自愿原则，因此，该类产品标识的标注，也是自愿性的，即获得名优称号、名优标志的产品，可以在获得名优称号、名优标志的产品上、包装上、说明书上使用该称号、标志，也可以不使用，但是未获得名优称号、名优标志的企业，未获得名优称号、名优标志的产品，不得使用。
>
> (3) 名优称号、名优标志是有一定时效性的。一般该称号、标志的有效期为 3～5 年，是获奖时产品的一种荣誉。超过时效后，名优称号和名优标志就会成为历史。目前，国家承认的国内的产品名优称号和名优标志均已超过了有效期，为防止产品质量信誉的误导，保护用户、消费者的合法权益，国家规定，生产者标注产品名优标志和名优称号时，应当同时标明生产者获得该名优标志和名优称号的时间和有效期。

2. 商业贿赂行为

商业贿赂是指经营者为争取交易机会，暗中给予交易对方有关人员和能够影响交易的其他相关人员以财物和其他好处的行为。

商业贿赂是一种消极现象，严重危害市场经济生活中的公平竞争秩序，是滋生腐败的温床。

> **知识链接**
>
> 商业贿赂与回扣、折扣和佣金的区别
>
> 回扣是指在市场交易过程中,经营一方从交易所得的价款中提取一定比例的现金或额外以定额的酬金或有价证券,在账外暗中付给对方单位或个人的不正当竞争行为。
>
> 折扣也称让利,是指商品购销活动中经营者在所成交的价款上给对方以一定比例的减让而返还给对方的一种交易上的优惠。一般情况下,折扣只发生在交易双方当事人之间,不能支付给当事人一方的经办人或代理人,这是折扣和回扣的重要区别之一。
>
> 佣金是指在交易活动中,具有独立地位的中间人因为为他人提供服务、介绍、撮合交易或代买、代卖商品而得到的报酬。
>
> 根据《反不正当竞争法》第八条第二款的规定,经营者销售或者购买商品,可以明示方式给对方折扣,可以给中间人佣金。经营者给对方折扣、给中间人佣金,必须如实入账。在账外暗中给予对方单位或者个人回扣的,以行贿论处;对方单位或者个人在账外收受回扣的,以受贿论处。

3. 引人误解的虚假宣传

引人误解的虚假宣传行为是指经营者利用广告和其他方法,对产品的质量、性能、成分、用途、产地等所做的引人误解的不实宣传。

4. 侵犯商业秘密的行为

商业秘密是指不为公众所知悉、能为权利人带来经济利益、具有实用性并经权利人采取保密措施的技术信息和经营信息。

商业秘密不仅包括工业生产中适用的技术信息,如工艺流程、技术秘诀、设计图纸、化学配方等,而且包括具有秘密性质的经营管理方法及相关经营信息,如管理方法、产销策略、货源情报、客户名单等。

5. 经营者以排挤竞争对手为目的,以低于成本的价格销售商品

有些情况下,即使经营者有以低于成本的价格销售商品的行为,但因为其目的不是为了排挤竞争对手,而是为解决经营者自身的一些困难,这在法律上不将其列为不正当竞争行为,如销售鲜活商品、处理有效期限即将到期的商品或者其他积压的商品、季节性降价等。如服装行业的季节性非常强,对于过了季节的服装,经营者可以降价销售;因清偿债务、转产、歇业降价销售商品。

6. 搭售行为

搭售行为是指经营者在销售商品时,违背购买者的意愿搭售商品或者附加其他不合理的条件的行为。

7. 不正当有奖销售行为

有奖销售是指经营者以提供奖品或奖金的手段进行推销的行为,主要包括附赠式有奖销售和抽奖式有奖销售两种形式。有奖销售是一种有效的促销手段,法律不禁止所有,仅对以下有奖销售加以禁止:①用谎称有奖或内定人员中奖的欺骗方式;②利用有奖销售的手段推销质次价高的商品;③抽奖式的有奖销售,最高奖的金额超过5000元。

8. 诋毁商誉行为

良好的信誉本身就是一笔巨大的无形财富。根据《反不正当竞争法》第十四条的规定，经营者不得捏造、散布虚伪事实，损害竞争对手的商业信誉、商品声誉。

9. 投标招标中的不正当竞争行为

根据《反不正当竞争法》第十五条的规定，投标者不得串通投标，抬高标价或者压低标价。1999年颁布的《招投标法》使《反不正当竞争法》中关于禁止串通招投标的规定更加完备，更易于操作。

10. 公用企业或者其他依法享有独占地位的经营者强制交易的行为

公用企业或者其他依法具有独占地位的经营者，限定他人购买其指定的经营者的商品，在大多数情况下所涉及的购买者不止1人，而是不特定的多数人，其影响是很大的，往往造成不良的社会影响和后果，引起购买者的强烈不满，其他的经营者对此也有不满情绪，因此，必须及时制止这种限制竞争行为的继续蔓延。

11. 政府及其所属部门限制竞争行为

政府及其所属部门限制竞争行为具体有以下几种：①限定他人购买其指定的经营者的商品；②限制其他经营者正当的经营活动；③限制外地商品进入本地市场；④限制本地商品流向外地市场。

（三）不正当竞争行为的法律责任

1. 民事责任

为保护合法经营者的正当竞争权利，《反不正当竞争法》第二十条明文规定经营者违反本法规定，对被侵害的经营者造成损害的，应承当损害赔偿责任；并且应承担被侵害的经营者因调整该经营者侵害其合法权益的不正当竞争行为所支付的合法费用，赔偿不正当竞争法禁止的所有违法行为造成的损失。

《反不正当竞争法》还没有民事行为无效的规定，该法第二十七条中的"中标无效"，就是专门针对招标投标中的不正当竞争行为而设置的。

2. 行政责任

各级工商管理部门是《反不正当竞争法》规定的监督检查部门，具有行政执法职能。《反不正当竞争法》几乎对每一种不正当竞争行为都规定了制裁措施。这些行政制裁措施归纳起来有以下几种：①责令停止违法行为，消除影响；②没收违法所得；③罚款；④吊销营业执照；⑤责令改正；⑥给予行政处分。

3. 刑事责任

对于情节严重的不正当竞争行为给予刑事处罚是各国竞争法的通行做法。我国《反不正当竞争》对于三种行为规定了刑事制裁，即商标侵权行为、销售伪劣商品行为、商业贿赂行为可以追究刑事责任。此外，《广告法》《价格法》《招投标法》中也有刑事制裁的规定。《刑法》也将侵犯商业秘密犯罪作为罪行之一予以制裁。

三、反不正当竞争行为的监督检查

（一）监督检查部门

根据《反不正当竞争法》第三条的规定，县级以上人民政府工商行政管理部门对不正当竞争行为进行监督检查。

（二）监督检查机关的职权

监督检查机关监督检查不正当竞争行为的职权包括以下几种。

1. 询问权

监督检查机关有权通过询问被检查者的经营者、利害关系人、证明人提取言辞方面的证据，即被检查经营者的陈述、利害关系人、证明人的证言。

2. 查询、复制权

监督检查机关有权查询、复制与不正当竞争行为有关的协议、账册、单据、文件、业务函电等，以提取书证或有关视听资料。

3. 检查财物权

监督检查机关有权检查与不正当竞争行为有关的财物，以提取物证及制作现场笔录。

4. 强制措施权

在监督检查不正当竞争行为过程中，为防止违法行为继续进行，违法后果继续扩散，保全证据，固定违法行为或物品，监督检查机关有权采取强制性的手段，对违法行为及违法物品加以限制。

5. 处罚权

监督检查机关对查证属实、定性为不正当竞争的行为人有权根据具体情况做出罚款、没收违法所得、责令停止违法行为、责令消除影响的处罚。

📠 小案例

某百货商场为减少其库存的服装，采用有奖销售的办法来吸引顾客购买这批服装，宣称购买这类服装均可凭发票参加摸奖，奖项为：一等奖人民币200元；二等奖人民币100元；三等奖人民币5元。但实际无一、二等奖。

资料来源：http://wenda.so.com/q/1372478694063865

问题：此做法对吗？

评析：根据《反不正当竞争法》第十三条（一）和第二十六条的规定，该商场应当受到处罚。"第十三条规定，经营者不得从事下列有奖销售：（一）采用谎称有奖或者故意让内定人员中奖的欺骗方式进行有奖销售；……""第二十六条　经营者违反本法第十三条规定进行有奖销售的，监督检查部门应当责令停止违法行为，可以根据情节处以一万元以上十万元以下的罚款。"

第二节 消费者权益保护法

一、消费者权益保护法概述

（一）消费者和消费者权益

1. 消费者

ISO 消费者政策委员会在第一届年会上，把"消费者"定义为"个人目的购买或使用商品和服务的个体社会成员"。

国家标准局在颁布的国家标准《消费品使用说明总则》中规定，消费者是为满足个人或家庭的社会需要而购买、使用商品或服务的个体社会成员。

2. 消费者权益

消费者权益的核心是消费者的权利。现代社会，由于法制不健全、监管不到位等，消费危害事件时有发生，所以消费者权益保护很有现实意义。

（二）消费者权益保护法

广义的消费者权益保护法是所有有关保护消费者权益的法律法规。狭义的消费者权益保护法特指 1993 年第八届全国人大常委会第四次会议通过的《中华人民共和国消费者权益保护法》，该法于 1994 年 1 月 1 日开始实施。2013 年 10 月 25 日，第十二届全国人民代表大会常务委员会第五次会议通过公布了关于修改《中华人民共和国消费者权益保护法》的决定，自 2014 年 3 月 15 日起施行。有许多亮点，其中包括七天无条件退货，消费者拥有了反悔权，而经营者也受到约束，消协可以提起公益诉讼等。

> **小贴士**
>
> **《消费者权益保护法》的适用对象**
>
> 消费者为生活消费需要购买、使用商品或接受服务的，适用消费者权益保护法。
>
> 农民购买、使用直接用于农业生产资料时，参照消费者保护法执行。
>
> 经营者为消费者提供其生产、销售的商品或者提供服务，适用于消费者保护法。

二、消费者的权利

消费者权利是消费者在消费生活中所享有的权利，是消费者利益在法律上的表现。确认消费者权利是切实维护消费者利益的重要环节。根据《消费者权益保护法》的规定，消费者有九大权利，即安全权、知情权、自主选择权、公平交易权、求偿权、结社权、获得有关知识权、维护尊严权、监督权。

（一）安全权

安全权是消费者最重要的权利，也是宪法赋予公民的人身权、财产权在消费领域的具体体现。为使这一权利真正得到实现，消费者有权要求经营者提供的商品和服务符合保障人身、财产安全的要求。有国家标准、行业标准的，消费者有权要求商品和服务符合国家标准或行业标准，如食品、药品、家用电器等；对商品和服务项目，消费者有权要求经营者保证其在购买、使用该商品或接受服务时，不具有危害人身、财产安全的因素存在。

（二）知情权

消费者在购买、使用商品或接受服务时，有权询问、了解商品或服务的有关真实情况；提供商品或者服务的经营者有义务真实地向消费者说明有关情况。

（三）自主选择权

消费者享有自主选择商品或者服务的权利，主要包括以下几个方面的内容。
(1) 有权自主选择提供商品或者服务的经营者。
(2) 有权自主选择商品品种或者服务方式。
(3) 有权自主决定购买或者不购买任何一种商品、接受或者不接受任何一项服务。
(4) 在自主选择商品或服务时，有权进行比较、鉴别和挑选。

（四）公平交易权

市场交易的基本原则是：平等自愿原则，等价有偿原则，公平原则和诚实信用原则，因此，消费者和经营者都享有公平交易的权利。根据《消费者权益保护法》的规定，这项权利主要体现在以下两个方面：①有权获得质量保障、价格合理、计量正确等公平交易条件；②有权拒绝交易者的强制交易行为。

（五）求偿权

消费者因购买、使用商品或者接受服务受到人身、财产损害的，享有依法获得赔偿的权利，即为求偿权。

（六）结社权

消费者享有依法成立维护自身合法权益的社会团体的权利。消费者享有依法成立维护自身合法权益的社会团体的权利，简称为结社权。赋予消费者以结社权，使消费者通过有组织的活动，维护自身合法权益是非常必要的，也是国家鼓励全社会共同保护消费者合法权益的体现。

（七）获得有关知识权

消费者享有获得有关消费和消费者权益保护方面的知识的权利，这一权利包括两方面的内容：①获得有关消费方面的知识，比如有关消费观的知识，有关商品和服务的基本知识，有关市场的基本知识；②获得有关消费者权益保护方面的知识，比如消费者权益保护的法律、法规和政策，以及保护机构和争议解决途径等方面的知识。

（八）维护尊严权

人格尊严是消费者的人身权的重要组成部分，包括姓名权、名誉权、荣誉权、肖像权等。

在实践中,侵犯消费者人格尊严权,侮辱、诽谤消费者,即侵犯消费者名誉权行为,这种侵权行为是指经营者自己或利用他人通过捏造、散布虚假信息或不文明、不礼貌的语言贬低、诋毁消费者的人格尊严。

我国是个多民族的国家,各民族都有不同的风俗习惯,与消费密切相关,因此尊重少数民族的风俗习惯,对于保护少数民族消费者的合法权益,贯彻党和国家的民族政策,具有极其重要的意义。

(九)监督权

消费者享有对商品和服务以及保护消费者权益工作进行监督的权利,具体表现为:消费者有权检举、控告侵害消费者权益的行为和国家机关及其工作人员在保护消费者权益工作中的违法失职行为,有权对保护消费者权益工作提出批评和建议。

三、经营者的义务

《消费者权益保护法》规定了经营者的义务,包括:守法义务;保障安全义务;质量担保义务;提供真实信息义务;标志经营资格义务;出具凭证义务;三包义务;公平交易义务;尊重人格义务;接受监督义务。

新修改的《消费者权益保护法》通过完善"三包"制度、规范格式条款、规定缺陷产品召回制度等,进一步强化经营者义务。

知识链接

"三包"制度

1. "三包"产品范围

(1)第一批实施"三包"的部分产品共18种:自行车、彩电、黑白电视、家用录像机、摄像机、收录机、电子琴、家用电冰箱、洗衣机、电风扇、微波炉、吸尘器、家用空调器、吸排油烟机、燃气热水器、缝纫机、钟表、摩托车。

(2)新"三包"规定中明确,实行"三包"的产品目录将由国务院有关部门决定和调整。国家将根据消费水平的提高,采用《实施"三包"的部分商品目录》的形式,逐批公布"三包"产品适用范围。

(3)随着移动电话、固定电话、微型计算机、家用视听产品等4种产品加入,截至目前,我国共有22种产品被纳入"三包"范畴。

(4)进口产品同样适用于新"三包"规定。

(5)未纳入新"三包"规定的产品,出现了质量问题,销售者均应依法负责修理、更换、退货并赔偿由此而受到的损失。

2. "三包"责任时间

(1)"7日"规定:产品自售出之日起7日内,发生性能故障,消费者可以选择退货、换货或修理。

(2)"15日"规定:产品自售出之日起15日内,发生性能故障,消费者可以选择换货或修理。

(3)"三包有效期"规定:"三包"有效期自开具发票之日起计算。在国家发布的第一批实施"三包"的18种商品中,如彩电、手表等的"三包"有效期,整机分别为半年至一年,主要部件为一年至三年。在"三包"有效期内修理两次,仍不能正常使用的产品,消费者可凭修理记录和证明,调换同型号同规格的产品或按有关规定退货,"三包"有效期应扣除因修理占用和无零配件待修的时间。换货后的"三包"有效期自换货之日起重新计算。

(4)"90日"规定和"30日"规定:在"三包"有效期内,因生产者未供应零配件,自送修之日起超过90日未修好的,修理者应当在修理状况中注明,销售者凭此据免费为消费者调换同型号同规格产品。因修理者自身原因使修理超过30日的,由其免费为消费者调换同型号同规格产品,费用由修理者承担。

(5)"30日"和"5年"的规定:修理者应保证修理后的产品能够正常使用30日以上,生产者应保证在产品停产后5年内继续提供符合技术要求的零配件。

(6)新"三包"规定从1995年8月25日起实施,凡在该日以后购买列入"三包"目录的产品,消费者有权要求销售者、修理者、生产者承担"三包"责任。对1995年8月25日以前购买的产品,只能继续按照1986年发布的《部分国产家用电器"三包"规定》执行。

四、争议的解决和法律责任的确定

(一)争议的解决

1. 争议的解决途径

《消费者权益保护法》第三十四条规定,消费者和经营者发生消费者权益争议的,可以通过下列途径解决。

(1)与经营者协商和解。

(2)请求消费者协会调解。

(3)向有关行政部门申诉。

(4)提请仲裁,这种情形主要用于双方定有书面仲裁协议的情况,一般消费者较少采用这种形式。

(5)向人民法院提起诉讼。

2. 解决争议的几项特定规则

(1)销售者的先行赔付义务

在购买、使用商品时,其合法权益受到损害时可向销售者要求赔偿。销售者赔偿后,属于生产者责任或者属于向销售者提供商品的其他销售者的责任的,销售者有权向生产者或者其他销售者追偿。

(2)生产者与销售者的连带责任

根据《消费者权益保护法》第三十五条的规定,消费者在购买、使用商品时,其合法权益受到损害的,可以向销售者要求赔偿。销售者赔偿后,属于生产者的责任或者属于向销售者提供商品的其他销售者的责任的,销售者有权向生产者或者其他销售者追偿。此外,消费者或者其他受害人因商品缺陷造成人身、财产损害的,生产者与销售者承担连带责任,即消费者可以向销售者要求赔偿,也可以向生产者要求赔偿;属于生产者责任的,销售者赔偿后,有权向生产者追偿;属于销售者责任的,生产者赔偿后,有权向销售者追偿。

(3) 服务提供者的赔偿责任

消费者在接受服务时,其合法权益受到损害时,可以向服务者要求赔偿。

(4) 变更后的企业仍应承担赔偿责任

根据《消费者权益保护法》第三十六条的规定,消费者在购买、使用商品或者接受服务时,其合法权益受到损害,因原企业分立、合并的,可以向变更后承受其权利义务的企业要求赔偿。

(5) 营业执照持有人与租借人的赔偿责任

根据《消费者权益保护法》的规定,使用他人营业执照的违法经营者提供商品或者服务,损害消费者合法权益的,消费者可以向其要求赔偿,也可以向营业执照的持有人要求赔偿。

(6) 展销会举办者、柜台出租者的特殊责任

根据《消费者权益保护法》第三十八条的规定,展销会举办者、柜台出租者在以下几种情形下应承担责任:①在展销会、租赁柜台购买商品或接受服务受损害的,只可以要求销售者、服务者赔偿;②在展销会结束或租赁期满后,既可以向原销售者、服务者要求赔偿,也可以向展销会举办者、出租者要求赔偿,换言之,此时原销售者、服务者同举办者、出租者承担连带责任,而非前者免责;③举办者、出租者赔偿后获取代位追偿权。

(7) 虚假广告的广告主与广告经营者的责任

根据《消费者权益保护法》第三十九条的规定,消费者因经营者利用虚假广告提供商品或者服务,其合法权益受到损害的,可以向经营者要求赔偿。广告的经营者发布虚假广告的,消费者可以请求行政主管部门予以惩处。广告的经营者不能提供经营者的真实名称、地址的,应当承担赔偿责任。

(二) 法律责任的确定

当消费者的权益因经营者的原因无法行使或受到损害时,消费者权益保护法规定可采取相应的措施对违法者予以制裁。《消费者权益保护法》第七章对侵害消费者合法权益的行为进行区分,规定经营者应分别或者同时承担民事责任、行政责任和刑事责任。

1. 民事责任

根据《消费者权益保护法》第四十条的规定,经营者提供商品或者服务有下列情形之一的,除该法另有规定外,应当依照《中华人民共和国产品质量法》和其他有关法律、法规的规定承担民事责任。

(1) 商品存在缺陷的。

(2) 不具备商品应当具备的使用性能而出售时未作说明的。

(3) 不符合在商品或者包装上注明采用的商品标准的。

(4) 不符合商品说明、实物样品等方式表明的质量状况的。

(5) 生产国家明令淘汰的商品或者销售失效、变质的商品的。

(6) 销售的商品数量不足的。

(7) 服务的内容和费用违反约定的。

(8) 对消费者提出的修理、重作、更换、退货、补足商品数量、退还货款和服务费用或者赔偿损失的要求,故意拖延或者无理拒绝的。

(9) 法律、法规规定的其他损害消费者权益的情形。

此外,根据该法第四十一条至第四十四条的规定,经营者提供商品或者服务,造成消费者或者其他受害人人身伤害的,应当支付医疗费、治疗期间的护理费、因误工减少的收入等费用,造成残疾的,还应当支付残疾者生活自助费、生活补助费、残疾赔偿金以及由其抚养的人所必需的生活费等费用;构成犯罪的,依法追究刑事责任。经营者提供商品或者服务,造成消费者或者其他受害人死亡的,应当支付丧葬费、死亡赔偿金以及由死者生前抚养的人所必需的生活费等费用;构成犯罪的,依法追究刑事责任。经营者违反本法第二十五条的规定,侵害消费者的人格尊严或者侵犯消费者人身自由的,应当停止侵害、恢复名誉、消除影响、赔礼道歉,并赔偿损失。经营者提供商品或者服务,造成消费者财产损害的,应当按照消费者的要求,以修理、重作、更换、退货、补足商品数量、退还货款和服务费用或者赔偿损失等方式承担民事责任。消费者与经营者另有约定的,按照约定履行。

对国家规定或者经营者与消费者约定包修、包换、包退的商品,经营者应当负责修理、更换或者退货。在保修期内两次修理仍不能正常使用的,经营者应当负责更换或者退货。对包修、包换、包退的大件商品,消费者要求经营者修理、更换、退货的,经营者应当承担运输等合理费用。

根据该法第四十六条的规定,经营者以邮购方式提供商品的,应当按照约定提供。未按照约定提供的,应当按照消费者的要求履行约定或者退回货款,并应当承担消费者必须支付的合理费用。

该法第四十七条还规定,经营者以预收款方式提供商品或者服务的,应当按照约定提供。未按照约定提供的,应当按照消费者的要求履行约定或者退回预付款,并应当承担预付款的利息、消费者必须支付的合理费用。

同时,依法经有关行政部门认定为不合格的商品,消费者要求退货的,经营者应当负责退货。如果经营者提供商品或者服务有欺诈行为的,应当按照消费者的要求增加赔偿其受到的损失,增加赔偿的金额为消费者购买商品的价款或者接受服务的费用的一倍。

2. 行政责任

根据《消费者权益保护法》第五十条的规定,经营者有下列情形之一,《中华人民共和国产品质量法》和其他有关法律、法规对处罚机关和处罚方式有规定的,依照法律、法规的规定执行;法律、法规未作规定的,由工商行政管理部门责令改正,可以根据情节单处或者并处警告、没收违法所得,处以违法所得一倍以上五倍以下的罚款,没有违法所得的,处以一万元以下的罚款;情节严重的,责令停业整顿、吊销营业执照。

(1) 生产、销售的商品不符合保障人身、财产安全要求的。

(2) 在商品中掺杂、掺假,以假充真、以次充好,或者以不合格商品冒充合格商品的。

(3) 生产国家明令淘汰的商品或者销售失效、变质的商品的。

(4) 伪造商品的产地,伪造或者冒用他人的厂名、厂址,伪造或者冒用认证标志、名优标志等质量标志的。

(5) 销售的商品应当检验、检疫而未检验、检疫或者伪造检验、检疫结果的。

（6）对商品或者服务作引人误解的虚假宣传的。

（7）对消费者提出的修理、重作、更换、退货、补足商品数量、退还货款和服务费用或者赔偿损失的要求，故意拖延或者无理拒绝的。

（8）侵害消费者人格尊严或者侵犯消费者人身自由的。

（9）法律、法规规定的对损害消费者权益应当予以处罚的其他情形。

经营者对行政处罚决定不服的，可以自收到处罚决定之日起十五日内向上一级机关申请复议，对复议决定不服的，可以自收到复议决定书之日起十五日内向人民法院提起诉讼；也可以直接向人民法院提起诉讼。

以暴力、威胁等方法阻碍有关行政部门工作人员依法执行职务的，依法追究刑事责任；拒绝、阻碍有关行政部门工作人员依法执行职务，未使用暴力、威胁方法的，由公安机关依照《中华人民共和国治安管理处罚条例》的规定处罚。

3. 刑事责任

违反消费者权益保护法，构成犯罪的行为包括以下几种情形。

（1）经营者提供商品或者服务，造成消费者或其他受害人受伤、残疾、死亡的。

（2）以暴力、威胁等方法阻碍有关行政部门工作人员依法执行职务的。

（3）国家机关工作人员玩忽职守或者包庇经营者侵害消费者合法权益的。

对这些行为应根据情节依法追究刑事责任。国家机关工作人员玩忽职守或者包庇经营者侵害消费者合法权益的行为的，由其所在单位或者上级机关给予行政处分。情节严重，构成犯罪的，依法追究刑事责任。

📖 小案例

2013年8月，尤女士通过福州某运营商官方网站购买了一部广信老人机。两日后，她发现手机的输入法无法正常使用。经当地售后检测后，证实手机存在故障。售后却称，因检测时发现手机壳有裂缝，只能保修，不能退款。经马尾工商调解，商家同意免费为该手机作保修处理。

资料来源：福州日报 2014 年 2 月 26 日

问题：此案如何处理？

评析：新《消费者权益保护法》第二十五条规定，经营者采用网络、电视、电话、邮购等方式销售商品，除了特殊情况，消费者有权自收到商品之日起七日内退货，且无须说明理由，但消费者需要为"反悔"埋单，承担退货运费。不过，消费者定做的，鲜活易腐的，在线下载或者消费者拆封的音像制品、计算机软件等数字化商品，交付的报纸、期刊，或者其他根据商品性质并经消费者在购买时确认不宜退货的商品，不适用无理由退货。

本 章 小 结

本章首先介绍《反不正当竞争法》、不正当竞争行为及其法律责任，然后介绍消费者权益保护法的概念、内容和法律保护规定。

思 考 题

1. 《反不正当竞争法》对不正当竞争行为及其法律责任是如何规定的?
2. 消费者权益有哪些?
3. 违反《消费者权益保护法》应承担怎样的法律责任?
4. 展销会举办者的法律责任有哪些?

第十一章

会展安全管理法律制度

【学习目标】
1. 了解会展安全立法概况。
2. 掌握会展安全、消防法律等相关规定。

【重点难点】
1. 掌握大型群众性活动安全管理条例的审批和法律责任相关规定。
2. 掌握实际展会活动中主办方、场馆方、参展商等之间安全责任的承担和违反相关法律规定的后果。

第一节 会展安全管理法律制度概述

在展会活动举办期间,人员密集、涉及公共安全责任重大。早在1999年公安部就颁布了《群众性文化体育活动治安管理办法》(以下简称《办法》),随着形势的发展,该《办法》已经明显不适应实际工作需要:①该《办法》是公安部颁布的功能规章,原则上只能规范和调整公安机关本身的工作;②对未经审批而擅自举办大型活动,该《办法》制约力不够;③该《办法》只对文体活动进行了明确,对大型展览、展销、人才招聘会等安全管理却不在其中,该《办法》已经失效。正是在这样的背景下,2007年10月1日国务院出台了《大型群众性活动安全管理条例》(以下简称《条例》),进一步规范和加强大型群众性活动安全管理工作。该《条例》的出台,改变了过去公安机关大包大揽大型群众性活动安全工作的做法,明确了承办者既是活动的组织实施者,同样必须是活动安全的维护者、保障者;承办者既可以享受举办活动所带来的利益,也必须承担举办活动可能出现的风险;做到利益和风险共担,实现权利和义务的统一。

除了专门的会展安全管理规范性文件外,有关会展安全的行为同时也受到关于社会治安和安全管理的法律文件的约束,包括《中华人民共和国治安管理处罚法》《中华人民共和国行政许可法》《中华人民共和国行政处罚法》《企业事业单位内部治安保卫条例》《营业性演出管理条例》《公安机关行政许可工作规定》等规范性文件。

随着各地会展业的发展,在国务院《大型群众性活动安全管理条例》出台前后,全国各地先后制定了有关大型群众活动安全管理的规范性文件,包括2008年3月1日起施行的《珠海市大型群众性活动安全管理条例》、2008年福建省公安厅发布的《福建省公安机关大型群众性活动安全管理实施办法》、2008年11月12日佛山市人民政府发布的《佛山市大型群众性活动安全管理实施办法(试行)》、镇江市人民政府2010年9月3日发布的《镇江市大型群众性活动安全管理暂行办法》、2010年12月1日《北京市大型群众性活动安全管理条例》《北京市大型群众性活动安全风险评估工作规范(试行)》、2012年9月24日湖北省公安厅发布的《湖北省公安机关大型群众性活动安全管理工作规范》、2013年5月23日安徽省公安厅制定的《安徽省公安机关大型群众性活动安全管理工作规范(试行)》、2013年7月14日惠州市发布的《惠州市大型群众性活动管理规定(试行)》(有效期2年,已失效)、2014年3月1日《合肥市大型群众性活动安全管理规定》、2014年8月《江西省公安机关大型群众性活动安全管理工作规范》、2014年10月1日《广州市大型群众性活动安全管理规定》、2015年2月25日义乌市人民政府印发的《义乌市大型群众性活动安全管理办法》、2015年5月1日《广东省大型群众性活动安全管理办法》《浙江省大型群众性活动安全管理办法》、2015年6月4日厦门市公安局印发的《大型群众性活动安全风险评估及分级管理工作规范(试行)》(有效期2年)、2015年6月《江苏省公安机关大型群众性活动安全管理工作规范(试行)》、2015年11月1日起施行的《河北省大型群众性活动安全管理办法》等。此外,2014年9月上海市公布了《上海市大型群众性活动安全管理办法(草案)》,四川等地也将出台类似的安全管理办法,对大型群众性活动的安全管理予以规制。本章重就2007年10月1日国务院出台的《大型群众性活动安全管理条例》的内容介绍有关会展安全的法律制度。

第二节 大型群众性活动安全管理法律制度

一、大型群众性活动的概念和条件

(一)大型群众性活动的概念

根据2007年10月1日国务院出台的《大型群众性活动安全管理条例》的规定,大型群众性活动是指法人或者其他组织面向社会公众举办的每场次预计参加人数达到1000人以上的活动。主要有以下五类活动:体育比赛活动;演唱会、音乐会等文艺演出活动;展览、展销等活动;游园、灯会、庙会、花会、焰火晚会等活动;人才招聘会、现场开奖的彩票销售等活动。这五类活动的开展必须严格执行条例,实行安全许可制度。

但是该《条例》也规定了两类不实行安全许可的群众性活动:①影剧院、音乐厅、公园、娱乐场所等在其日常范围内举办的活动;②县级以上人民政府、国务院部门直接举办的大型群众性活动,其安全保卫工作由举办活动的人民政府、国务院部门负责,不实行安全许可制度。

(二)举办大型群众性活动应具备的条件

举办大型群众性活动应当符合下列条件。
(1)承办者是依照法定程序成立的法人或者其他组织。
(2)大型群众性活动的内容不得违反宪法、法律、法规的规定,不得违反社会公德。
(3)具有符合本条例规定的安全工作方案,安全责任明确、措施有效。
(4)活动场所、设施符合安全要求。

二、大型群众性活动举办过程中的责任划分

根据国务院出台的《大型群众性活动安全管理条例》的规定,大型群众性活动涉及承办者、场所管理者、公安机关、观众等四个方面,该《条例》也对这四个方面的责任和职责作了明确规定。

(一)承办者的责任

该《条例》规定,大型群众性活动的承办者对其承办活动的安全负责,承办者的主要负责人为大型群众性活动的安全责任人,根据该《条例》第七条的规定,大型群众性活动承办者的一般安全责任包括以下几个方面。

(1)落实大型群众性活动安全工作方案和安全责任制度,明确安全措施、安全工作人员岗位职责,开展大型群众性活动安全宣传教育。

(2)保障临时搭建的设施、建筑物的安全,消除安全隐患。

(3)按照核准的活动场所容纳人员数量、划定的区域发放或者出售门票。

(4)落实医疗救护、灭火、应急疏散等应急救援措施并组织演练。

(5)对妨碍大型群众性活动安全的行为及时予以制止,发现违法犯罪行为及时向公安机关报告。

(6)配备与大型群众性活动安全工作需要相适应的专业保安人员以及其他安全工作人员。

(7)为大型群众性活动的安全工作提供必要的保障。

小贴士

2014年12月31日晚,上海外滩陈毅广场发生群众拥挤踩踏事故,造成36人死亡49人受伤。2015年1月21日,上海市公布12·31外滩拥挤踩踏事件调查报告,认定这是一起对群众性活动预防准备不足、现场管理不力、应对处置不当而引发的拥挤踩踏并造成重大伤亡和严重后果的公共安全责任事件。

资料来源:中国嘉兴网 http://www.jiaxing.gov.cn/jfjt/gzdt_8475/qtywxx_8479/201502/t20150206_469282.html

(二)公安机关的责任

按照该《条例》的规定,县级以上人民政府公安机关负责大型群众性活动的安全管理工作,其他相关主管部门按照各自的职责负责有关安全工作。公安机关必须履行的职责包括以下几个方面。

(1)审核承办者提交的大型群众性活动申请材料,实施安全许可。

(2)制定大型群众性活动安全监督方案和突发事件处置预案。

(3)指导对安全工作人员的教育培训。

(4)在大型群众性活动举办前,对活动场所组织安全检查,发现安全隐患及时责令改正。

(5)在大型群众性活动举办过程中,对安全工作的落实情况实施监督检查,发现安全隐

患及时责令改正。

(6)依法查处大型群众性活动中的违法犯罪行为,处置危害公共安全的突发事件。

(三)大型群众活动的场所管理者应承担的安全责任

根据该《条例》第八条的规定,大型群众性活动的场所管理者具体负责下列安全事项。

(1)保障活动场所、设施符合国家安全标准和安全规定。

(2)保障疏散通道、安全出口、消防车通道、应急广播、应急照明、疏散指示标志符合法律、法规、技术标准的规定。

(3)保障监控设备和消防设施、器材配置齐全、完好有效。

(4)提供必要的停车场地,并维护安全秩序。

(四)参加大型群众性活动的观众应遵守的法律规定

根据该《条例》第九条的规定,参加大型群众性活动的人员应当遵守下列规定。

(1)遵守法律、法规和社会公德,不得妨碍社会治安、影响社会秩序。

(2)遵守大型群众性活动场所治安、消防等管理制度,接受安全检查,不得携带爆炸性、易燃性、放射性、毒害性、腐蚀性等危险物质或者非法携带枪支、弹药、管制器具。

(3)服从安全管理,不得展示侮辱性标语、条幅等物品,不得围攻裁判员、运动员或者其他工作人员,不得投掷杂物。

小贴士

主场搭建施工合同书(例文)

甲方:北京市××展览有限公司(以下称甲方)

乙方: (以下称乙方)

为了更好地贯彻落实《北京市展览展销会活动消防安全管理暂行规定》《大型群众性活动安全管理条例》及有关责任制规定,确保××××年××月××~××日,在全国农业展览馆(新馆)举办的"第×届××××展览会"顺利召开,保障与会人员人身、财产安全,甲乙双方展会特装展位搭建及管理,签订如下施工合同。

一、甲方的责任与义务

1.为了确保展览会顺利举行,甲方依据《消防法》《安全管理条例》等相关规定,制订大会展览会活动方案,落实安全措施,并向公安消防机构申报,接受公安消防机构对活动现场进行安全检查。

2.为乙方提供展位特装施工图,监督乙方在展览布、撤展期间履行双方签订的《主场搭建安全协议书》,对乙方现场管理执行情况及时指导,对有碍于消防安全的行为予以及时制止。

二、乙方的责任与义务

1.遵守甲方及全国农业展览馆制定的各项施工规定,按照《××展览馆展会施工管理规定》《××展览馆施工管理细则》完成对所有参展商设计搭建图纸进行安全、消防检查等项目审查,协助主办单位做好主场布、撤展的其他相关工作。

2.对甲方提供的特装参展商施工公司进行资质审核,严格按照施工要求审核特装展位图,不合格的不予颁发施工许可证。

3. 根据施工人员上岗证,办理施工许可证,并对现场施工人员的施工作业进行监督,确保施工安全,没有上岗证者不予办理施工许可证。

4. 按照甲方制定的灭火和应急疏散预案,落实安全措施。配备具有资质的电工,对展会现场临时安装、使用的各类供电线路、电器设备进行巡视检查,发现违反有关安全消防规定的不安全问题或隐患及时处置。

5. 对现场施工单位进行严格监管。展厅内严禁现场喷漆作业以及电、气焊等明火作业,施工不得使用易燃、易爆物品。

6. 对现场施工材料进行监督,搭建材料必须使用防火、难燃或经过阻燃处理的材料,且必须符合环保要求。

7. 展览会开幕后及正常展出期间,乙方须留守电工、木工等工种技术人员值班,发现消防安全问题及时解决。

8. 乙方作为主场搭建商,应对其他搭建商负责搭建的展台负有监督责任,发现隐患及时报告,并现场整改,排除隐患。

9. 因乙方责任造成损失,由乙方负全部责任,并承担法律责任以及由此给主办(承办)单位造成的一切经济损失。

三、其他条款

1. 双方指定专人负责大会的消防安全工作,甲方对乙方的安全消防工作有指导与监督的权利。

2. 施工过程中,严禁任何人、任何时间在场馆展厅内吸烟。违反本规定而引发的火灾或其他损失,由肇事者所属的一方承担全部经济损失及责任。

本协议一式四份,甲、乙双方各持一份。公安部门备案一份、展馆管理部门备案一份。自签字之日起生效。

甲方代表:　　　　　　　　　　　乙方代表:
签字:　　　　　　　　　　　　　签字:

盖章:　　　　　　　　　　　　　盖章:
　　年　月　日　　　　　　　　　　年　月　日

搭建消防安全协议书(例文)

甲方:北京××展览有限公司(甲方)

乙方:　　　　　　　　　(乙方)

为贯彻"安全第一,预防为主"的方针,切实加强展馆施工管理工作,保证展会顺利进行,明确甲乙双方安全施工的权利和义务,约束不安全状态的行为,根据《中华人民共和国治安管理处罚条例》《北京市建设工程施工现场消防安全管理办法》《北京市消防条例条例》《北京市施工现场管理"五项标准"》等规定,特签订本协议,甲、乙双方共同遵守执行。

第一章　安全管理目标

1. 严格监管、杜绝事故的发生。
2. 现场内的安全隐患整改率必须保证在时限内达到100%，杜绝现场重大隐患的出现。
3. 现场内不发生火灾事故，火险隐患整改率必须保证在时限内达到100%。
4. 必须保证施工现场文明安全施工。
5. 根据展馆用电负荷，规划特装用电量，确保用电安全。

第二章　通用条款

一、甲方的责任和义务

1. 认真贯彻执行《北京市消防条例》等法律、法规及各级政府有关规章、制度、规定。
2. 甲乙双方明确双方责任和义务。
3. 甲方对施工现场统一管理，乙方接受甲方的监督管理和公安机关、消防部门的监督检查。
4. 甲方向施工公司、施工人员传达政府法律、法规、规定和本单位有关消防安全的管理制度。
5. 甲方与参展商签订施工安全协议书，确保每家企业安全施工。
6. 贯彻落实消防责任制，建立健全消防安全制度，组织消防安全检查，发现问题后要求乙方定人、定时、定措施加以整改。
7. 甲方采取不间断的方式对乙方施工过程进行检查，要求有记录、有整改、有复查。在检查过程中，对乙方的违章行为，甲方可视其情节轻重，给予责令整改、罚款、停工整顿、勒令退场等相应的处罚。
8. 依照国家安全技术标准，在施工全过程中对乙方的工作进行检验、监督和指导。甲方管理人员有权制止违章，因乙方不服从管理造成的一切损失由乙方负责赔偿。
9. 甲方有权要求立刻撤换现场内任何施工方中不遵守、执行北京市政府相关部门及行业主管部门发布的安全条例和指令的人员，若非有甲方书面同意，此人不得再受雇于现场内工作。

二、乙方的责任和义务

1. 遵守展馆消防安全制度，认真贯彻执行法律、法规、规定的要求，接受甲方和公安、消防部门的检查。
2. 所有施工公司进入展馆前5日内必须签订安全施工协议，明确双方责任与权利。为甲方提供准确的人员花名册。积极配合甲方安检工作。
3. 服从甲方的安全管理制度，执行甲方各项安全管理规章制度。因乙方不服从甲方管理导致生产安全事故的，由乙方承担全部责任。
4. 必须执行北京市《外地来京人员务工管理规定》的要求，严格把关、持证上岗。
5. 必须配备消防安全管理人员，按照施工人数的5%建立消防指导小组。消防组成员要熟悉消防器材和设施的位置，熟知使用方法。
6. 认真落实国家及《展馆施工管理规定》各项要求，做好对作业人员的消防安全教育，教育施工人员提高消防安全意识，并有记录。按照甲方要求对施工人员进行安全培训。

  7. 乙方人员自觉遵守展馆出入证管理制度,服从安保人员检查。

  8. 针对展会施工现场各项安全管理制度,消防安全落实到人。按照甲方的要求,严格贯彻落实。

  9. 展馆现场用电,乙方指定正式电工安装,并符合防火要求。严禁使用电炉及其他电热器具。不准私自乱拉用电线。

  10. 施工过程中的明火作业必须事先到展馆办理用火手续,清除易燃物,指派看火人员,并携带灭火器具。严禁无证进行电气焊操作。

  11. 油漆、稀料、防水卷材等易燃易爆、剧毒物品必须按公安要求存放,制定相应的领退料制度,并严格执行领退料手续,做好相应的记录。

  12. 乙方要在现场展馆指定地点堆放材料,保持消防通道畅通,严禁圈占、埋压、私自动用消防器材和设施。施工现场保持干净,及时清理各种易燃易爆物品。

  13. 施工期间不得发生打架、殴斗盗窃、吸毒等违法犯罪活动,不得参与任何邪教组织,不得窝藏坏人及赃物,不得传播淫秽物品,不得妨碍公安部门的正常检查工作。若有违犯人员,乙方自行解决并承担一切责任,给甲方造成的社会不良影响承担责任。

  14. 作业人员有权对施工现场的作业条件、作业程序和作业方式中存在的消防隐患向乙方提出建议。在施工中发生危及人身安全的紧急情况时,作业人员有权立即停止作业或者在采取必要的应急措施后撤离危险区域。

  15. 乙方作业人员必须遵守展馆各项安全管理制度,严格施工流程。乙方若因自己人员违反安全施工管理规定而受到处罚的,必须服从;乙方要依照安全施工管理规定对违章人员进行处理,情节严重者,驱离施工现场。

第三章 协议有效期

  本协议自签订之日起生效,至展会结束后终止。

第四章 补充条款(见安全责任书、搭建安全协议书等)

  本协议一式四份,甲乙双方各持一份,公安备案一份,展馆管理部门备案一份,自签字之日起生效。

甲方:	乙方:
法人或委托人:	法人或委托人:
年 月 日	年 月 日

三、大型群众性活动安全许可法律制度

  根据该《条例》第十一条规定,公安机关对大型群众性活动实行安全许可制度。《营业性演出管理条例》对演出活动的安全管理另有规定的,从其规定。有关大型群众性活动安全许可的法律制度包括以下内容。

（一）大型群众性活动的审批主管机关

大型群众性活动的安全管理应当遵循安全第一、预防为主的方针，坚持承办者负责、政府监管的原则。大型群众性活动的审批主管机关为公安机关。按照该《条例》县级以上人民政府公安机关负责大型群众性活动的安全管理工作。县级以上人民政府其他有关主管部门按照各自的职责，负责大型群众性活动的有关安全工作。

（二）大型群众性活动的审批权限

根据该《条例》第十二条的规定，对大型群众性活动的审批权限按照预计参加人数的不同而有所区别。大型群众性活动的预计参加人数在1000人以上5000人以下的，由活动所在地县级人民政府公安机关实施安全许可；预计参加人数在5000人以上的，由活动所在地设区的市级人民政府公安机关或者直辖市人民政府公安机关实施安全许可；跨省、自治区、直辖市举办大型群众性活动的，由国务院公安部门实施安全许可。

（三）大型群众性活动的审批程序

1. 申请

根据该《条例》第十三条的规定，承办者应当在活动举办日的20日前提出安全许可申请，申请时，应当提交下列材料。

（1）承办者合法成立的证明以及安全责任人的身份证明。

（2）大型群众性活动方案及其说明，两个或者两个以上承办者共同承办大型群众性活动的，还应当提交联合承办的协议。

（3）大型群众性活动安全工作方案。

（4）活动场所管理者同意提供活动场所的证明。

依照法律、行政法规的规定，有关主管部门对大型群众性活动的承办者有资质、资格要求的，还应当提交有关资质、资格证明。

2. 受理和审批

公安机关收到申请材料应当依法做出受理或者不予受理的决定。对受理的申请，应当自受理之日起7日内进行审查，对活动场所进行查验，对符合安全条件的，做出许可的决定；对不符合安全条件的，做出不予许可的决定，并书面说明理由。

3. 变更

对经安全许可的大型群众性活动，承办者不得擅自变更活动的时间、地点、内容或者扩大大型群众性活动的举办规模。承办者变更大型群众性活动时间的，应当在原定举办活动时间之前向做出许可决定的公安机关申请变更，经公安机关同意方可变更。承办者变更大型群众性活动地点、内容以及扩大大型群众性活动举办规模的，应当依照本条例的规定重新申请安全许可。承办者取消举办大型群众性活动的，应当在原定举办活动时间之前书面告知做出安全许可决定的公安机关，并交回公安机关颁发的准予举办大型群众性活动的安全许可证件。

（四）大型群众性活动的安全管理

根据该《条例》第十六条至第十九条的规定，对经安全许可的大型群众性活动，公安机关根据安全需要组织相应警力，维持活动现场周边的治安、交通秩序，预防和处置突发治安事件，查处违法犯罪活动。在大型群众性活动现场负责执行安全管理任务的公安机关工作人员，凭值勤证件进入大型群众性活动现场，依法履行安全管理职责。公安机关和其他有关主管部门及其工作人员不得向承办者索取门票。

承办者发现进入活动场所的人员达到核准数量时，应当立即停止验票；发现持有划定区域以外的门票或者持假票的人员，应当拒绝其入场并向活动现场的公安机关工作人员报告。

在大型群众性活动举办过程中发生公共安全事故、治安案件的，安全责任人应当立即启动应急救援预案，并立即报告公安机关。

四、违反大型群众性活动安全管理规定应承担的法律责任

根据该《条例》第二十条至第二十四条的规定，违反大型群众性活动安全管理规定应承担相应的法律责任。

（1）承办者擅自变更大型群众性活动的时间、地点、内容或者擅自扩大大型群众性活动的举办规模的，由公安机关处1万元以上5万元以下罚款；有违法所得的，没收违法所得。

未经公安机关安全许可的大型群众性活动由公安机关予以取缔，对承办者处10万元以上30万元以下罚款。

（2）承办者或者大型群众性活动场所管理者违反本条例规定致使发生重大伤亡事故、治安案件或者造成其他严重后果构成犯罪的，依法追究刑事责任；尚不构成犯罪的，对安全责任人和其他直接责任人员依法给予处分、治安管理处罚，对单位处1万元以上5万元以下罚款。

（3）在大型群众性活动举办过程中发生公共安全事故，安全责任人不立即启动应急救援预案或者不立即向公安机关报告的，由公安机关对安全责任人和其他直接责任人员处5000元以上5万元以下罚款。

（4）参加大型群众性活动的人员有违反本条例第九条规定行为的，由公安机关给予批评教育；有危害社会治安秩序、威胁公共安全行为的，公安机关可以将其强行带离现场，依法给予治安管理处罚；构成犯罪的，依法追究刑事责任。

（5）有关主管部门的工作人员和直接负责的主管人员在履行大型群众性活动安全管理职责中，有滥用职权、玩忽职守、徇私舞弊行为的，依法给予处分；构成犯罪的，依法追究刑事责任。

本 章 小 结

本章介绍我国会展业安全管理的立法概况，主要从大型群众性活动安全管理条例规定的大型群众性活动中应具备的条件、活动举办过程中的责任划分、大型群众性活动安全许可法律制度、大型群众性活动审批主管机关、审批权限、审批程序、安全管理以及违反大型群众

性活动安全管理规定应承担的法律责任等问题。

思 考 题

1. 简述大型群众性活动应具备的条件。
2. 简述大型群众性活动举办过程中各参与方的责任划分。

第四模块

会展从业法律制度

第十二章

会展职业道德

【学习目标】
1. 了解道德和职业道德,理解道德和法律的区别。
2. 掌握道德的概念、本质、功能和作用,以及社会主义职业道德的原则、作用和基本规范要求。
3. 掌握会展业职业道德的内容。

【重点难点】
1. 掌握会展业职业道德的内容在会展活动中的应用。
2. 掌握会展职业道德规范的修养方法。

第一节 道德与职业道德

一、道德

(一)道德的概念和本质

1. 道德的概念

道德属于上层建筑范畴、是一种特殊的社会意识形态,由社会经济关系决定,依靠社会舆论、传统习俗和人们的内心信念来维系,也是对人们的行为进行善恶评价的心理意识、原则规范和行为活动的总和。

2. 道德的本质

(1)道德由经济基础决定。道德作为一种特殊的社会意识形态,既是由经济基础决定的,也是社会经济关系的反映。首先,社会经济关系的性质决定着各种道德体系的性质。其次,社会经济关系所表现出来的利益决定着各种道德的基本原则和主要规范。再次,在阶级社会中,社会经济关系主要表现为阶级关系,因此,道德必然带有阶级属性。最后,社会经济关系的变化必然引起道德的变化。

(2)道德能动地指导人们的社会实践活动。道德不是消极被动地反映社会经济关系,而是以能动的方式来把握世界和引导、规范人们的社会实践活动。人们正是通过道德的把握,来识别社会发展的方向,确定自身生存发展与他人、与社会、与自然的关系,形成自己关于责任和义务的观念,确定自己的道德理想,自觉弃恶扬善,知荣明耻,保持个人与社会的健康发展。

> **小贴士**
>
> 2006年3月4日在全国政协第十届四中会议民盟、民进联组会议上，胡锦涛同志提出了社会主义荣辱观，即"八荣八耻"。其内容为：以热爱祖国为荣、以危害祖国为耻，以服务人民为荣、以背离人民为耻，以崇尚科学为荣、以愚昧无知为耻，以辛勤劳动为荣、以好逸恶劳为耻，以团结互助为荣、以损人利己为耻，以诚实守信为荣、以见利忘义为耻，以遵纪守法为荣、以违法乱纪为耻，以艰苦奋斗为荣、以骄奢淫逸为耻。

（二）道德的功能和作用

1. 道德的功能

道德作为社会意识形态的特殊形式对于社会发展所具有的功效和能力。道德的功能集中表现在，它是处理个人与他人、个人与自然、个人与社会之间关系的行为规范及实现自我完善的一种重要的精神力量。道德的功能主要表现为认识功能、调节功能、教育功能和激励功能。

（1）认识功能

道德借助于道德观念、道德准则、道德理想等形式，帮助人们正确认识社会道德生活的规律和原则，认识人生的价值和意义，认识自己对国家的义务和社会责任，使人们的道德实践建筑在知荣明耻、明辨善恶的认识基础上，从而正确地选择道德行为，积极塑造道德人格。

（2）调节功能

道德通过评价等方式，指导和纠正人们的行为和实践活动，协调人们之间关系的功能和能力。这是道德最突出也是最重要的社会功能。

（3）教育功能

道德通过评价和鼓励等方式，造成社会舆论，形成社会风尚、树立道德观念、塑造理性人格，培养人们的道德品质和道德观念的功效和能力。

（4）激励功能

道德通过理想、榜样、评价等外在诱因和人本身的责任感、荣誉感、成就感等内在动力，共同作用，促使人们积极进取的功效和能力。

2. 道德的作用

道德一经形成，就会对国家政治制度、经济基础、社会生活等产生巨大的影响和作用，主要表现在以下几方面。

（1）道德影响经济基础形成、巩固和发展

当新的社会经济关系确立起来，并建立了相应的政治制度以后，由它所产生的道德便不仅为这一经济关系及其相应的政治制度存在的合理性进行辩护，而且逐渐形成一套完整的原则规范体系，指导和约束人们的行为，保障和促进新的经济关系和政治制度的巩固与发展。当这种经济制度走向衰亡，并逐渐或已经为更新的经济关系所取代时，与之相适应的道德便作为一种传统的心理和习惯，同新的道德进行抗争，以阻碍新的经济关系及其相应的政治制度的建立、巩固和发展。

（2）道德影响社会生产力的发展

一般来说，一定的道德当它们所反映的经济基础适应生产力发展的要求，所代表的阶级是社会的进步力量时,道德就对社会生产的发展起到一定的促进作用;反之,则起阻碍作用。

(3) 道德维护社会秩序和稳定

道德作为"起码的公共生活准则",通过调整人们之间的关系,在全体社会成员同心同德的基础上,实现社会局面的安定团结,维护社会秩序的和谐稳定。

(4) 道德促进人的自我完善

道德为人们人格的发展提供了真、善、美的标准,使人们的人格发展有了努力的方向和内心的信念,道德提高人的精神境界、促进人的自我完善、推动人全面发展。只有反映先进生产力发展要求和进步阶级利益的道德,才会对社会的发展和人的素质的提高产生积极的推动作用,否则,就不利于甚至阻碍社会的发展和人的素质的提高。

(三) 道德与法律

1. 道德与法律的联系

道德与法律都表现为社会的行为规范,两者相互渗透、相辅相成。法律贯穿着道德精神,规范是根据道德原则或规范制定的;而道德是从法律中吸取的。道德通过对法律的某些规定的公正性和公正程序的评价,促使法律的立、改、废,使其符合统治阶级的利益,保持法的伦理方向。法则通过立法和司法,促使某些道德规范的完善和道德的发展,制约不道德行为不得越出法律允许的范围。两者相互补充,共同规范着社会生活。

2. 道德与法律的区别

(1) 在上层建筑中所属的范畴不同

道德属于意识形态范畴,法律属于制度范畴。

(2) 表现形式不同

道德规范的内容存在于人们的意识之中,并通过人们的言行表现出来。它一般不诉诸文字,内容比较原则、抽象、模糊。法律是国家制定或认可的一种行为规范、具有明确的内容,通常以各种法律渊源的形式表现出来,如国家制定法、习惯法、判例法等。

(3) 调整范围不同

道德比法律的调整范围要广。道德不仅调整人们的外部行为,还调整人们的动机和内心活动,法律规范侧重于调整人们的具体行为。

(4) 规范的内容不同

道德规范主要规定道德义务。法律规范既规定权利也规定义务,并且要求权利和义务向对应。

(5) 调整的方式和手段不同

道德主要靠社会舆论和传统的力量以及人们的自律来维持。法律则由国家强制力保证实施。

(四) 社会主义道德

1. 社会主义道德建设的核心

道德建设的核心问题,实际上是"为什么人服务"的问题。在社会主义市场经济的条件下,在构建社会主义和谐社会的过程中,社会主义道德建设以为人民服务为核心。

小贴士

人民是一个政治概念和历史范畴,是对历史发展起推动作用的阶级、阶层和集团的总称。在社会主义社会,人民包括工人、农民、知识分子,一切坚持和拥护四项基本原则的社会主义公民,拥护社会主义的爱国者以及拥护祖国统一的爱国者。

(1) 为人民服务是社会主义经济基础和人际关系的客观要求

在公有制为主体的经济基础上,在全体人民共同利益的基础上,在整个社会生产和生活的过程中,逐步形成了团结互助、平等友爱、共同进步的人际关系。在社会主义社会,每个人都是服务对象,每个人又都为他人服务。

(2) 为人民服务是社会主义市场经济健康发展的要求

社会主义市场经济本质上要求为人民服务,强调在国家宏观调控和社会主义精神文明的引导、制约下,每个市场主体要有为人民服务的思想,更积极、更自觉地为人民、为社会服务,将自身的特殊利益和国家和人民的共同利益结合起来。

2. 社会主义道德建设的原则

在社会主义社会、人民当家做主,国家利益、集体利益和个人利益根本上是一致的,社会主义道德建设要求以集体主义为核心。

(1) 社会主义集体主义强调集体利益和个人利益的辩证统一

在社会主义社会,个人利益、集体利益在根本上是一致的。集体利益的增长和扩大、必然要体现在每个成员个人利益的增长与实现,社会主义的集体利益代表着集体中每个成员的利益;每个人利益的实现都离不开集体、必须在集体中才能得以实现,集体的存在和发展,也离不开每个成员的创造和贡献。

(2) 社会主义集体主义强调集体利益高于个人利益

我国现处于社会主义初级阶段,受经济、知识等因素的限制,集体利益与个人利益的矛盾仍然存在,当两者出现矛盾时,集体主义主张个人利益服从集体利益,必要时,为了集体利益要节制或牺牲个人利益,这是由社会主义性质和个人利益与集体利益的依存关系决定的。

(3) 社会主义集体主义强调重视和保障个人的正当利益

集体利益是由个人利益汇总起来的,应该最大限度地尊重和保护个人的正当利益。因为社会主义生产的目的是为满足人们日益增长的物质和文化生活需要,实现全体人民的共同富裕,所以集体要重视个人的正当利益,维护个人的尊严和权利,创造个人价值实现的条件,使每个人的个人利益得到充分满足。

3. 社会主义道德建设的基本要求

(1) 爱祖国

社会主义公民要热爱祖国,心系国家的前途和命运,把国家和人民的利益放在首位,自觉维护祖国统一,捍卫国家尊严,保护国家利益,为祖国的繁荣富强而努力奋斗。

小贴士

国家六十周年国庆献礼歌曲——《国家》歌词

一玉口中国,一瓦顶成家,都说国很大,其实一个家。一心装满国,一手撑起家,家是最小国,国是千万家。在世界的国,在天地的家,有了强的国,才有富的家。国的家住在心里,家的国以和蠢立,国是荣誉的毅力,家是幸福的洋溢,国的每一寸土地,家的每一个足迹,国与家连在一起,创造地球的奇迹。国是我的国,家是我的家,我爱我的国,我爱我的家。

(2) 爱人民

爱人民是社会主义道德核心,为人民服务的重要体现。爱人民要求每个社会主义公民都要牢固树立为人民服务的思想,自觉地把人民的利益放在首位,要关心人民群众的疾苦,为人民办好事,为人民谋幸福。爱人民要求每个公民相互尊重、相互关心、相互帮助,多换位思考他人的处境,在人与人之间建立起和睦友好的关系。

(3) 爱劳动

劳动是人类特有的属性,恩格斯认为从某种意义上说劳动创造了人本身。在社会主义社会,劳动不仅是人类社会生存和发展的基本条件,而且是每个公民的权利与义务。社会主义社会生产力的发展、国家的繁荣与富强,都要靠广大劳动人民贡献自己的每一份力量。爱劳动才能为国家的繁荣和社会进步做出贡献。

(4) 爱科学

邓小平同志曾说:"科学技术是第一生产力。"科学技术是推动社会主义社会发展和进步的根本力量。在社会主义社会中,爱科学不仅是个人追求知识、提高能力,也是每个公民道德素质的体现。爱科学就要尊重科学、尊重知识分子、尊重人才,这是每一个公民的道德责任与义务。每一个公民还要努力学习科学文化知识,掌握科学技术。

(5) 爱社会主义

只有社会主义才能救中国和发展中国,社会主义是我国广大劳动人民根本利益的保障和幸福源泉。因此,在现阶段,爱社会主义既是社会主义道德的要求,也是对每一个中国公民的政治规范。爱社会主义就要坚持走中国特色的社会主义道路,积极参加社会主义经济建设,为把我国建设成富强、民主、文明的社会主义强国而奋斗。

4. 社会主义道德建设的基本道德规范

(1) 爱国守法

爱国是一个公民起码的道德,也是中华民族的优良传统。每个公民要怀着对祖国的挚爱之情,自觉维护祖国统一和民族团结,为国家繁荣富强贡献力量。守法是法律和道德要求,公民要增强法制观念、自觉学法、守法,公民也应当以守法作为行为准则。

(2) 明礼诚信

明礼要求公民重礼仪、讲文明,自觉维护公共秩序,尊重他人、互相礼让、和睦相处,营造良好的社会风尚。诚信是中华民族的传统美德,诚信就是诚实不欺、诚恳待人、恪守诺言、讲究信誉。诚信是公民道德建设的重点,在发展社会主义市场经济、构建社会主义和谐社会的过程中,更加需要大力提倡诚信的美德。

(3) 团结友善

团结是指在追求共同理想目标上,人们通过弘扬集体主义精神和团队精神,形成全民族、全社会的凝聚力。友善是指要善待他人,善待社会,善待自然,人与人之间亲和亲善。团结友善强调公民应和睦友好、互相帮助、与人为善。

（4）勤俭自强

勤俭是指公民要勤劳、勤奋、勤勉、俭朴、俭约、节制。一个人在生活上厉行俭朴，注重节约，就不会被各种物质欲望所引诱，也不易被一些腐朽思想所腐蚀。自强是自尊、自立、自信，要求我们做人要有一种自己努力、发奋图强、一息尚存、永不停息的宝贵品质。勤俭自强强调公民应努力工作、勤俭节约、积极进取。

（5）敬业奉献

敬业是用一种恭敬严肃的态度对待自己的工作，认真负责，一心一意，任劳任怨，精益求精。奉献是指一心为他人、为人民、为社会、为国家、为民族做贡献的精神和行为。敬业奉献强调公民应忠于职守、克己为公、服务社会。

二、职业道德

（一）职业道德的概念和特征

1. 职业道德的概念

职业是指人们由于社会分工和生产内部的劳动分工而长期从事的、具有专门业务和特定职责并以其劳动报酬为主要生活来源的社会活动。

职业道德是指从事一定职业的人们在职业生活中所应该遵循的具有自身职业特征的道德准则和规范，以及与之相适应的道德观念、情操和品质。它反映一定社会或一定阶级对从事各类职业的人们的道德要求，是道德在社会职业生活中的具体体现。

2. 职业道德的特征

职业道德是社会分工和生产内部分工的产物，是人们在职业实践中形成的行为规范，虽有一般社会道德的共性，但具有不同于其他道德的特点，表现在以下几个方面。

（1）职业性

职业道德是基于一定职业的特殊需要，也是对本职业、对从事职业活动者所应遵循的道德准则和规范。

（2）规范性

职业道德在调整职业活动中形成的特殊关系时，作为一种观念形态、并不单纯表现为抽象的理论或一些原则性的规定，而是采取制度、章程、守则、公约、誓词、条例、标语、口号等具体明确、简洁实用、多种多样的形式，使其约束、调节和激励功能更有效的发挥出来。职业道德对从业者所提出具体的要求与规范，具有很强的操作性。

（3）调节的有限性

由于各种职业特定的职业责任和义务不同，从而形成各自特定的职业道德的具体规范。任何职业道德适用的范围都是特定的、有限的、只适用从事该职业的人。

（二）职业道德的作用

1. 调节职能

职业道德的基本职能就是调节从业人员内部和从业人员与服务对象的关系。职业道德一方面运用职业道德规范约束职业内部人员的行为，促进职业内部人员的团结与合作，齐心协力为行业、职业贡献力量；另一方面又规定了从业人员应怎样为服务对象服务，调节从业人员和服务对象的关系。

2. 有助于维护和提高本行业的信誉

行业、企业的信誉指行业、企业及其产品在社会公众中的信任程度。提高行业、企业的信誉主要靠高质量的产品和服务,从业人员职业道德水平高是产品质量和服务质量的有效保证。

3. 促进本行业的发展

行业、企业的发展有赖于高的经济效益,而高的经济效益源于高的员工素质。员工素质主要包含知识、能力、责任心三个方面,其中责任心是最重要的。而职业道德水平高的从业人员其责任心是极强的,因此,职业道德能促进本行业的发展。

4. 有助于提高全社会的道德水平

职业道德是社会道德风尚的重要组成部分,一方面职业道德涉及每个从业者如何对待职业,如何对待工作,同时也是一个从业人员的生活态度、价值观念的表现;是一个人的道德意识,道德行为发展的成熟阶段,具有较强的稳定性和连续性;另一方面职业道德也是一个职业集体,甚至一个行业全体人员的行为表现,如果每个行业,每个职业集体都具备优良的道德,对整个社会道德水平的提高肯定会发挥重要作用。

(三) 社会主义职业道德的基本要求

1. 爱岗敬业

爱岗敬业是指从业人员热爱自己的工作岗位,敬重自己所从事的职业,恪尽职守,尽职尽责的道德操守;这是社会主义职业道德最基本的要求。

在社会主义条件下,爱岗敬业最基本的道德要求是:干一行爱一行,爱一行钻一行,精益求精,尽职尽责。这是社会对从业人员的要求,更应当是每个从业人员对自己的自觉约束。

2. 诚实守信

诚实守信是千百年传承的优秀道德传统,既是做人的准则,也是对从业人员的道德要求,即从业人员在职业活动中要忠诚老实,合法经营,信守诺言,讲求信誉。

诚实守信作为社会主义职业道德的基本要求具有很强的针对性,在社会主义市场经济条件下,必须加强职业领域的诚信道德建设。

3. 办事公道

办事公道是指从业人员在职业活动中要做到公平、公正,不徇私情、不谋私利,不以权谋私,不损公肥私。

当前我国正处于社会主义市场经济转型时期,市场经济要求平等互利原则,因此在经济领域要求处事公道;在政治法律领域,要求所在行业的工作人员必须秉公办事。

4. 服务群众

服务群众是全心全意为人民服务精神在职业领域的集中表现,每个从业人员无论从事什么工作、无论在什么岗位,都是以不同形式在为人民服务。如果每一个从业人员在职业活动中,都自觉遵守服务群众的要求,就能在整个社会形成"我为人人、人人为我"的良好秩序和谐状态。

5. 奉献社会

奉献社会,要求从业人员在自己的工作岗位上树立奉献社会的职业精神,通过自己兢兢业业的工作,自己为他人和社会做贡献。奉献社会的精神主要强调的是一种忘我的全身心投入精神。有这种精神境界的人,他们把一切都奉献给国家、人民和社会,体现的是一种人生境界,是一种融在一生事业中的高尚人格。

第二节 会展职业道德与道德规范

一、会展职业概况

(一)会展从业情况

最新《中国会展行业发展报告》显示,2013年中国会展经济直接产值达3870亿元人民币,其中直接来自展会展位的销售收入就达304.2亿元。

值得关注的是,随着会展公司数量的迅速增加、人员流动频繁和会展面积匹配不均,造成了会展专业人才缺口增大。据劳动保障部门2012年统计显示,目前我国会展业从业人员仅100多万,从事经营策划的管理者不到15万人。有行业机构调查显示,上海全市会展从业人员缺口高达50%,其中具有5～10年的实际工作经验的专业人才更是不足10%。

(二)会展从业证书制度

会展业作为现代服务业的重要部分,需要大量的优秀人才来推动和促进其发展,实行会展从业人员资格认证制度,这无疑是提升会展管理水平的有效措施。据业内人士介绍,与会展规模的迅速扩张相比,目前我国会展专业人才队伍还存在发展速度较慢、行业培训层次不够高等差距。只有通过多种渠道进行会展教育和培训活动,实施会展师资格认证制度,形成从初级、中级到高级的会展师资格认证体系,大力培养各个级别和层次的会展管理和会展技术人员,才能从根本解决会展行业人才短缺的情况。

目前,全国推出的会展行业相关证书已有10多种,比较权威的有会展策划师、注册会展经理以及会展商务师等,这些证书的考试适用对象、证书等级、考试内容及颁发证书机构各不相同。

1. 会展策划师证书

(1)适用对象

会展策划师证书适用对象为希望进一步提升专业技能的从业人员,或准备从事会展事业的应往届毕业生。

(2)证书等级

证书等级分为一级、二级、三级、四级、五级五个等级(岗位证书分为初级、中级、高级三个等级)。

(3)考试内容

会展策划师证考试内容包括:会展基础、会展营销、会展策划、会展营运管理等。

（4）证书颁发机构

证书颁发机构为国家人力资源和社会保障部，岗位证书由中国就业培训技术指导中心。

2. 会展设计师证书

（1）适用对象

会展设计师证书适用对象为具有室内设计经验，或是环境艺术专业背景，有志于从事会展行业的人员。

（2）证书等级

证书等级分为一级、二级、三级、四级、五级五个等级（岗位证书分为初级、中级、高级三个等级）。

（3）考试内容

会展设计师证考试内容包括：会展设计概论、会展设计的基本法则、人体工程学与会展设计、会展视觉识别系统设计、会展场馆的设计、会展版面设计、会展展位设计、会展照明设计等。

（4）证书颁发机构

证书颁发机构为国家人力资源和社会保障部（岗位证书由中国就业培训技术指导中心）。

3. 注册会展经理证书

（1）适用对象

注册会展经理证书适用对象为具有三年以上从业经验的中高级会展人员。

（2）考试内容

注册会展经理证考试内容包括：会展信息管理、会展项目管理、会展后勤管理、会展营销管理、会展预算管理、会展人力资源管理、场地的选择与规划、会展经济分析、会展危机管理等。

（3）证书颁发机构

证书颁发机构为中国国际贸易促进委员会与美国国际展览管理协会联合。

4. 场馆经营管理专业技术水平认证证书

（1）适用对象

场馆经营管理专业技术水平认证证书要面向从事文化、体育、展示、会议等场馆经营管理及其相关工作的人员。

（2）证书等级

证书等级分为助理场馆经营管理师、场馆经营管理师和高级场馆经营管理师三个级别。

（3）考试内容

场馆经营管理专业技术水平认证考试内容包括场馆经营管理的相关理论、实务知识和应用能力。

（4）证书颁发机构

颁发证书机构为上海市人事局、上海市职业能力考试院和上海市职业能力考试院世博人才认证中心联合。

5. 会展管理认证证书

（1）适用对象

会展管理认证证书适用对象为会展行业的从业人员或准备进入会展行业的人员。

（2）证书等级

证书等级分为初级、中级、高级三个级别。

（3）证书颁发机构

该证书由上海市人事局牵头，上海市职业能力考试院、上海世博人才发展中心、上海市会展行业协会共同推出，《上海市会展管理专业技术水平认证》分为初级、中级、高级。

> **小贴士**
>
> 上海市会展管理专业的技术水平将实行统一标准、统一组织、统一认证。资格认证从理论和实务两方面考查会展管理人员应当具备的素质，即基础知识和理论是否扎实，是否具有运用相关的理论知识分析问题、解决问题的能力。
>
> 上海市会展管理专业技术水平认证共分为三个级别。
>
> 会展管理（初级）要求从业人员基本掌握会展一般操作流程，协助项目负责人完成指定工作。申请参加上海市会展管理专业技术水平（初级）认证的人员，还应具备中等教育以上学历。
>
> 会展管理（中级）要求从业人员掌握会展管理工作，带领项目团队完成经营者交办的工作。申请参加上海市会展管理专业技术水平（中级）认证的人员，还需具备下列条件之一。
>
> （1）大专毕业，从事本专业管理工作4年或4年以上。
>
> （2）大学本科毕业及以上学历，从事本专业管理工作2年或2年以上。
>
> （3）取得会展管理（初级）证书后，在相关行业或相关专业岗位连续工作3年或3年以上。
>
> 会展管理（高级）要求从业人员具有经营决策能力，实现企业的经营目标。申请参加上海市会展管理专业技术水平（高级）认证的人员，还需具备以下条件之一。
>
> （1）大学本科毕业，从事会展管理及相关工作5年以上，或取得会展管理中级证书后，从事会展管理及其相关工作3年以上。
>
> （2）对于工作业绩较突出者，学历和专业工作年限可适当放宽。
>
> 考试内容：采用笔试、面试、论文答辩等方式，包括《会展实务》《会展基础知识》《会展英语》《会展管理》等科目。
>
> 颁发证书：上海市人事局、上海市职业能力考试院和上海市职业能力考试院世博人才认证中心联合颁发。

6. 会展策划与实务资格证书

（1）适用对象

会展策划与实务资格证书适用对象为会展行业中，掌握实际操作技能型、应用型、实务型专业人员，或者是掌握一定专业知识和能力的初、中级经营管理人员或专业技术人员。

（2）证书等级

证书等级分为助理会展师、会展师、注册会展师和高级会展师。目前只开设助理会展师和会展师两个级别的项目认证的考试。

(3) 考试内容

考试内容为助理会展师的考核科目包括会展综合知识、会展礼仪、会展接待实务或会展展示实务;会展师考核科目包会展概论、会展实用英语、会展文案、会展专业模块。

(4) 颁发证书机构

证书由上海市委组织部、市人事局、市教委、市成教委联合颁发。

7. 现代会展岗位能力证书

(1) 适用对象

现代会展岗位能力证书适用对象为凡从事会展策划、管理、技术等工作的会展行业人员或拟从事会展工作的人员。

(2) 证书等级

证书等级设初级、中级两个级别。

(3) 考试内容

考试内容涵盖会展概论、会展发展简史及趋势、活动的参与者、会展市场营销、会展策划、会展筹备、会展期间服务与管理、会展后期工作等内容。

(4) 证书颁发机构

证书颁发机构为长三角紧缺人才办公室。

8. 会展商业职业经理人证书

(1) 适用对象

会展商业职业经理人证书适用对象为会展公司的高级主管,有 2 年以上会展行业经验的管理人员,及企业展销部门的主管,或有志于从事会展行业的人员。

(2) 考试内容

考试内容包括管理学理论、企业战略、市场营销管理、会展方案策划、会展市场营销和品牌战略、会展评估与成功案例分析等。

(3) 证书颁发机构

证书颁发机构为中国商业联合会。

二、会展职业道德概述

(一) 会展职业道德的概念与特点

1. 会展职业道德的概念

会展职业道德是指会展从业人员在从事会展职业活动时,在职业生活中应遵循的道德准则和规范,以及与之相应的道德观念、情操、品质和职业行为,即在会展职业生活中以什么样的行为、思想待人接物、处世、工作。

2. 会展职业道德的特点

会展职业道德作为我国社会主义道德和职业道德一个重要组成部分,同时具有社会主义道德和职业道德共性,与会展业自身的特点相适应,会展职业道德还具有以下特点。

(1) 历史的进步性

社会主义会展职业道德批判继承了历史上优秀的道德遗产,它是从长期的会展服务实践中总结提炼出来的,最能代表人民群众和广大会展者的利益。所以它是代表大多数人利益的一种职业道德,是一种先进的职业道德。

(2) 崇高的目的性

我国会展业的根本宗旨是全心全意为会展者服务。这种会展职业道德必须根植于会展业发展的根本宗旨,全心全意为会展者服务,从而具有崇高的目的性。

(3) 内容的特殊性

会展职业道德着重反映本职业特殊的利益和要求。会展业作为唯一提供服务为主的行业,其职业道德必然强调以人为本,既要体现会展者的主体地位,又要体现会展服务者的主体地位,调整会展者、会展服务者之间的关系,使其内容具特殊性。

(4) 广泛的适应性

与其他行业的职业道德相比,社会主义会展职业道德包含更多的社会公德内容,这是因为服务对象、服务内容与服务方式的多样性等几个因素决定了会展职业道德要具有广泛的适应性。

(5) 高度的自觉性

社会主义会展职业道德是在会展从业人员高度自觉的基础上建立起来的、共同遵守的道德规范。职业道德的形成是会展从业人员逐渐在会展职业活动中遵循的与其特定职业活动相适应的道德规范,以及形成的道德观念、道德情操和道德品质。这一职业道德的形成体现了会展从业人员的高度的自觉性。

(二)会展职业道德的作用

会展职业道德的作用是道德功能和作用在会展业的具体体现。会展行业的特殊性,凸现了会展职业道德的重要作用。会展职业道德的提高促进了会展业的健康发展,推动了良好社会风气的形成,体现了建设社会主义精神文明的重要价值。

1. 提高会展业从业人员素质,促进会展业健康发展

现代会展业倡导"素质服务",现代会展业的竞争说到底是从业人员素质的竞争。会展从业人员素质的提高,有赖于会展教育和会展从业人员道德修养的不断提高。

提高会展专业队伍素质,培养良好的职业道德品质的重要途径就是加强社会主义会展职业道德教育。社会主义会展职业道德可以充分发挥它的教育功能,提高会展工作者的道德意识,陶冶他们的道德情感,锻炼他们的道德意志,促进良好职业道德的形成,推动会展业的发展。

2. 改善经营管理,提高经济效益和社会效益

会展职业道德反映会展企业及其从业者与会展者之间的客我关系,这种客我关系实际上体现了会展企业与会展者之间的利益关系。搞好会展业的经营管理,必须处理好企业和会展者之间的关系、会展企业与其他企业的利益关系以及会展业内部之间的关系,社会主义会展职业道德对于调节这种复杂的关系起着重要的作用。

3. 改善服务态度,提高服务质量

改善服务态度、提高服务质量,坚持以人为本、把顾客利益放在首位,落实在具体服务行动上,落实在会展各环节中,不能因为追求眼前利益而损害会展业的长远发展。

4. 建设社会主义精神文明,推动良好社会风气的形成

会展业是社会主义建设事业的重要组成部分,是社会主义精神文明建设的重要领域之一。从长远意义上来说,社会主义会展业职业道德教育不仅可以提高每个员工的道德品质,而且还可以通过职业道德的教育,对形成爱岗敬业、诚实守信、办事公道、服务群众、奉献社会的良好风气产生直接的影响,提高整个社会的道德水平,从而促进社会主义精神文明的建设。

5. 反对和纠正行业不正之风,树立良好社会形象

提倡社会主义会展业职业道德,可以规范会展从业人员的行为,提高他们的道德认识水平和抵制腐朽没落思想对其腐蚀的能力,使他们能凭内心信念的力量,自觉的反对并纠正行业不正之风,树立良好的行业形象和社会形象。

三、会展职业道德规范

(一)会展职业道德规范现状

当产业发展到一定规模的时候,职业道德建设问题便会受到广泛关注。在我国,会展行业职业道德建设作为一个重要问题,虽然已经引起有关部门的高度重视。但是,到目前为止,会展职业道德建设仍不完善,会展业职业道德建设中存在如下几个突出问题。

1. 职业道德建设机构缺位

我国各级政府和政府部门没有设置事业道德监督机构,各会展行业组织也没有把职业道德建设纳入议事日程。全国会展行业职业道德尚处于一个自由发展的状态,各行其是。

2. 职业道德风气亟待改善

职业道德风气亟待改善表现在:①展会组织机构间关系不融洽,相互抢会、拆台、恶意攻击等现象时有发生;②一些展会组织者只顾经济利益,在展会操作的各个阶段,不断掺假使假,败坏行业声誉。

3. 职业道德成为行业健康发展的掣肘

良好的会展业发展环境要靠政府的积极培育与行业成员单位的积极维护。目前,会展行业的职业道德问题已成为影响行业健康发展的掣肘。

会展业是一个涉及面较广的行业,如果不及时加强职业道德监督和建设,很容易将负面的影响扩散到其他行业。在当前社会经济形势越来越复杂的情况下,加强会展行业职业道德建设、着力解决职业道德建设中存在的问题和漏洞已刻不容缓。

(二)会展职业道德规范建设

会展职业道德规范建设包括以下几个方面。

1. 遵守《公民道德实施纲要》的规定

在会展行业尚未出台明确的职业道德规范之前,会展行业当遵守《公民道德实施纲要》的规定。职业道德是所有从业人员在职业活动中应该遵循的行为准则,涵盖从业人员与服务对象、职业与职工、职业与职业之间的关系。随着现代社会分工的发展和专业化程度的增强,市场竞争日趋激烈,整个社会对从业人员职业观念、职业态度、职业技能、职业纪律和职业作风的要求越来越高。要大力倡导以爱岗敬业、诚实守信、办事公道、服务群众、奉献社会为主要内容的职业道德,鼓励人们在工作中做一个好建设者。

2. 遵守商业、服务业规定的职业道德

根据《国民经济行业分类》国家标准,会议即展览服务是指为商品流通、促销、展示、经贸洽谈、民间交流、企业沟通、国际往来而举办的展览和会议等活动,在行业分类中属于商业服务业,故从事会展行业除了要遵守公民道德实施纲要的规定,也要遵守商业、服务业的职业道德。

社会主义会展业职业道德规范,是"爱岗敬业、诚实守信、办事公道、服务群众、奉献社会"等主要内容在会展职业中的具体体现,既是每个会展从业人员在职业活动中必须遵守的行为准则,又是人们判断和评价每个从业人员职业道德行为的标准。其具体内容如下。

（1）敬业爱岗、忠于职守。其具体要求是：树立正确的择业观,培养自己的择业理想；端正职业价值观念,克服不健康的择业心理；以主人翁的态度,尽心竭力为会展者服务。

（2）热情友好、宾客至上。其具体要求是：工作中主动招呼客人,为会展者着想；在服务上尽力满足会展者的需求,不怕麻烦；待客服务,仪表整洁,举止大方；与宾客交流,语言优美,谈吐文雅；面带微笑,耐心倾听；服务用语多用征询、商量的语句,少用命令语句；实际操作力求标准化,规范化；尽心尽责,服务周到。

（3）文明礼貌、优质服务。其具体要求是：树立顾客第一,宾客至上的观念,强化服务意识；不断提高自己的服务能力；热爱和尊重会展者；关心和帮助会展者,尽可能满足他们的服务要求。

（4）一视同仁、不卑不亢。其具体要求是：谦虚谨慎,自尊自强；以礼相待,热情周到地接待好每一位客人。

小贴士

在会展接待服务中,要做到六个一样：高低一样,无论消费高低依据标准提供服务；内外一样,对待外国客人和国内客人一样看待；东西一样,对待来自发达国家和发展中国家的客人一样；华洋一样,对待华人客人和外国客人一样；黑白一样,对待黑种人客人和白种人客人一样；新老一样,对待新来的客人和老客人一样。

（5）遵纪守法、廉洁奉公。其具体要求是：认真学习并自觉遵守职业纪律；严格执行政策、法令；自觉遵守社会公德；清正廉洁,自觉抵制行业不正之风。

（6）诚实善良、公平守信。其具体要求是：以满足会展者需要为中心,以维护会展者利益为前提；诚实可靠,拾金不昧；广告宣传,实事求是；严格履行承诺,信守合同；按质论价,收费合理。

（7）团结协作、顾全大局。其具体要求是：强化相互协作、相互支持、共同进步的团队精神；彼此之间相互尊重,互守信义,虚心学习别人的长处,取长补短。

（8）钻研业务、提高技能。其具体要求是：明确学习目标,持之以恒；苦练过硬的基本功,不断提高专业技能。

上海市会展经济比较发达,会展行业道德规范建设也比较先进,但是仍然只有一个《上海市会展业自律公约》,属于行业协会规章,仅适用于上海市会展业。

> **小贴士**
>
> **上海市会展业自律公约**
>
> 为规范上海会展市场秩序,改善优化会展环境,提高办展质量和效益,塑造行业整体形象,树立良好职业道德风尚,建设社会主义市场经济体制下的诚信机制,依照《上海市展览业管理办法》及国家有关法律、法规对行业的要求,结合本行业的特点,特建立上海会展业自律公约。本公约是上海市会展行业协会会员企业、行业企业自律规定。适用于协会各会员企业和行业企业的一切会展活动。在本市区域内,凡从事与会展有关的企业、团体与个人都必须遵守本公约。
>
> 一、遵纪守法、树立形象
>
> 认真执行党和国家及本市政府主管部门颁发的有关政策、法规,坚持正确的经营思想,规范企业的经营行为,遵守社会公德和职业道德,重合同,守信誉,树立良好的企业形象。
>
> 二、团结合作、规范服务
>
> 行业以服务为宗旨,同心同德,提倡行业团结,优势互补,坚持展商、客商至上,精心策划,精心组织,精心设计制作,精心协调配合,规范服务,质量第一,为繁荣会展业做出贡献。
>
> 三、严于律己、公平竞争
>
> 加强行业的规范管理,加强行业技能培训,加强行业职业道德教育。依法履行劳动合同,确保职工利益,对员工进行诚信教育,建立保障体系。用市场规律进行有序竞争,实事求是,严于律己,开展公开、公正、公平的市场竞争,树立良好的企业形象。
>
> 四、保护品牌、保障权益
>
> 大力支持创造发展上海展览服务品牌,加强对参展产品的知识产权的保护,维护公平竞争的市场经济秩序,保护知识产权权利人的合法权益,促进展览活动的健康发展。不以不正当手段窃取同行的商业机密,不得以非法手段侵犯同行的合法权益。
>
> 五、务实创新、走向国际
>
> 履行会员义务,支持行业协会工作,维护行业的公共环境,勇于创新、勇于开拓,走国际化道路,创国际品牌项目,为体现上海的国际都市形象,拓展国际市场做出应有的贡献。
>
> 六、道德规范、诚信经营
>
> 社会诚信是对社会的负责,要用诚信回报社会,积极参与社会和行业公益活动。维护公共安全,维护公共秩序,提倡市场化竞争,制止哄抬、低价倾销,不搞虚假广告和误导宣传,严格按经济合同开展工作,不拖欠费用,不哄骗参展商和客户。确保上海会展业有序、健康发展。

本 章 小 结

本章主要介绍职业道德和社会主义职业道德的基本内容,同时从会展业职业道德的概念和内涵出发,介绍会展从业人员应遵守的职业道德和准则的具体内容。

思 考 题

1. 职业道德是什么？社会主义职业道德包含哪些内容？
2. 在会展从业过程中,你认为符合会展业职业道德的正确的做法有哪些？

参 考 文 献

[1] 邱一川.世界博览会法律制度研究[M].北京:法律出版社,2006.
[2] 王迁.知识产权法教程[M].4版.北京:中国人民大学出版社,2014.
[3] 刘春田.知识产权法[M].5版.北京:中国人民大学出版社,2014.
[4] 王春才.会展管理[M].北京:中国旅游出版社,2015.
[5] 蒋丽霞.会展法规实务[M].北京:中国人民大学出版社,2014.
[6] 穆虹.市场管理法[M].北京:中国政法大学出版社,2015.
[7] 林文.反不正当竞争法律制度与实务技能[M].北京:法律出版社,2014.
[8] 河山.《消费者权益保护法》诠释[M].北京:法律出版社,2014.
[9] 吴宏伟.消费者权益保护法[M].北京:中国人民大学出版社,2014.
[10] 郑向敏.会展安全与危机管理[M].重庆:重庆大学出版社,2014.
[11] 励小捷.文物保护法修订研究[M].北京:文物出版社,2016.
[12] 张红.海关法[M].2版.北京:对外经济贸易大学出版社,2016.
[13] 吴瑕.中小企业融资案例与实务指引[M].2版.北京:机械工业出版社,2015.